엄마 심리 수업

엄마의 무의식이 아이를 키운다

엄마 심리 수업

윤우상 지음

심플라이프

차
례

4부 엄마의 죄책감

5부 엄마의 불안

아이에게 주는 사랑, 약일까 독일까

정신과 의사로 일한 지 올해로 30년이 되었다. 진료실에서 많은 내담자를 만났다. 사연도 구구절절 다양하다. 자녀 문제로 고민하는 부모도 많았다. 아이 때문에 힘들어하는 엄마들을 보면 마음이 아프다.

진료실을 찾아온 엄마들은 아이 때문에 힘든 사연을 얘기하고 대개 마지막에는 이렇게 물어본다. "저 때문에 그런 게 아닐까요?" 대부분의 엄마는 자기가 잘못해서 아이가 병들었다고 생각한다. 정확히 뭘 잘못했는지는 모른다. 심하게 방치한 것도 아니고 학대한 것도 아닌데……. 그저 혼자 생각으로 이런저런 잘못을 찾아보고 결론을 내린다. 아이를 직접 안 키워서, 태교를 잘못해서, 직장을 다녀서, 내 성격이 문제라서……. 엄마가 스스로 찾은 그 원인이 정말 문제였을까? 내 아이 잘되라고 정성을 다했는데 정작 그 아이는 병이 들었다.

아이를 위해 애쓰는 엄마, 그 밑에서 병들어가는 아이. 왜 이런 일이 일어날까? 바로 엄마의 무의식 때문이다. 정신분석적으로 엄마의 사랑을 들여다보면 그 밑바닥에는 엄마의 불안, 엄마의 욕망, 엄마의 죄책감, 엄마의 열등감이 숨어 있다. 어두운 엄마의 무의식이 사랑이라는 포장지에 싸여 아이에게 전달되고 아이는 포장지에 든 독을 먹는 것이다.

엄마의 무의식이 아이를 키운다. 그렇다. 엄마의 무의식이 아이를 키우는 데 결정적인 영향을 준다. 보이지 않는 무의식이 엄마를 조종한다. 엄마들도 무의식까지는 몰라도 자신의 심리 상태가 아이에게 큰 영향을 준다는 사실을 본능적으로 알고 있다. 하지만 자신의 마음을 아는 게 쉽지 않다. 무의식을 알기는 더 어렵다.

자신의 모든 심리를 아는 건 불가능하고 또 다 알 필요도 없다. 더욱이 자기 무의식을 알고 아이를 키우는 부모는 세상에 존재하지 않는다. 세상의 엄마들은 심리학이나 무의식 같은 것 모르고도 아이를 잘 키운다. 그럼, 몰라도 되는 무의식을 왜 책의 주제로 잡았을까. 이유는 딱 한 가지다. 엄마가 주는 사랑이 독인지 약인지는 알아야 하기 때문이다.

이 책을 내기까지 사연이 있다. 지금부터 10년 전 일이다. 광주에 있는 한 상담 교육 기관에서 '심층 심리'라는 주제로 강의를 했다. 프로이트와 융의 이론을 중심으로 하는 정신분석 강의였다. 어려운 이론이라 강의 준비에 신경을 많이 썼다. 강의 후에 많은 분들이 자신을 알게 되는 좋은 시간이었다고 평해주셨다.

나는 이 강의를 통해 진료실에서만 활용하던 정신분석 이론이 일반인들에게도 큰 깨달음을 줄 수 있다는 사실을 깨달았다. 기관에서 계획한 강의가 끝난 뒤에 이런 생각이 들었다. '정신분석을 대중화하면 좋지 않을까?' 그래서 일반인을 대상으로 하는 정신분석 강의를 기획하였다. 프로이트와 융, 무의식 등 정신분석의 핵심 내용을 요약해서 8회기로 강의를 했다. 그렇게 혼자 기획해서 지역 주민을 대상으로 정신분석 강의를 3년 동안 했다.

수강생 중에 엄마들도 꽤 있었다. 그분들이 강의를 듣고 나서 자녀 교육에 큰 도움이 되었다는 얘기를 들려주었다. 그 피드백을 받고 아이디어가 떠올랐다. '그래! 엄마들을 대상으로 정신분석 강의를 해보자!' 그래서 자녀 교육에 도움이 될 만한 이론을 추려 '엄마 심리학'이라는 제목으로 강좌를 열었다. 결과는 기대 이상으로 좋았다. 수강한 엄마들이 이제 아이를 잘 키울 수 있겠다고, 좋은 엄마가 될 수 있겠다고 이구동성으로 말했다. 그중 한 엄마가 본인의 아이가 다니는 초등학교에 나를 소개해서 그 학교 학부모를 대상으로 강의를 하게 되었다. 반응이 좋았는지 그 학교에서 또 다른 학교를 소개해 몇 학교에서 강의를 하였다. 한 학교에서 강의 후에 뒤풀이 모임을 하는데 한 분이 강의 내용을 책으로 내면 좋겠다고 권유하였다. 그때 그분께 '엄마 심리학'이라는 책을 쓰겠다고 약속했다. 6년 전 얘기다. 약속한 지 6년이 넘어서야 책을 낸다.

책을 내겠다고 해놓고 이런저런 핑계로 미적거렸다. 무엇보다 큰 원인은 게으름이다. '써야지' 생각하고 원고 몇 장 쓰고 내버려두길 반복했다. 그렇게 시간이 흐르다 보니 어느새 첫 마음이 흐지부지 사라지고 말았다.

그러던 2년 전쯤이었다. 아이 때문에 고민하는 엄마 세 명을 비슷한 시기에 만나게 되었다. 아이가 미워 죽겠다고 괴로워하는 엄마, 자기의 어린 시절 상처 때문에 아이에게 악영향을 줄까 봐 고민하는 엄마, 아이가 너무 소심하다며 여기저기 상담소를 찾아다니는 엄마. 이 안타까운 엄마들을 만나면서 '아이가 문제가 아니라 엄마가 문제'라는 생각이 다시 들었다.

이 세 엄마의 공통점은 엄마가 자신의 심리를 너무 몰라서 문제가 되는 경우였다. 이들을 상담하면서 다시 '엄마 심리학' 책을 써야겠다는 결심을 하게 되었다. 세 엄마가 동시에 나타나서 책 쓰기를 미루는 나의 게으름과 핑계를 꾸짖는 듯하였다. '그래. 내 책을 읽고 한 분이라도 도움을 얻을 수 있다면 좋은 거지' 하는 겸손한 욕심이 생겼다.(이 세 엄마의 이야기는 본문에 상세히 나온다.)

엄마는 아이에게 사랑을 준다. 하지만 엄마의 사랑은 때로 위험한 사랑이다. 사랑이라고, 약이 된다고 주었는데 정작 아이에게는 독이 되기 때문이다. 아이가 써서 안 먹는다고 해도 약은 원래 쓰다며 억지로 먹인다. 아이 몸에 독이 쌓인다. 결국 병든 아이를 보고서야 혼란에 빠진다. '내가 뭘 잘못했지?'

아이를 위해 무엇을 할지 고민하기 전에 무엇을 하지 말아야 하는지 먼저 고민해야 한다. 엄마의 자기 성찰이 필요하다. 이 책은 아이를 어떻게 키워야 한다는 방법론을 이야기하지 않는다. 대신 엄마가 아이에 대해, 그리고 엄마 자신에 대해 어떤 태도를 가져야 하는지 이야기할 것이다. 그것이 방법론보다 수천 배 중요하기 때문이다. 아이에게 필요한 건 부모의 올바른 태도다. 부모의 태도와 철학이 굳건하면 잦은 유혹에도 흔들리지 않는다.

이 책에서는 가벼운 정신분석 이론을 소개하면서 엄마의 무의식을 살펴보려 한다. 무의식을 들여다보는 것이 자기 성찰의 핵심이기 때문이다. 무의식을 알기 위해 많은 지식은 필요치 않다. 몇 가지 원리만 알면 된다. 정신분석 이론 중에서 엄마가 꼭 알아야 할 핵심만을 뽑았다. 이 책이 엄마의 무의식을 만나는 좋은 안내서가 되면 좋겠다.

불안한 엄마, 불안한 아이, 불안한 세상이다. 이런 불안의 시대에 '엄마의 철학'이 더 요구된다. 엄마가 자기 자신을 잘 알아야 엄마 철학이 생긴다. 확고한 철학으로 아이를 멋지게 키우길 간절히 바라는 마음이다. 이 책에 나온 사례들은 익명성을 위해 약간 덜어내거나 덧칠하였다. 나를 깨워주고 가르쳐준 많은 엄마들께 감사드린다.

2019년 봄,

윤우상

엄마의 무의식

엄마의 무의식에는 두 개의 비밀 코드가 숨어 있다.
굳이 비밀 코드라고 이름 붙인 건,
중요한 원리지만 깊이 숨어 있어서 잘 알 수 없기 때문이다.

○○○

자녀 교육의 비밀 코드를 찾아라

아이를 바라보는 엄마의 두 마음

'엄마 심리학'이라는 제목으로 여기저기에서 강의를 해왔다. 강의를 시작할 때면 늘 이런 질문을 던졌다. "자녀를 어떤 아이로 키우고 싶으십니까?" 이 질문에 대한 엄마들의 대답은 다음과 같았다.

똑똑한 아이

당당한 아이

지혜로운 아이

감정을 잘 컨트롤하는 아이

자기 생각을 잘 표현할 줄 아는 아이

실패해도 금방 '괜찮아' 하고 털어버릴 수 있는 아이

도전 정신이 있는 아이

긍정적인 생각을 하는 아이

감사할 줄 아는 아이

꿈이 있는 아이

성격이 밝은 아이

자신감이 충만한 아이

정직한 아이

즐길 줄 아는 아이

나중에 자기 밥벌이는 알아서 하는 아이

창조적인 아이

감정이 풍부한 아이

영혼이 자유로운 아이

맞고 다니지 않는 아이

남들과 더불어 사는 아이

자기 일에 책임질 줄 아는 아이

아침에 눈을 딱 떴을 때 '나는 행복하다'고 느끼는 아이

그냥 평범한 아이

엄마들의 희망 사항이다. 아이들이 이렇게만 커준다면 얼마나 좋을까. 엄마들의 희망을 한 문장으로 요약하면 '인간적으로 성숙하

고 자기 능력 발휘하면서 남과 더불어 행복하게 사는 아이'라고 할 수 있다.

엄마들이 진정 아이들에게 바라는 것은 잘난 직업이나 돈이 아니라 자기 삶을 건강하게 즐길 수 있는 능력이다. 이게 대한민국 대다수 부모들의 교육 철학이다. "성격 더러워도 공부만 잘했으면 좋겠어요" "남들 짓밟더라도 출세만 했으면 좋겠어요" "남이야 뭐라든 돈 벌고 성공만 하면 좋겠어요", 이렇게 얘기하는 엄마들은 없다.

그런데 이상하다. 교육 철학과는 반대로 현실의 엄마는 불안하고 욕심내고 조급해한다. 인정사정 볼 것 없이 자녀들을 경쟁의 대열에 집어넣고 몰아세운다. 마음으로는 '행복한 아이'를 꿈꾸면서 현실은 '잘난 아이'를 원한다. 아이가 아침에 눈 뜨면 행복하기를 원하면서 아침마다 아이한테 잔소리를 한다. 우리 아이 당당하게 키우고 싶다면서 구박해서 주눅 들게 하고, 더불어 사는 아이를 바라면서 친구들을 골라서 사귀라고 한다. 왜 부모가 좋은 철학을 갖고 있는데도 행동은 그에 따르지 못할까?

자녀 교육은 엄마 마음먹기에 달렸다. '아이가 잘되기를 바라는 좋은 마음'만 갖고 있으면 된다. 그 마음으로 키우면 아이는 잘된다. 그게 전부다. 그런데 그 기본인 '좋은 마음'이 문제가 된다. 엄마의 '좋은 마음'이 무의식에서 보면 '나쁜 마음'인 경우가 많기 때문이다. 이제 '엄마의 마음'을 무의식의 창으로 들여다보자.

엄마 무의식 속
두 가지 비밀 코드

엄마의 무의식에는 두 개의 비밀 코드가 숨어 있다. 굳이 비밀 코드라고 이름 붙인 건, 중요한 원리지만 깊이 숨어 있어서 잘 알 수 없기 때문이다. 잠재의식에 있는 비밀 코드를 찾아내야 지혜로운 엄마가 될 수 있다. 엄마 심리학 공부는 비밀 코드를 어떻게 찾아내고 어떻게 수정할 것인가 하는 것이다. 이 비밀 코드 두 개는 무엇일까? 바로 '엄마 냄새'와 '엄마 색안경'이다.

엄마 냄새

숯불에 구운 돼지갈비를 맛있게 먹고 나면 몸에서 돼지갈비 냄새가 난다. 탈취제를 뿌려도 냄새는 쉽사리 없어지지 않는다. 꽃가게에서 나오면 몸에서 꽃향기가 난다. 냄새는 눈에 보이지 않지만 몸에 배어 따라다닌다.

엄마는 냄새다. 엄마라는 품에서 살아온 아이는 당연히 엄마 냄새가 몸에 밴다. 다른 냄새와는 달리 엄마 냄새는 평생 몸에 붙어 있다. 어딜 가나 엄마 냄새를 풍기면서 살아간다. 돼지갈비를 먹고 나오면 사람들이 금방 알듯이 엄마 냄새가 몸에 밴 아이도 사람들이 금방 알아차린다.

오해하지 말자. 여기서 엄마 냄새는 실제 엄마의 체취를 말하는 게 아니다. 엄마가 아이 옆에 하루 몇 시간 이상 있어줘야 한다는 의미의 엄마 냄새가 아니다. 엄마가 아이를 직접 돌봐야 한다는 애착 관계를 의미하는 엄마 냄새가 아니다. 육체적인 엄마 냄새, 엄마와 함께하면서 맡는 살 냄새는 이 책에서 말하는 엄마 냄새와는 아무 상관 없다. 여기서 엄마 냄새란 '엄마의 마음'을 의미한다.

엄마가 아이를 귀여워하는 마음으로 보면 아이 몸에는 귀여운 냄새가 밴다. 아이는 어딜 가나 귀여운 냄새를 풍기고 사람들은 아이를 귀여워하게 된다. 엄마가 아이를 못났다고 보면 아이 몸에 못난 냄새가 밴다. 아이는 자기도 모르게 못난 냄새를 풍기고 사람들은 아이를 왠지 모르게 못난 아이 취급한다. 이게 엄마 냄새다. 엄마 살의 냄새가 아니라 엄마 마음의 냄새다.

받는 것 없이 예쁜 애가 있고 주는 것 없이 미운 애가 있다. 바로 엄마 냄새 때문이다. 괜히 예쁜 애는 어려서 예쁨을 많이 받아서 그렇다. 예쁨받은 냄새가 몸에 배서 사람들은 마법에 걸린 것처럼 그 아이를 예뻐하게 된다. 왠지 이상하게 마음에 안 드는 애는 부모가 아이에게 준 '마음에 안 드는 냄새'가 몸에 배서 그렇다. 끌림의 법칙이다. 사랑받은 아이는 사랑을 끌고 미움받은 아이는 미움을 끌어당긴다. 엄마 냄새 법칙이 우주의 법칙이다.

자기 성장을 위한 집단 상담을 진행했을 때의 일이다. 집단 상담은 서로의 문제를 허심탄회하게 나누면서 자기 자신을 깊게 만나는 프로그램이다. 2박 3일 동안 여덟 명의 참가자가 함께했는데 그중

한 분의 이야기다.

미혼인 30대 초등학교 여자 선생님인데 인상이 좋고 활달하였다. 첫날에는 참가자들이 그 선생님에 대해 좋은 이미지를 갖고 서로 이야기를 잘 나누었다. 그런데 이튿날부터 그들이 그녀를 대하는 태도가 약간 달라지기 시작했다. 그 선생님이 이야기할 때마다 서너 명이 못마땅한 듯 딴지를 걸었다. "선생님 말은 뭔가 신뢰가 안 가네요" "선생님은 자기 마음대로 하는 스타일 아닌가요?" "선생님은 좀 유치한 거 같아요" 등등. 일부 참가자는 그녀가 어리숙하며 자기네 말을 귀담아듣지 않는다고 공격하였다. 집단 상담에서는 솔직하게 표현하기를 원칙으로 삼지만 참가자들이 그녀를 대하는 태도는 조금 심하다는 느낌이 들었다. 그녀도 감정적으로 격앙되어 "제가 뭐가 문제가 있다고 그러시는지 모르겠네요" 하고 대들었고 그럴수록 그들은 자기들의 조언을 받아들이지 않는다며 더 심하게 그녀를 몰아붙였다.

그런데 시간이 지날수록 나도 그녀의 태도에 대해 뭔가 한 소리 하고 싶은 기분이 들었다. 그 선생님이 하는 말투나 행동이 왠지 마음에 안 들었다. 이상했다. 특별히 그녀가 상황에 안 맞는 말이나 튀는 행동을 한 것도 아닌데, 왜 이런 마음이 들까? 얼마 지나지 않아 아하! 하고 그 이유를 알아차렸다.

이런 현상은 그 선생님이 내는 어떤 분위기 때문이었다. 못마땅하게 보이고 뭔가 잔소리를 받아야 할 것 같은 기운을 스스로 풍기고 있었다. 그녀가 그런 못마땅한 기운을 만들었고 다른 사람들은 그녀가 내는 분위기에 반응했던 것이다. 나는 그녀의 문제를 깊게 얘기해보자고 제안했고 사람들은 동의하였다. 둘째 날 밤 시간은 온전히 그 선생님에게 할당되었다. 그날 밤, 그녀는 많은 얘기를 했고 많이 울었다.

“처음 이 집단에 와서 좋은 사람들과 허심탄회하게 이야기할 수 있어서 좋았습니다. 그런데 오늘 오후부터는 많이 힘들고 속상해서 그냥 집에 갈까 고민도 했어요. 선생님들이 제가 무슨 말을 하면 토를 달고 저를 어린아이 취급하고 충고하는 느낌이 들었거든요. 제가 잘못한 것도 없는데……. 사실 제가 집단 상담에 온 이유도 학교생활이 힘들어서였어요. 이상하게 제가 선생 자질이 없다고 노골적으로 공격하는 학부모들이 있어요. 제가 어린 여선생이라서 그런가 생각했지만 다른 여자 선생님에 비해 유독 제게 심합니다. 저번 학교에서도 그랬어요. 제가 뭘 잘못했는지 모르겠어요. ‘내가 무슨 문제가 있어서 그런가?’ 무척 고민했어요. 그래서 여기 온 겁니다. 그런데 오늘 여러분이 제게 뭐라고 할 때 학부모에게 당할 때와 비슷한 감정을 느꼈어요. 무척 힘들었어요.”

그녀에게 엄마에 대해 물었다.

“우리 엄마는 좋은 사람이에요. 독립적이고 능력 있으세요. 평생 일하셨고요. 저에게도 헌신하셨죠. 제가 학교 선생님이 된 것도 다 엄마의 노력 덕분이에요. 제가 임용고시를 두 번 떨어지고 포기하려

할 때 엄마가 밀어주셨어요. 경제적 지원뿐 아니라 심리적으로도요."

내가 또 물었다.

"엄마는 선생님을 어떻게 생각하나요?"

그녀가 말했다.

"그게 좀 불만이에요. 엄마는 제 걱정을 너무 많이 해요. 제가 서른이 넘었는데 아직도 매일 전화해서 이거 해라 저거 해라 왜 그거 안 했냐 하며 꼬치꼬치 따지고 간섭해요. 그러면 저는 신경질 내고요. 저를 아직도 어린애 취급해요. 여기 올 때도 알아서 간다는 저를 붙잡고 어떻게 갈 건지 자기한테 설명하래요. 그래서 내가 이렇게 이렇게 갈 거라고 했더니 엄마가 한심하다는 듯이 한숨을 쉬면서, 그렇게 가는 것보다 이렇게 가는 게 더 빠르다고 그러는 거예요. 엄마는 내가 하는 일이 늘 성에 안 차나 봐요. 어려서부터 그랬어요. 엄마가 직장 가고 집에 혼자 있다가 엄마가 오면 이거 했냐 저거 했냐 물어보고, 했다고 하면 제대로 한 게 없다고 저를 무시하고 당신 손으로 다시 직접 하시고……."

문제는 엄마였다. 엄마는 딸이 성에 차지 않았다. '저것이 뭘 잘하랴' 싶고 늘 못마땅했다. 그래서 잔소리하고 가르치려고 했다. 딸은 억울한 마음에 자기가 알아서 하겠다고 소극적이게나마 반항했다. 엄마는 그런 딸을 당돌하게 생각하고 더 야단쳤다. 엄마와 딸의 관계는 이런 패턴의 반복이었다. 엄마가 못마땅해하는 냄새를 풍기니 그녀에게 못마땅한 아이 냄새가 배고 엄마가 '저 당돌한 것이' 하는 냄새를 풍기니 그녀에게 '당돌한 아이' 냄새가 뱄다.

엄마와 딸의 관계가 그대로 이 집단에서 재현되었다. 학부모도 똑같다. 자기 아이를 맡은 담임 선생님이 뭔가 성에 안 차니까 이건 하셨냐 이런 거 하셔야 되는 거 아니냐 하고 간섭하고, 자신이 알아서 하겠다는 선생님을 당돌하다고 여기고 문제 삼은 것이다.

이 무의식의 심리 분석을 그녀에게 설명했다. 그 분석을 들은 그녀는 울기 시작했다. 한참 울고 나서 이야기했다.

"이제 알았어요. 왜 사람들이 저에게 유독 딴지를 거는지를. 이런 일이 한두 번이 아니었어요. 저번 학교에서도 교감 선생님이 일을 시켰는데 제가 열심히 잘 해가면 트집 잡고 잔소리하고……. 이제 알겠어요. 왜 학부모들이 절 괴롭혔는지. 아, 지난 일들이 다 이해가 돼요."

이렇듯 엄마가 풍기는 냄새에 아이는 적지 않은 영향을 받는다. 엄마 냄새는 엄마 마음이다. 사람들은 아이를 볼 때 자기도 모르게 엄마 냄새를 맡는다. 아이는 엄마에게 대접받은 그대로 사람들에게 대접받는다. 지금 엄마인 나의 냄새를 맡아보자. 나는 아이에게 어떤 냄새를 풍기고 있나? 사랑의 냄새? 미움의 냄새? 못마땅 냄새? 기쁨의 냄새? 귀찮은 냄새?

이제 두 번째 비밀 코드를 알아보자.

엄마의 색안경

세상에는 색안경을 낀 엄마들이 적지 않다. 엄마가 까만 색안경을 끼고 보면 하얀 내 아이가 까만 애로 보인다. 까만 물을 빼려고 매일 때밀이 수건으로 빡빡 밀어대고 아이는 괴롭다고 운다. "엄마! 나 하얀색이야! 괜찮아!" 하고 소리쳐도 아랑곳하지 않는다. 엄마 눈에는 까만 애로 보이니까. 정성 들여 까만 물 뺀다는 게 아이의 하얀 피부만 다치게 한다.

엄마는 아이를 위해서 최선을 다했는데 나중에 보니 아이가 병들어 있다. 그 이유가 엄마의 색안경 때문일 수 있다. 엄마의 색안경은 지혜로운 엄마와 어리석은 엄마를 구분하는 기준이 되기도 한다. 하얀 아이를 까맣게 본다면 엄마의 정성은 오히려 독이 된다. 아이를 있는 그대로 볼 수 있어야 한다.

엄마의 색안경이 정확히 뭘까? '아이를 보는 엄마의 눈'이자 '아이를 보는 엄마의 심리'다. 엄마에게는 자신이 살아온 세계가 있다. 색안경은 살아온 경험, 성격, 가치관이 혼합되어 만들어진다.

엄마의 색안경이 어떤 건지 예를 들어보자. 어느 맘 카페(인터넷 커뮤니티)에 올라온 글이다.

> 큰아들이 일주일 전에 병설 유치원에 들어갔어요. 입학식 하고 아이와 나오다가 한 친구를 마주쳤어요. 그 아이가 우리 애한테 반갑게 인사를 하는데 우리 애는 내 뒤에 숨더라고요. 충격이었고 걱정이 되었습니다.

제가 소심한 성격이고 대인 관계를 잘 못해요. 어째 나랑 똑같을까요? 걱정이 돼서 담임 선생님께 면담을 요청해서 아이가 다른 친구와 잘 어울릴 수 있게 부탁을 드렸어요. 요새는 며칠 동안 연습을 시키고 있어요. 아이들에게 먼저 다가가서 인사하는 법, 자기 소개하는 법을 가르쳐주고 엄마 앞에서 해보라고 해요. 그런데 아이가 안 하겠다고 짜증을 내요. 이런 거 왜 하느냐고요. 저도 화가 나서 "친구들한테 네가 먼저 인사해야지, 너 그러다가 외톨이 돼!" 하면서 소리소리 질렀어요. 스피치 학원 같은 데가 도움이 될까요? 남자아이 성격 개조할 좋은 방법 있으면 알려주세요. 정말 절실합니다.

얼핏 보면 보통 엄마의 평범한 걱정이다. 하지만 이런 평범한 걱정 속에 엄마의 색안경이 숨어 있다. 유치원 첫날, 아이는 어떤 애가 인사를 하니까 수줍어서 엄마 뒤에 숨었다. 이 세상 어디에선가 수백만 번, 수천만 번도 더 일어나는 일상적인 일이다. 그 일상적인 일이 엄마에게는 '충격과 걱정'으로 다가왔다. 여섯 살 아들은 대인 관계 맺는 능력이 부족한 소심 아이가 되었고, 엄마의 걱정을 한 몸에 받고 대인 관계 훈련을 받게 되었다.

이 엄마는 '내가 소심해서 대인 관계를 잘 못했어. 소심한 건 안 좋은 거야!'라는 색안경을 끼고 있다. 그 안경으로 아이를 보니 이를 어쩌나! 내 아이가 소심남이다. 이 엄마는 멀쩡한 아이를 소심한 아이로 만들어놓고 소심한 껍질을 벗기려고 애쓰고 있다. 아이의 소심함을 없앤다고 여기저기 데리고 다닐 것이고, 아이에게 앞에 나서라고 밀어댈 거고, 아이가 안 하면 걱정하고 그러다 짜증 낼 것이다. 아이는 하기 싫은 거 하느라 힘들어할 테고, 못해서 주눅 들 거고, 엄마 눈치 보면서 미안해할 터이다.

멀쩡한 아이를 '소심한 아이'로 보는 엄마의 색안경이 문제다. 그런데 엄마는 모른다. "소심하니까 소심하다고 하지, 그럼 소심한 아이를 그냥 놔둬?" 하고 대꾸할 것이다. 이런 엄마는 위험한 엄마다. 아이 위해 헌신했는데 나중에 병들어 있는 아이를 보고 '어떻게 이런 일이! 뭐가 잘못된 거지?' 하고 후회하는 엄마가 되기 쉽다.

엄마 냄새와 엄마 색안경은 콤비 플레이다. 함께 작동한다. 엄마가 색안경을 끼고 '내 아이가 소심해'라며 불안해하고 걱정하면 아이는 '소심 냄새'와 '불안·걱정 냄새'를 풍긴다. 아이의 소심함을 없애려고 노력하지만 소심함이 없어지기는커녕 아이한테 '소심' 냄새가 배고 엄마의 '걱정과 불안'이 아이 몸과 마음에 배는 역효과가 나타난다.

이는 '코끼리를 생각하지 마!' 법칙과 같다. 코끼리를 생각하지 않으려고 하면 할수록 코끼리 생각에서 벗어나지 못하는 원리다. 이 현상을 '프레임(frame) 효과'라고 한다. 어떤 틀에 생각이 갇히는 것이다. '소심함'의 색안경으로 보면 '얼마나 덜 소심해졌나'라는 틀에 갇히게 되고 아이는 계속 '소심한 아이'로 남는다.

아이는 눈치를 챈다. 엄마가 나를 왜 스피치 학원에 보내는지,

왜 친구에게 인사하는 법을 가르치는지. 그렇다고 아이가 당당하게 '난 대범해질 거야!' 하고 성격 개조의 의지를 가질까? 그런 아이는 없다. 아이들은 자기 성격을 문제 삼지 않는다. 자기 성격을 문제 삼는 나이는 보통 15세 이상 되어야 한다. 아이들은 '엄마가 왜 이러지? 내가 무슨 문제가 있나? 엄마가 걱정 안 하게 해줘야지' 하면서 엄마가 시키는 대로 할 뿐이다. 엄마의 불안과 걱정의 눈빛을 받은 아이는 당당할 수 없고 아이 스스로 자신을 '소심한 아이'로 만든다. 아이도 '소심함'의 프레임에 갇히게 된다.

두 개의 비밀 코드! 엄마 냄새와 엄마 색안경이 자녀 양육의 90 퍼센트를 좌우한다. 엄마가 아이를 있는 그대로 볼 수 있는 맑은 안경을 끼고 사랑의 냄새를 풍긴다면 그 자녀들은 무조건 잘 살게 되어 있다. 엄마가 돈이 없어도, 배운 게 없어도, 성격이 욱해도 상관없이 아이들은 기본적으로 잘 산다. 올바른 사랑을 받고, 있는 그대로 인정받은 아이는 그렇지 않은 아이보다 생명력이 강하고 단단하기 때문이다. 하지만 엄마가 맑은 안경을 끼고 사랑의 냄새를 주는 게 쉽지는 않다. 엄마 냄새와 색안경은 대개 무의식에 숨어 있기 때문이다. 이제 본격적으로 엄마의 무의식으로 들어가보자.

○○○

엄마의 무의식 들여다보기

나도 모르는 내 생각

지그문트 프로이트는 최초로 무의식을 과학적 이론으로 설명한 사람으로, 정신분석학의 대부이며 인류 정신사에 엄청난 영향을 끼쳤다. 프로이트의 정신분석 이론을 통해 인간 이해의 폭이 혁명적으로 넓어졌다. 사람들이 어떤 행동을 하는 근본 원인을 파악할 수 있게 되었고 심리적으로 병든 사람들이 왜 그런 증상을 보이는지 이해하게 되었다. 프로이트는 어둠 속에 숨어 있던 인간 무의식을 밝은 세상으로 데리고 나왔다.

우리 정신 속에는 우리가 알지 못하는 또 다른 의식, 즉 무의식이 있다. 무의식은 한마디로 '내가 모르고 있는 내 생각'이다. 내가 알지 못하는 생각이 나를 지배한다. 내 생각, 내 의지로 결정한 행동들이 사실은 나도 모르는 무의식이 시켜서 한 일이라는 것이다. 친구를 사귀는 것도, 직업을 선택하는 것도, 결혼을 하는 것도 모두 무의식의 결과다.

우리는 무의식을 모르고도 잘 살아왔다. 하지만 원하든 원치 않든 무의식은 삶 전체에 영향을 준다. 엄마가 아이를 키우는 것도 무의식의 지배를 받는다. 엄마가 고민하고 계획해서 아이를 키운다고 하지만 사실은 엄마 자신도 모르는 무의식이 아이를 키우고 있다. 세상의 많은 딸들이 '나는 엄마처럼 안 할 거야'라고 결심하고도 엄마랑 비슷하게 행동하고, '아빠 같은 사람하고는 결혼 안 할 거야'라고 다짐하고서는 아빠랑 닮은 사람과 살고 있다. 그렇게 안 하려고 해도 뜻대로 되지 않는다. 자기 자신도 왜 그러는지 알 수가 없다. 바로 무의식 때문이다. 그러니 적어도 한 번은 자신의 무의식을 만나봐야 한다. 자신의 무의식을 만나려면 프로이트를 만나야 한다.

의식, 전의식,
무의식

프로이트의 초기 이론으로 '지정학적 가설'이 있다. 시작부터 낯선 단어가 나왔지만 어려운 개념이 아니다. 지정학적 가설이라는 용어는 인간 정신을 지도의 경계선처럼 3등분해서 설명하기 때문에 붙은 이름이다. 지리학적 가설이라고 생각하면 좀 쉽겠다. 이 가설의 핵심은 인간 정신이 '의식, 전(前)의식, 무의식' 이렇게 세 부분으로 이루어져 있다는 것이다. 이 이론을 빙산에 빗대어보면 쉽게 이해할 수 있다.

인간의 정신을 빙산으로 본다면 의식은 물 위에 떠 있는 부분이다. 지금 내가 볼 수 있고 알 수 있는 부분이 의식이다. 그 밑에 있는 것이 전의식이다. 빙산 위에서 바닷속을 뚫어지게 보면 어느 정도 그 속에 있는 것이 보인다. 그때 보이는 부분이 전의식이라고 보면 된다. 반면에 무의식은 바다 깊숙한 곳에 있어 아무리 보려고 해도 보이지 않는 부분이다.

의식, 전의식, 무의식을 좀 더 자세히 알아보자. 의식은 무엇인가? 의식은 '지금 인식하고 있는' 것이다. 지금 책을 읽고 있으니 책을 '의식'하고 있다. 책에서 눈을 떼고 주위를 둘러보자. 지금 있는 곳이 어딘가? 뭐가 보이나? 지금 내가 초점을 맞춰 보고 있는 이 정신 상태를 의식이라고 한다. '의식한다'는 것은 내가 '지금 보고 있고 알고 있다'는 뜻이다.

전의식은 무엇인가. 전의식을 설명하기 위해서 질문을 하나 하겠다. "어제 저녁 식사 시간에 뭘 먹었는가?" 어제 저녁에 뭘 먹었나 곰곰이 생각해보니 메뉴가 떠올랐을 거다. 그게 바로 전의식이다. 지금 이 책을 읽는 순간에는 어제 저녁 반찬에 대해서 생각하지 않고 있었다. 즉 책을 읽는 동안에는 저녁 반찬이 내 의식에 없었다. 그런데 곰곰 생각해보니 어제 저녁 식사가 떠올랐다. 이처럼 '지금 의식하고 있지 않지만 내가 애써 노력하면 의식으로 떠오르는' 것이 전의식이다.

한편 무의식은 아무리 떠올리려고 애를 써도 의식으로 떠오르지 않는 것이다. 무의식을 알기 위해 질문을 해보겠다.

"본인이 태어났을 때를 기억해보세요."

"……."

아마 기억하려고 애쓰지도 않았을 것이다. 애써 생각해도 기억나지 않을 게 뻔하니까. 이런 것이 바로 무의식이다.

전의식과 무의식을 좀 더 설명해보겠다. 영화배우 이름이 갑자기 생각이 안 나는 경우가 있을 것이다. 영화 〈미션 임파서블〉의 주인공 배우 이름이 뭐지? 얼굴은 아는데 이름이 가물가물하다. 입안에서 맴도는데 아무리 생각해도 딱 떠오르질 않는다. 무의식이라고 할 수 있다. 아무리 노력해도 의식으로 떠오르지 않는다. 그런데 어느 순간 갑자기 이름이 떠오른다. "아~ 톰 크루즈!" 영화배우 이름이 무의식과 전의식의 경계에 있었던 것이다.

무의식이 기억만을 의미하는 건 아니다. 무의식 속에는 기억뿐만 아니라 드러나면 안 되는 감정이나 욕망도 들어 있다.

나의 정신은 의식만이 아니라 전의식, 무의식으로 이루어져 있다. 중요한 건 내 정신의 전체라고 알고 있는 '의식'이 사실은 전체 정신

세계로 보면 빙산의 일각에 지나지 않는다는 것이다. 나의 정신세계는 의식보다는 전의식과 무의식의 영역이 더 크다. 내가 여태 내 정신으로 살아온 것 같지만 사실은 극히 작은 부분만 내 정신으로 살았고, 훨씬 큰 부분은 전의식과 무의식에 이끌려 살아왔다고 할 수 있다.

지정학적 가설에서 의식, 전의식, 무의식을 설명했다. 무의식은 혼자 노력해서 찾아내기 어렵다. 3년 가까이 정신분석을 받아야 자기 무의식을 일부 알 수 있다. 반면 전의식은 타인의 도움 없이 자기 성찰을 통해서 알아낼 수 있다.

엄마 심리학 공부는 한마디로 자신의 '전의식을 보는 공부'라고 할 수 있다. 전의식을 본다는 건 내 마음을 들여다보는 것이고, 나를 성찰하는 것이다. 현명한 엄마는 자신의 전의식을 보는 훈련을 해야 한다. 아이가 잘하는지 못하는지 쳐다보는 대신에 아이를 보고 있는 엄마 자신을 살펴봐야 한다. 내가 지금 아이를 어떻게 보고 있는지, 아이에게 어떤 마음을 갖고 있는지 알아차리는 훈련이다.

이 책에서는 전의식과 무의식을 굳이 구분하지 않으려고 한다. 현재 내 의식에 떠오르지 않는 의식들, 그러니까 전의식과 무의식을 모두 '무의식'이라는 용어로 쓰려고 한다. 때로 무의식을 '잠재의식'이라는 용어로도 부를 것이다.

지정학적 가설을 통해 프로이트의 무의식을 만나봤다. 아이를 키울 때 엄마의 무의식이 어떻게 영향을 줄까? 사이코드라마에서 만난 한 엄마의 이야기를 해보려 한다.

사이코드라마로 보는 엄마 심리

나는 사이코드라마 전문가다. 사이코드라마를 해온 지 20년이 넘는다. 현재 한국 사이코드라마 소시오드라마 학회 수련감독 전문가로 활동하고 있다. 사이코드라마는 연극을 활용하여 심리 문제를 다루는 치유 기법이다. 사이코드라마가 처음 우리나라에 들어올 때 '정신치료극'이라고 불렸다. '정신치료극'이라고 하니까 정신과 환자들만 대상으로 한다는 오해가 있어 좀 더 유연하게 '심리극'이라는 용어도 사용하고 있다. 현재 사이코드라마는 정신과 환자보다는 자기 심리를 알고 싶어 하는 일반인을 대상으로 더 많이 활용된다.

혹 자녀 관계의 문제나 가족 간의 갈등, 또는 엄마 자신의 심리에 문제가 있다면 사이코드라마를 해보기를 적극 권한다. 언어적인 상담은 한두 번 해서 문제가 해결되기 어렵기 때문에 시간과 비용이 많이 든다. 사이코드라마는 단 한 번으로도 강력한 효과가 있다. 생소한 분야라 참여하는 데 망설임이 있겠지만 한 번 용기를 내면 인생이 바뀔 수 있다.

이해를 돕기 위해 사이코드라마를 어떻게 하는지 간단하게 소개한다.

등장인물

디렉터(연출): 사이코드라마를 진행하는 사람

주인공: 자신의 심리 문제를 풀기 위해 무대로 나온 사람

보조 자아: 주인공을 돕는 보조 출연자. 가족, 친구 또는 엑스트라 역할을 한다.

방법

재연: 과거 일어난 일을 재연하면서 어떤 상황, 어떤 감정인지 알아본다.

행위화: 과거 못 했던 행동, 또는 현재 하고 싶은 행동을 하면서 감정을 풀어낸다.

역할 교대: 상대방과 역할을 교대해서 상대방 입장이 돼보는 것. 남편이 아내 역할을 해보거나 엄마가 아들 역할을 해보면서 상대방 입장이 되는 식이다.

사이코드라마를 진행해나가는 사람을 디렉터 또는 연출이라 하고, 심리 문제를 풀기 위해 무대로 나온 사람을 주인공이라고 한다. 주인공이 나와서 자기 문제를 이야기하면 연출이 관객들의 도움을 받아 극으로 만들어간다. 주인공을 돕는 조연들을 '보조 자아'라고 하는데 가족, 친구, 엑스트라 등의 역할이다. 보조 자아는 전문 배우들이 하는 게 아니라 관객 중에서 즉흥적으로 선택해서 도움을 받는다.

대개 정통 사이코드라마는 세 시간 정도 진행한다. 이 세 시간 동안 한 인간의 삶을 깊게 만난다. 주인공이 살면서 겪은 고민, 갈등, 상처 들이 무대에 펼쳐진다. 무대 위에서 함께 울고 웃고 소리치다 보면 새로운 깨달음을 얻는다. 사이코드라마의 가장 큰 장점은 짧은 시간에 강력한 효과를 낸다는 것이다. 심리적으로 복잡한 문제를 상담으로 해결하려 하면 시간이 오래 걸릴뿐더러 그 효과도 불확실하다. 반면 사이코드라마는 얽히고설킨 문제를 단칼에 풀어낼 수 있다.

나는 20년 동안 1천 명 가까운 주인공을 만났다. 어쩜 이런 삶도 있을까 싶은 이들도 많았다. 엄마들도 많았다. 상처 주는 엄마, 죄책감에 시달리는 엄마, 아이를 미워하는 엄마, 차별하는 엄마 등등. 그 엄마 밑에서 살아온 자식들의 삶도 드라마에서 만났다. 그들의 이야기 가운데 몇 가지를 조금 각색하여 소개해보겠다.

몇 년 전에 사이코드라마에서 만난 엄마가 있다. 엄마의 무의식이 아이에게 어떤 영향을 주는지 잘 보여주는 주인공이다. 세 살짜리 아들을 둔 30대 초반의 초등학교 선생님. 주인공의 하소연은 이러했다.

"너무 창피한 일인데 제가 아들을 무식하게 때려요. 예뻐하다가도 갑자기 돌변해서 분노가 폭발해요. 때리는 정도를 넘어서 포악스럽게 두들겨 패요. 그러고는 후회하고 울고, 다시는 때리지 말아야지 결심해놓고 또 조금만 잘못하면 때려요. 제가 미친 거 같아요."

주인공이 갖고 나온 문제는 아들을 자꾸 미워하고 두들겨 팬다는 것이다. 세 살짜리 아이가 무슨 잘못을 한다고 그리 때릴까. 주인공은 그런 자신이 너무 괴물 같고 엄마 자격이 없다는 생각에 힘들어했다. 심지어 아이를 위해 자기가 떠나야 될 것 같아 이혼까지 생각하고 있었다. 그런 상태로 사이코드라마 자리에 섰다.

먼저 어떤 상황에서 아이를 때리는지 최근에 있었던 일을 자세하게 재연했다. 주인공은 두 장면을 보여줬다. 아이가 장난감을 갖고 놀다가 치우지 않고 딴짓을 한다. 그러자 주인공이 어질러진 장난감을 보고 불같이 화를 내면서 아이 등짝을 퍽퍽 내리친다. 또 한 장면은 아들이 과자를 먹다가 여기저기 흘리는 모습에 주인공이 화가 머리끝까지 나서 사정없이 아이의 빰을 때린다. 재연이긴 하지만 아이를 마치 원수 때리듯 때린다.

이 두 장면을 좀 더 자세하게 재연하도록 했더니 두 장면 모두 아이의 할머니, 즉 주인공의 시어머니와 관련이 있었다. 첫 장면은 시어머니가 아이랑 장난감을 갖고 놀고 간 뒤에 일어난 일이었고 두 번째 장면도 시어머니가 과자를 사갖고 와서 아이랑 같이 먹고 간 뒤의 일이었다.

궁금증이 들었다. 시어머니와 무슨 문제가 있는 게 아닐까? 시어머니와 주인공의 관계를 탐색할 필요가 있었다. 시어머니와 손자가 즐겁게 노는 장면을 다시 만들었다. 주인공에게 그 장면을 바라보게 하고 기분이 어떤지 물었다. 바로 대답이 나왔다. "꼴 보기 싫어요!"

그 감정을 더 느껴보게 했다. "화나요!" 주인공의 눈빛은 차가웠다.

그 장면을 보고 있는 주인공에게 하고 싶은 대로 해보라고 행위화를 시켰다. 그러자 "할머니랑 놀지 마!" 하면서 아들을 할머니와 떼어놓으려 했다. 장면을 극적으로 만들기 위해, 할머니가 손자를 더 꽉 안고 떨어지지 않게 해보았다. 그랬더니 주인공이 씩씩거리면서 둘을 떼어놓으려고 몸부림쳤다. 그러다 악을 썼다. "꺼져! 꺼지라고!"

원인은 바로 시어머니였다. 시어머니가 집에 다녀간 다음에 아들을 특히 더 때렸다. 주인공은 시어머니가 자기 아들을 껴안고 좋아하는 모습이 이상하게 꼴 보기 싫었다. 사연이 있었다.

주인공의 남편은 1남 3녀의 막내였다. 두 사람은 5년 넘게 연애했는데 시어머니가 결혼을 반대했다. 그 당시 남편은 공무원이었고 주인공은 임용고시 준비생으로 장래가 불확실했다. 시어머니는 "임용고시 합격 못 하면 내 아들과 결혼할 수 없다!"라고 잘라 말했다. 그 와중에 그녀는 덜컥 임신을 했다. 혼전이었지만 아이를 가진 것이 무척 기뻤다. 하늘의 축복이라 여기고 둘은 결혼하기로 결정했는데 시어머니가 여전히 합격하기 전까지는 절대 안 된다고 완강하게 반대했다. 시어머니가 아이를 지우라고까지 해서 그 스트레스에 결국 유산하게 됐다. 주인공은 몹시 슬펐다.

1년 뒤에 주인공은 다행히 합격해서 교사가 되었고 결혼하여 아들을 낳았다. 3대 독자라 시어머니가 손자를 무척 예뻐했다. 그런데 문제는 주인공인 엄마가 이상해진 거다. 별일 아닌 걸로 아들을 무지막지하게 때리기 시작했다. 원인이 무엇일까?

크게 두 가지 심리로 분석할 수 있다. 하나는 시어머니에 대한 분노의 감정이다. 첫아이를 유산시킨 주범이 시어머니였다. 무의식 속에 분노의 감정이 들어 있다. 시어머니가 내 아들을 예뻐하는 꼴을 보기 싫은 것이다. 시어머니에 대한 기분 나쁜 감정은 무의식 속에 숨어 있을 수밖에 없다. 할머니가 손자 예뻐하는 건 당연한 거고 이걸 싫어하는 며느리는 이상한 사람이 되기 때문이다. 의식으로는 시어머니가 내 아이 예뻐하는 걸 아무렇지 않게 보고 있지만 무의식에서는 시어머니가 내 아들이랑 노는 모습에 극도의 분노를 느끼고 있는 것이다. 주인공의 무의식은 시어머니에게 이렇게 외치고 있었다. '네가 내 자식을 죽여놓고 누구를 예뻐하니?' 시어머니에게 "나쁜 년! 내 자식 죽인 년!"이라고 욕해주고 싶지만 그런 생각조차 불경한 일이니 그 분노의 감정이 무의식 속에 숨어버린 것이다. 그리고 무의식에 숨은 분노가 아이에게 향했다. 미워하는 사람을 어떻게 해볼 수 없을 때 그 사람이 애지중지하는 물건을 부숴버리는 것과 같다. 주인공은 시어머니를 두들겨 패지 못하는 대신 시어머니가 애지중지하는 것을 망가뜨리고 있었다.

또 하나의 심리는 엄마의 죄책감이다. 태어나지 못한 아이에 대한 죄책감 때문에 태어난 아들을 마음껏 사랑하지 못하고 있다. 아들을 사랑할수록 무의식에서는 잃어버린 아이에 대한 죄책감이 커진다. 차라리 태어난 아들을 미워하는 것이 잃어버린 아이에 대한 사랑이고 그 아이로부터 용서받는 길이다. 그리고 유산된 아이를 지켜주지 못한 자신에 대한 책망도 있다. 자책이 자학이 된다. 자학이란 자기를 괴롭히는 건데 그중 하나가 자기가 소중히 여기는 것을 부수는 것이다. 주인공은 자기의 소중한 아들을 망가뜨리고 있었다.

시어머니에 대한 분노, 유산한 아이에 대한 죄책감, 그리고 아이를 지키지 못한 자책. 이 무의식적인 감정들이 아들에게 덮어씌워진 거다. 아무것도 모르는 세 살 아들이 희생양이 되었다.

이 문제를 어떻게 풀어나갈 것인가. 별 수 없었다. 주인공의 무의식 속 감정들을 다 불러내서 표현하게 하는 수밖에. 우선 시어머니에게 쌓인 분노를 풀게 했다. 시어머니 역할을 한 보조 자아에게 하고 싶은 말을 다 하게 하고 억울함과 분노의 감정을 마음껏 표현하게 했다. 또 시어머니를 상징하는 의자를 신문지 방망이로 두들겨 패게 했다.

사이코드라마에서는 욕도 하게 하고 두들겨 패는 행위도 시킨다. 그렇게 강렬하게 행위를 해야 무의식의 감정들이 풀어지기 때문이다. 시어머니에 대한 분노를 푼 다음에는 세상에 빛을 보지 못한 유산된 아이를 만나게 했다. 주인공은 “아가야 미안해……. 정말 미안해……” 하면서 깊은 죄책감을 풀어냈다. 그리고 아이를 지키지 못한 자기 자신을 불러내서 벌을 주게 했다. 그러자 “아이도 못 지킨 형편없는 년아!” 하면서 자신을 두들겨 팼다. 마지막으로 세상에 태어나 아무것도 모른 채 엄마에게 미움받고 학대받는 아들을 만나게 했다.

주인공은 아들에게 드리워진 시어머니의 그림자, 그리고 유산된 아이의 그림자를 벗겨내고 순수한 자기 아들을 만났다. 엄마는 아들을 안고 펑펑 울었다. "미안하다, 미안하다, 내 아들…… 미안하다." 배 속 저 깊은 곳에서 나오는 울음을 쏟아냈다. 그 모든 과정을 마치고 마지막에는 아주 평온하게 아들을 꼭 안아주었다. 그렇게 드라마를 마쳤다.

엄마의 무의식이 자녀에게 어떻게 영향을 주는지 보여준 드라마였다. 드라마를 하고 한 달 정도 지나서 주인공에게서 연락이 왔다. 신기하게도 아이에게 가했던 무자비한 폭력이 멈추었다고 했다. 시어머니가 아들을 예뻐하는 것도 흐뭇한 미소로 볼 수 있게 되었다고. 아이가 말 안 들으면 야단치기는 하지만 보통 엄마들이 하는 정도란다. 마음이 편해졌다고 했다. 다행이다. 지금 그 주인공은 둘째인 딸을 낳고 잘 살고 있다.

이 드라마는 무의식이 어떻게 작동하는지 보여준다. 아이는 아무것도 모른 채 태어난다. 그리고 생긴 꼴대로, 주어진 끼대로 행동할 뿐이다. 그런데 엄마가 무의식의 색안경을 끼고 아이를 본다.

이 주인공 엄마의 심리는 약간 깊은 무의식의 문제였다. 보통의 경우 엄마가 아이를 키우면서 이런 깊은 무의식을 알아야 하는 건 절대 아니다. 이 주인공처럼 아이와의 관계가 치명적으로 안 좋을 때는 이런 심층 무의식의 영향 때문일 수 있지만 대개는 전의식 수준에서 해결이 가능하다. 전의식 수준에서 해결이 가능하다는 것은 엄마가 자기 성찰만 잘하면 된다는 뜻이다.

아이에게 내가 지금 어떻게 행동하고 있는지 잘 살펴보고, 아이를 만나는 내 마음이 어떤지 잘 들여다보는 걸로 충분하다. 무의식을 만나는 길은 '자기 성찰'에서 시작된다. 현명한 엄마는 자기 성찰을 잘하는 엄마다.

자기 성찰을 어떻게 잘할 수 있을까? 가장 좋은 자기 성찰 방법은 지금 내가 '투사를 하고 있는지'를 알아차리는 것이다.

투사:
엄마 심리학의 핵심

'투사'. 심리학에서 가장 중요한 단어를 하나 뽑아보라면 나는 이 단어를 내세우겠다. 심리학은 투사에서 시작해서 투사로 끝난다. 던질 투(投), 쏠 사(射), 던지고 쏘기. 즉 투사는 '자신의 생각이나 감정, 또는 문제점 등을 남에게 던져버리는' 작용이다. '이건 내 것이 아니라 너의 것이다'라는 방어기제다.

중3 아들이 엄마에게 말한다. 내일이 마지막 시험이라고, 5시에 깨워달라고. 아이가 공부하겠다는데 어느 엄마가 안 깨울까. 정확히

5시에 깨웠다. 아이가 안 일어난다. 흔들어대고 난리를 쳐도 안 일어나더니 결국 늦게 일어나 짜증 내면서 학교에 갔다. 오후에 집에 온 아들이 투덜댄다. "엄마가 안 깨워서 오늘 시험 망쳤잖아!" 자기가 아침에 늦게 일어나고서는 엄마한테 시험 못 본 책임을 덮어씌운다. 이런 게 투사다. 자기 문제를 엄마 탓으로 '던져버리고' 자기는 잘못 없다고 한다. 가장 수준 낮은 투사에 속한다.

투사에도 수준이 있다. 가장 단순한 투사가 '핑계'다. '나는 잘못 없다. 네가 잘못해서 그런다'라는 식이다. 남 탓하고 핑계 대는 것이 제일 단수 낮은 투사고, 이 정도의 투사는 누구나 쉽게 알 수 있다.

그다음으로 투사인지 아닌지 잘 모르는 고도의 투사가 있다. 아내가 바람피운다고 의심하는 남편이 있다. 의심의 눈초리로 아내를 보고 꼬치꼬치 묻는다. 아내는 왜 나를 못 믿느냐고 항변한다. 이 남편의 심리를 분석해보면 바람피우고 싶은 무의식적 욕망이 있다. 그 무의식적 욕망을 아내에게 투사한 것이다. 바람피우고 싶은 욕망이 내게 있는 게 아니라 아내에게 있다고 던져버린다. 의심증 있는 사람이 모두 그렇다는 건 아니다. 단지 예시일 뿐이다.

또 이런 경우도 있다. 내가 저 애를 별로 마음에 안 들어 하는데 그 애가 나를 싫어하는 것처럼 느낀다. 그 애를 싫어하는 마음을 투사해 그 애가 나를 싫어하는 것처럼 만든다. '내가 너를 싫어하는 게 아니라 네가 나를 싫어하는 거야!'

이제 제일 높은 수준의 투사를 보자. 투사가 일상이 되어 투사인지 아닌지 전혀 알 수 없는 경우다. 여러분은 연예인 중에서 누구를 좋아하는가? 우리 병원의 간호사 한 명은 배우 소지섭의 열렬한 팬이다. 우수에 찬 눈빛에 완전히 반했다. 그런데 다른 간호사는 소지섭이 밥맛이라고 한다. 그냥 그 표정이 싫다고 한다. 배우 한 사람에 대해 이렇게 다른 평가가 나온다. 바로 투사 때문이다.

취향도 일종의 투사다. 통통한 여학생이 있다. 그 애를 보고 어떤 남자는 통통해서 귀엽다고 좋아하고 어떤 남자는 뚱뚱하다고 싫어한다. 한 사람을 두고 다른 평가와 감정을 갖는다. 통통한 엄마를 둔 남자애는 통통한 여자애를 좋아할 수 있다. 엄마와 비슷한 외모의 여자에게 엄마의 좋은 이미지를 투사하기 때문이다. 그 애가 자기 엄마 닮았다는 것을 전혀 인식하지 못한 채 괜히 마음에 든다. 내가 어떤 스타일을 좋아하고 싫어하는 것도 살아온 경험이 만든 무의식의 색안경이다. 앞서 말한 엄마의 색안경이 바로 투사다.

투사를 영어로는 프로젝션(projection)이라고 한다. 이 단어는 영화 필름 돌리는 영사기(projector)와 관련 있다. 영사기를 통해서 하얀 스크린에 영상이 비친다. 그 영상을 만든 건 영사기 안에 들어 있는 필름이다. 필름이 빨간색이면 스크린 색깔도 빨갛다. 필름이 파란색이면 스크린에 비친 세상도 파란색이다.

우리 정신세계도 영사기와 비슷하다. 내 머릿속에 원판 필름이 들어 있다. 그 머릿속 필름이 빨강이면 세상이 빨갛게 보이고 파란 필름이면 세상이 파랗게 보인다. 말하자면 색안경이 머릿속에 있는 것이다. 색안경을 눈에 걸치고 있으면 내가 색안경을 쓰고 있구나 하고 쉽게 알 수 있지만 머릿속에 들어가 있으니 내가 색안경을 쓰고 있는지 알 수가 없다.

투사는 엄마 심리학의 핵심이다. 내가 지금 내 아이를 이렇다 저렇다 보는 판단이 모두 투사일 수 있다.

Tip 내 마음 알아채기: '관찰자 나'

어떻게 하면 지혜로운 엄마가 될 수 있을까요? 나를 잘 관찰하면 됩니다. 정신분석에서는 '관찰자 나'라는 개념을 강조합니다. '관찰자 나'가 있어야 자기 성장이 가능하기 때문이죠.

한번 해볼까요. 지금 읽고 있는 책을 덮으세요. 그리고 생각을 책에서 나에게로 돌립니다. 나를 느껴봅니다. '아, 내가 책을 읽고 있었구나' 하고 생각해보세요. 그리고 내 마음과 몸을 느껴보세요. 편안한지 불안한지. 의식을 바깥에 두는 게 아니라 나 자신에게 집중하는 겁니다. 내가 나에게서 빠져나와 나를 바라보는 것이 '관찰자 나'입니다. 어찌 보면 '생각의 유체이탈'이라고 할 수 있겠네요.

실습을 해볼게요. 내가 아이를 어떻게 느끼고 있나요? 생각나는 대로 써보세요. 믿음직스럽다, 괜찮다, 걱정된다, 짠하다 등등. 그렇게 생각하는 내 마음을 알아차려 보세요. '아! 내가 아이를 이렇게 생각하고 있었구나' '아! 내 마음이 이렇구나' 엄마 심리 수업은 내 마음을 알아차리는 데서 시작합니다.

○ ○ ○

내 아이에게 문제가 생겼다면!

내 아이 속에 누군가 숨어 있다

친한 후배와 가족 모임을 했다. 그 후배의 초등학교 1학년 아들이 밥을 먹는데 몇 숟가락 깔짝대고 만다. 보고 있던 아이 엄마는 그렇게 먹으면 키 안 큰다고 야단을 친다. 아이는 먹기 싫다고 칭얼대고 식사 내내 모자가 실랑이를 한다.

후배 말이, 자기 아내가 아들이 키가 작다고 걱정하고 매일 먹는 것 가지고 싸운다고 한다. 아이에게 여섯 살 때부터 영양제를 먹이고 요새는 키 크는 한약을 먹이고 있단다. 후배는 키가 175센티미터 정도이고 부인은 키가 150센티미터 조금 넘을까 싶은 정도다. 아들이 또래 아이보다 좀 작으니 엄마는 '애가 나처럼 키가 작으면 어쩌나' 하고 걱정을 한다. 아이 속에 키 작은 자신이 들어가 있는 거다. 아빠처럼 키가 클 수도 있는데, 자기를 닮을까 봐 걱정이다.

또 다른 예를 들어보자. 남편이 내성적이다. 사람들을 만나도 거의 말도 안 하고 꿔다 놓은 보릿자루다. 남편에게 말도 좀 하고 어울리라고 해도 소용없다. "뭐 어때? 그런 사람도 있고 나 같은 사람도 있지" 하면서 무덤덤하다. 옆에 있는 아들을 보니 제 아빠를 꼭 닮았다. 어째 조용히 혼자만 놀고 말도 똑 부러지게 못 한다. 걱정이다. '어휴~ 쟤도 아빠처럼 되면 어쩌지.' 그 엄마는 지금 아이를 리더십 센터와 스피치 학원에 보내고 있다. 아이 속에 누가 있나? 남편이 들어가 있다. 아들이 아니라 남편이다. 아무 문제 없는 아이가 '내성적이고 대인 관계 능력 떨어지는' 남편이 되었다.

엄마 심리학 강의를 마치고 질의응답 시간이었다. 한 엄마가 자기 아들 때문에 고민이라고 말했다.

"아들이 초등학교 2학년인데 애가 너무 곧이곧대로, 에프엠이에요. 너무 융통성이 없어요. 집에 오면 오자마자 한 시간 동안 숙제해요. 시간도 너무 잘 지켜요. 어디 가자고 하면 자기가 먼저 옷 입고 기다리고 있어요. 밥 먹는 시간도 자기가 정해서 엄마한테 그 시간에 해달라고 하고요. 저는 '너무 그러지 마라. 융통성이 있어야지' 하면서 짜증 내죠."

옆에 있던 엄마들이 "어머, 부러워라……" 하면서 그것도 고민이냐는 반응이다. 한 엄마가 "우리 아들하고 바꿉시다~" 이런다. 어떤 엄마에게는 부러운 아이가 어떤 엄마한테는 마음에 안 드는 아이가 된다. 남들은 이 아들보고 기특하다고 칭찬하는데 엄마는 에프엠 아들이 못마땅하다.

칭찬받을 아이가 왜 마음에 안 들까? 그 엄마에게 가족 중에 아이랑 비슷한 사람이 있냐고 물었다. 엄마는 곰곰 생각하더니 "아!" 하면서 몇 년 전에 돌아가신 자기 아버지를 떠올렸다. "아들이 제 아버지와 닮았네요!"

그녀 아버지는 무척 꼼꼼하고 빈틈없는 사람이었다. 약속 시간 30분 전에 도착해야 하고 할 일은 미리미리 해놔야 직성이 풀리는 양반이었다. 반면 딸인 자신은 대충대충 어영부영 성격이라 아버지한테 많이 혼났다고 한다. 아버지와 같이 있으면 '숨이 막힐 지경'이었다. 그런 아버지가 답답하고 쪼잔해 보였다. 그녀는 아버지의 모습을 아이에게서 본 것이다. 사실 엄마는 아이가 자신의 아버지를 닮았다는 생각을 못 하고 있었다. 그저 아이의 모습이 못마땅했을 뿐이다. 아버지를 떠올리고 나서는 깨달음이 왔다. 자기 아들 속에서 아버지의 이미지를 보고 있다는 걸 그때서야 알았다. 이게 무의식이다. 이런 경우가 의외로 많다. 이 에프엠 아이가 다른 집안에 태어났다면 칭찬 많이 받고 자랄 수도 있다. 똑같은 아이라도 어떤 양육자 아래서 자라느냐에 따라 인생이 달라질 수 있다.

내 아이를 있는 그대로 순수하게 보고 있다고 생각하지만 사실은 그렇지 못하다. 자기 아이 속에 누군가를 투사해놓고 아이를 보고 있다. 아이 속에 내가 들어가 있고, 남편이 들어가 있고, 때로는 나의 아버지 어머니가 들어가 있고, 시아버지 시어머니가 숨어 있다. 이게 엄마의 색안경, 엄마의 투사다. 아이는 그냥 아이일 뿐인데 엄마는 아이 속에 들어 있는 소심한 누구, 게으른 누구, 불안한 누구, 이기적인 누구를 보고 있다. 그러면서 자기가 그러고 있다는 걸 모른다. 그냥 내 아이로 보고 있다고 착각한다. 아이의 부정적인 모습은 내 마음에 안 드는 그 누군가의 모습이다.

앞서 본, 아이에게 분노가 폭발한 사이코드라마 주인공 엄마의 경우는 아이 속에 미운 시어머니가 들어가 있었다. 그래서 소중한 아이를 이상하게 미워했다. 이 주인공은 아이 속에 시어머니가 들어 있어서 아이에게 폭력을 썼다는 걸 알아차리기가 쉽지 않았다. 복잡하고 깊은 무의식이기 때문이다. 에프엠 아들이 짜증 난다는 엄마의 경우에는 아들 속에 답답한 자기 아버지가 들어가 있었다. 아들 속에 아버지가 숨어 있는 것도 쉽게 발견할 수는 없다.

이 두 경우는 아이 속에 누가 들어 있는지, 내가 누굴 아이에게 투사하고 있는지 알기가 어렵다. 하지만 대부분은 조금만 성찰하면 알아차릴 수 있다. 대개 엄마 자신, 아니면 남편의 모습이 제일 많이 들어 있기 때문이다. 아이 속에서 '남편'이나 '나'의 어떤 모습이 보일까. 주로 핸디캡, 콤플렉스가 보인다. 키가 작다, 체격이 작다 하는 신체적인 면에서부터 소심하다, 게으르다 하는 성격적인 면까지 콤플렉스는 다양하다.

소심하면 자존감이 낮을까

아이의 특성 중에서도 많은 엄마들이 걱정하는 것이 '소심한 성격'이다. 어느 맘 카페에 올라온 글이다.

> 초등학교 2학년 아들이에요. 이번에 학교 참관 수업 갔는데요, 우리 애가 틀림없이 알고 있는 건데도 손들고 발표를 안 해요. 다른 애들은 저요, 저요 하고 손드는데 말이에요. 그래서 집에 와서 "너 아는 건데 왜 손 안 드냐"고 아이에게 물어봤더니 "그냥" 이래요. 그냥……. 그때 갑자기 우리 애가 소심한 애구나 하는 생각이 들었어요. 가슴이 쿵 했어요. 제가 무척 소심하거든요. 다들 이러면서 자라는 거다, 머리로 생각은 하지만 엄마 마음은 참 아프네요. 제가 어떻게 도와주면 좋을까요.

소심한 아들을 둔 엄마의 고민이다. 아이의 소심한 성격을 고민하는 엄마는 대개 본인이 소심한 성격인 경우가 많다. 아니면 남편이 소심하거나. 이런 게 투사다. 아이 속에 '소심해서 마음 고생한 엄마'가 들어 있다. 대범한 엄마들은 아이의 소심한 모습을 봐도 크게 신경 쓰지 않는 경우가 많다. 때 되면 좋아지려니 한다.

애가 소심하니까 소심하다는데 이게 왜 투사냐? 이렇게 반문할 수도 있다. 아이가 소심하니 걱정하고 키 작아서 걱정하는 게 뭐가 문제인가? 여기서 구분을 잘해야 한다. 투사는 단순한 팩트가 아니라 팩트를 확대, 과장하고 거기에 부정적인 감정까지 집어넣는 것이다.

내가 소심한데 아이도 소심하다. 이건 팩트다. 그저 아이 성격이 소심한 편이구나 여기고 문제 삼지 않으면 끝이다. 그런데 엄마가 자신의 소심함을 문제시하고 아이에게 덮어씌우며, 불안해하고 걱정하니 투사가 되는 것이다. 아이의 소심한 성격을 걱정하는 엄마의 무의식을 확대하면 '내 아이는 문제야!'가 된다.

엄마의 전의식 속에는 '우리 아이 소심해. 험난한 세상 어떻게 살지? 어떻게 하면 고쳐주지?' 하는 마음이 숨어 있다. 그리고 아이의 소심함을 바꿔주려고 애쓰는 엄마가 된다. 중요한 것은 이런 엄마의 마음이 아이에게 해가 된다는 것이다. '소심한 아이'라는 마음은 '문제 있는 아이'라는 엄마 색안경이 되고 '소심해서 걱정이야' 하는 엄마 냄새가 된다. 엄마와 아이는 소심함이라는 프레임에 갇혀버린다.

엄마의 노력에도 아이의 소심함이 변하지 않으면 엄마는 '문제가 있지만 어쩔 수 없지. 그래도 사랑하는 내 아이잖아' 하는 마음이 든다. 이 마음도 잘 살펴봐야 한다. 이런 엄마의 사랑은 잠재의식에서는 '짠한 사랑'이 된다. 그 사랑은 '병든 사랑'이다. 내 아이를 '완전체'로 사랑하는 게 아니라 '문제가 있지만 사랑하는 아이'로 받아들인다. 정말 내 아이를 완전체로 여기는지, 아니면 불완전체로 사랑하는지 이 미묘한 차이를 알아차려야 한다. 부족한 아이라는 색안경을 끼고 고쳐야 된다는 냄새를 풍기는 엄마의 사랑, 그 사랑이 바로 독이 든 사랑이다.

소심한 아이보다 아이의 성격을 고쳐보겠다고 애쓰는 엄마가 더 큰 문제다. 그런 엄마는 아이를 활발하게 만든다면서 준비 안 된 아이를 낯선 경험 속으로 집어넣거나, 발동 늦게 걸리는 아이를 심하게 다그치거나, 혼자 잘 있는 아이를 밖으로 내몰기 마련이다. 그럴수록 아이는 더 주눅 든다. 그러면 치명적인 결과! 자존감 낮은 아이가 된다. 엄마가 '너는 부족해, 너는 문제야' 하면서 아이를 낮게 보는데 어떻게 아이의 자존감이 높을 수 있을까.

부모는 아이가 소심해서 자존감이 낮다고 생각하지만 천만의 말씀이다. 내성적인 성격과 자존감은 아무 상관이 없다. 오히려 내성적인 아이가 자존감이 더 높을 수 있다. 내성적인 아이는 겉보기에는 존재감이 없을지 몰라도 내적으로는 단단한 힘을 갖고 있다. 내성적인 아이를 자존감 낮은 아이로 만드는 것은 아이의 성격이 아니라 부모의 불안이다.

성격은 기질이다. 아이를 키울 때 부모가 잘 알아야 하는 것이 기질이다. 부모가 아이의 기질과 싸우게 되면 자녀 교육은 제대로 이루어질 수 없다.

기질은 하늘이 준 '생존 기술'

기질은 한 생명이 태어날 때 하늘이 준 것이다. 그래서 천성, 하늘의 성품이라고도 한다. 하늘이 준 기질을 갖고 평생을 살아야 한다. 물론 기질도 변하긴 한다. 나이 들면서 저절로 바뀌기도 하고 노력해서 조금씩 변하기도 한다. 하지만 갖고 있는 기질의 강도가 바뀌는 것이지, 다른 성향의 기질로 역전되지는 않는다.

'적극적이다' '소극적이다' '고집이 세다' '온순하다' '빠르다' '느리다' 등등이 기질을 나타내는 표현이다. 기질에 좋은 기질, 나쁜 기질은 없다. 기질은 일종의 소질이다. "우리 아이는 너무 욕심이 없어서 걱정이에요." 어떤 엄마의 고민이다. 욕심이 있어야 앞에 나서기도 하고 승부욕도 있고 험난한 사회에서 밀리지 않고 살 수 있다. 하지만 욕심이 많으면 가지려고 아등바등하고, 남하고 싸워서 이기려 하고 못 가지면 분하고 괴롭다. 그러다 보면 세상살이가 팍팍해진다. 욕심 없으면 출세는 못 할망정 좀 더 마음 편하게 살 수 있지 않은가.

부지런하고 게으른 것도 마찬가지다. 대개 빠른 기질을 부지런하다고 보고 느린 기질을 게으르다고 본다. 부지런하면 성공할 가능성이 더 많다. 하지만 '몸과 마음이 편하면 행복'이라는 기준에서 보면 게으른 사람도 그럭저럭 괜찮다. 역설적으로 이렇게 생각해보

자. 게을러도 편안하게 잘 살 수 있는 사람이라 하늘에서 게으른 기질을 주었고, 부지런해야만 먹고살 수 있기 때문에 하늘이 부지런한 소질을 준 것이라고. 부지런한 사람은 별 소득 없이 사서 고생할 수 있고 게으른 사람은 별 노력 없이 인생 편하게 살 수도 있다. 모든 기질에는 일장일단이 있다.

아이 교육의 기본은 아이의 기질을 있는 그대로 받아주는 것이다. 내 아이를 망치는 가장 쉬운 방법은 아이의 기질을 바꾸려고 애쓰는 거다. 부모가 아이 성향을 바꾸려고 하는 순간, 아이는 문제 아이, 못난 아이가 된다.

부모는 왜 자식의 기질을 바꾸려고 할까? 그 이유는 아이의 모습이 기질이라는 것을 몰라서 그렇고 또 기질이라고 해도 변할 수 있을 것이라 착각하기 때문이다. 그 밑바닥에는 부모의 불안이 숨어 있다. 대개 부모의 성향이 아이에게 투사된다. 아이 속에 엄마나 아빠의 안 좋은 면이 들어 있으면 그걸 못 견딘다. 나의 성격이나 배우자의 성격은 어떻게 못 해봤지만 아이는 아직 어리니까 바꿀 수 있을 것이라고 착각한다. 내 성격도, 배우자의 성격도 조금도 고치지 못했으면서 어떻게 아이는 바꿀 수 있다고 믿는가.

기질은 소질이다! 기질은 그 사람이 갖고 태어났고 가장 잘하는, 가장 잘 맞는 '생존 기술'이다. 기질은 자기가 선택한 것이 아니라 하늘이 준 것이다. 저절로 그리 된 것이다. 인생에서 제일 중요한 건 살아남는 것이다. 내성적인 사람이 생존하기 더 어려울까? 아니다.

생존 방식이 다를 뿐이다. 나서서 생존하는 사람이 있고 숨어서 생존하는 사람이 있다. 힘센 호랑이는 멸종 위기에 있지만 소심한 토끼는 웬만한 산에 가면 다 있다. 엄마는 아이의 기질을 있는 그대로 받아줘야 한다. 그것은 운명이기 때문이다. 토끼로 태어난 아들을 호랑이로 바꿀 수 없고 곰으로 태어난 딸을 여우로 바꿀 수 없다. 소심한 아이의 생존 기술이 안정과 안전인데 엄마는 나가서 싸우라고 한다. 어쩌란 말인가.

아이의 기질을 건드리는 이유는 엄마의 욕망이나 불안 때문이다. 내 아이가 잘 나갔으면 하는 욕망이거나 도태되면 어떡하나 하는 불안이다. 욕망이건 불안이건 엄마는 아이의 기질과 싸우면 안 된다. 기질 싸움을 하는 순간 자녀 교육은 거기서 끝이다. 아이의 기질을 있는 그대로 받아들이는 엄마가 운명의 흐름을 잘 타고 넘는 지혜로운 엄마다.

내 아이를 찬찬히 바라보자. 내 아이 속에 누가 들어 있을까? 내 아이 속에 누군가를 집어넣고 못마땅해하고 미워하고 걱정하고 있지는 않나. 지금 나는 고장 난 아이, 고장 날 것 같은 아이를 고치는 '엄마 수리공'으로 살고 있지 않은가? 순수한 내 아이에게 부정적인 모습을 덮어씌우고 있지 않은가. 소심할 것 같은 아이, 키가 안 클 것 같은 아이, 공부 못할 것 같은 아이……. 내 아이가 불량품으로 보이는가? 그러면 고쳐야 한다. 아이가 아니라 엄마를 고쳐야 한다. 아이가 고장 난 게 아니고 엄마의 눈이, 엄마의 마음이, 엄마의 생각이 고장 났다. 나의 불안, 나의 욕심, 나의 편견을 수리하면 아이는 말짱해진다. 엄마는 아이를 있는 그대로 믿어주면 된다. 어떤 약점이 있더라도, 어떤 부족한 점이 보이더라도 그 모습으로 행복하고 씩씩하게 잘 살 거라고 믿어야 한다. 엄마의 그 믿음이 아이를 당당하게 만든다.

아이는 입말이 아닌 맘말을 듣는다

인터넷 상담 카페에 들어가면 '소심한 아이 대하는 법'에 대한 글들이 있다. 이런 식이다. 소심한 것이 나쁜 것이 아니라고 설명해줘서 아이가 주눅 들지 않게 하고 "넌 잘할 수 있어, 널 믿어"라며 자신감을 주고 격려하라고 한다. 좋은 말 같지만 여기에 함정이 있다. 엄마는 이런 교묘한 조언을 조심해야 한다. 아무 생각 없이 따라 할 일이 아니다. 소심한 성격이 나쁜 것이 아니라면 무심히 두면 그만이지, 좋다 나쁘다 언급할 필요가 없다. 그런 말을 하는 순간, 역설적으로 아이의 소심함을 안 좋게 생각하고 있다는 증거가 된다. 아이에게 "넌 괜찮아. 넌 잘할 수 있어"라고 말하지만 속마음은 '안 괜찮고 잘하지 못할까 봐' 노심초사다.

말에는 '입말'과 '맘말'이 있다. 입말은 입에서 나오는 말이고 맘말은 마음속의 진짜 말이다. 입말로는 '괜찮다, 믿는다' 하면서 맘말은 '안 괜찮다. 못 믿겠다' 하고 있다. 맘말이 뉘앙스고 냄새다. 입으로는 괜찮다고 하지만 마음으로 안 괜찮다는 냄새를 풍기는 거다. 아이는 엄마의 입말을 듣지 않고 맘말을 듣는다. 입말은 귓전으로 스치고 맘말이 아이 몸에 스며든다.

엄마는 입으로 하는 말과 맘으로 하는 말이 다르지 않나 살펴야 한다. 이것이 바로 엄마가 자기 무의식을 들여다보는 것이다. 엄밀히 말하면 전의식을 들여다보는 것이다. 의식으로는 괜찮다고 생각하지만 주의 깊게 전의식을 들여다보면 진짜 괜찮게 생각하는지, 안 괜찮게 생각하는지 알아차릴 수 있다. 입말과 맘말이 일치하는 엄마가 좋은 엄마다.

'내가 애를 얼마나 소중하게 키웠는데 왜 아이가 이렇게 됐을까?' 하는 엄마가 있다. 엄마의 입말과 맘말이 다른 경우에 이런 비극이 일어나기 쉽다. 입말은 "우리 아이 최고"라고 하면서 맘말은 '저걸 어쩌나' 하였기 때문이다. 엄마가 '내 아이는 불량품!'이라는 맘말의 마법을 걸었기 때문이다. 그 엄마가 준 사랑은 걱정과 불안의 사랑이기 때문이다.

기질은 자발성이다

기질은 자발성이다. 자발성은 스스로 움직이는 힘이다. 자발성은 몸 속에 들어 있고 몸에서 시작된다. 생각하기 전에 몸이 먼저 반응한다. 기질은 내게 가장 잘 어울리는 몸의 기운이고 자발성의 존재 방식이다. 아이한테 제일 중요한 건 자발성이다. 아이들은 자발성 그 자체다.

일요일인데 할 일이 있어 내가 근무하는 병원에 갔다. 원무과장이 당직을 하고 있는데 다섯 살 된 딸을 데리고 왔다. 딸은 아빠 의자에 쏙 들어가 앉아 컴퓨터로 애니메이션을 보고 있다. 내가 가서 "아이고 이뻐라, 이름이 뭐야?" 하고 물었다. 아이가 고개를 푹 숙이고 몸을 의자 속으로 밀어 넣는다. 수줍어한다. 아빠가 말한다. "○○야, 원장님이야. 인사해." 아이는 더 깊숙이 몸을 넣고 움츠린다. 살짝 눈을 들어 나를 한번 쳐다보고는 다시 몸을 숨긴다. "○○야, 인사 안 해?" 원무과장이 다시 재촉한다. 그래도 아이는 고개를 숙이고 가만히 있다. 나는 웃으면서 "아이고~ 이뻐라~ 나중에 인사하자" 하고는 사무실을 나왔다.

이 아이의 움츠리는 행동이 바로 자발성이다. 밖으로 펼치는 힘만 자발성이 아니다. 안으로 움츠러드는 음(陰)의 힘도 자발성이다. 움츠리는 행동은 아이의 몸 전체에서 나오는 자발적인 반응이다. 생각하기 이전에, 옳고 그름 이전에, 엄마나 아빠의 말 이전에 몸에서 나오는 자연스러운 반응이다. 이 행동이 아이의 최선이고 아이의 생존 방식이다. 아이 머릿속으로는 '엄마가 처음 만난 사람한테 인사하라고 했는데' 하는 생각이 떠오를지도 모르겠다. 그래도 소용없다. 몸의 자발적 반응! 이것이 바로 아이의 자발성이다. 그런 아이한테 "에이 바보! 인사도 못하네~" 하고 놀리면 어떨까. 아이의 최선의 생존 방식을 무너뜨리는 행동이다.

우리 원무과장님 딸, 조금 있다가 다시 만났더니 아주 환하게 웃으면서 "안녕하세요~" 하고 인사한다. 나하고 얘기도 잘한다. 여기저기 뛰어다니기도 한다. 낯선 환경에 적응하고 나니 의외로 행동파다. 이렇게 기다리고 놔두면 밖으로 힘을 내는 양(陽)의 자발성도 살아난다.

지혜로운 부모는 아이의 자발성을 존중해주고 자발성에 잘 반응해준다. 움츠러드는 것도 자발성으로 볼 수 있는 엄마는 훌륭한 엄마다. 속으로 불안해하고 걱정하면서 말로만 괜찮다고 할 것이 아니라 아이의 자발성을 있는 그대로 존중해주어야 한다. 어떻게 존중할까? 소심함의 색안경을 쓰지 않고 소심함에 꽂히는 시선을 거두고 아이의 모습을 아무렇지 않게 있는 그대로 보면 된다. 엄마의 그 마음으로 아이는 언젠가 자발성의 힘을 맘껏 펼칠 터이다. 움츠러드는 걸 자발성으로 보지 못하고 걱정하고 고치려 하면 아이는 괴롭고 혼란스럽다. 왜? 하늘이 준 선물을 엄마가 마음에 안 들어 하니까.

결론은 이렇다. 기질은 아이의 타고난 생존 전략이다. 내 아이가 부산스럽건, 소심하건, 수줍음이 많건, 아이는 그대로 완전체다. 자기만의 스타일을 갖고 있을 뿐이다. 그 스타일이 부모 맘에 안 들지라도 아이에게는 딱 맞는 것이다.

이런 말이 있다. 지혜로운 엄마는 자기를 바꾸려 애쓰고 어리석은 엄마는 아이를 바꾸려 애쓴다.

내향성과
외향성의 기준

성격은 무지개 색깔처럼 섞여 있다. 내향성과 외향성을 무 자르듯이 자를 수 없고 그 둘을 구분하는 것도 별 의미 없다. 내성적인 힘과 외향적인 힘, 그 두 힘이 어떻게 조화롭게 발현되느냐가 중요하다.

얼마 전에 대학교 다니는 딸과 성격에 대해 이야기를 나눴다. 나는 내 딸 하정이를 내성적인 아이라고 생각했었다. 어렸을 때부터 친구도 별로 없고 뒤에 조용히 있었기 때문이다. 딸은 초등학교부터 중고등학교 때까지 임원 선거에 관심이 없었다. 초등학교 4학년 때인가, 엄마가 반장 선거 한번 나가보라고 종용해서 딱 한 번 나갔다가 두 표 얻고 떨어진 경험이 전부다.

딸에게 물어봤다.

"네가 보기엔 네 성격이 외향적이냐, 내성적이냐?"

딸이 말했다.

"글쎄…… 둘 다 있는 거 같은데."

"둘 중에 하나만 정한다면?"

"글쎄…… 잘 모르겠는데."

"그럼 넌 어떤 면이 외향적이라고 생각해?"

"나는 친구들하고 있을 때는 말도 잘하고 애들도 날 잘 따르고…… 그런데 새로 만난 사람들하고는 잘 사귀질 못해. 음…… 그러니까 외향적이라는 게 처음 만나는 사람들하고 금방 친해지는 거라면 난 내성적이지. 처음 만난 사람들한테는 먼저 말을 걸지도 못하잖아."

"자신을 드러내는 면에서는 어때?"

"응. 난 그런 스타일 아니지. 난 드러내지 않잖아."

"너 어렸을 때 발표 같은 거 안 했잖아. 선생님이 뭐 물어보거나 뭐 할 사람 하면 손들지 않았지?"

"응. 난 알아도 손 안 들었어. 어떤 애들은 잘 모르고도 저요, 저요 하고 그랬어. 기훈이가 그러잖아. 내가 보기엔 기훈이가 진짜 외향적이야.(기훈이는 딸보다 두 살 어린 아들이다.) 걔는 처음 만난 사람하고도 쉽게 사귀고 뭐 한다고 하면 자기가 한다고 나서잖아. 잘하지도 못하면서."

하긴 딸은 외향적이라고 하긴 어렵다. 친구 가족 모임에 가도 먼저 입을 연 적이 없다. 어떤 때는 또래가 말을 걸지 않으면 한 마디도 안 하기도 했다. 하지만 아들은 확실한 외향성이다.

아들 성향과 관련된 오래된 기억이 하나 있다. 아들이 초등학교 2학년 때였다. 어느 날 애가 집에 와서 자기가 학교 대항 수영대회에 나가게 됐다고 한다. 물에 떠서 겨우 10미터 갈까 말까 하는 애가 수영대회 나간다고 하니 믿기지가 않았다.

"네가 어떻게 수영대회 나가니? 너 수영도 잘 못하잖아."

"응. 선생님이 '수영대회 나갈 사람?' 해서 내가 둘러보니까 한 명도 손 안 들잖아. 그래서 내가 손들었어. 그래서 된 거야."

"너 수영도 못하는데 어떻게 하려고 그래?"

"아냐, 아빠, 나 잘해."

"그래? 알았다. 잘해봐라."

그리고 수영대회가 있는 날 수영복을 챙겨서 가지고 갔다. 완영이나 할 수 있을까 의심 반 걱정 반이었지만 경험이려니 생각했다. 그날 대회 끝나고 아들이 들어오더니 자기가 잘했다고 신나서 자랑했다. 원래 꼴찌로 수영하다가 어떤 애가 중간에 기권해서 자기가 꼴찌에서 두 번째로 들어왔단다. 신통했다.

"그래, 잘했다" 하고 머리를 쓰다듬어주었다. 수영도 잘 못하면서 용기 있게 학교 대표로 나가다니, 기특했다.

그러고 한 달쯤 지났을까. 저녁때 퇴근하고 집에 가니 아내가 심각한 표정으로 말을 했다. 아들 기훈이의 담임 선생님 면담이 있어서 학교에 간 김에 선생님께 수영대회 얘기를 했단다. 꼴찌에서 2등 했다고 자랑했다는 이야기를. 그랬더니 선생님이 웃으면서 하는 말이, 기훈이가 수영대회에 가기는 했는데 참가는 못 했다는 거였다. 무슨 문제인지 선수 명단에서 이름이 빠지는 바람에 그냥 구경만 하고 왔다고. 결국 아들이 우리한테 거짓말을 한 거였다.

아내가 근심 어린 표정으로 물어본다.

"어쩌죠? 거짓말한 거 다 알았다면서 따끔하게 혼을 낼까요?"

고민이 되었다. 어떻게 하지? 불러서 왜 거짓말했느냐고 조곤조곤 따져야 하나? 두 번 다시 거짓말 못 하게 엉덩이라도 때려야 하나? 참 난감했다.

아내가 다시 묻는다.

"어떻게 해요? 이럴 때 어떻게 해야 할지 당신이 잘 알 거 아니에요?"

그러게. 어쩌지? 묵묵부답 고민하고 있는데 아내가 한마디 툭 던진다.

"당신 정신과 의사 맞아요?"

고민 끝에 결국 그냥 모른 척 넘어가기로 했다. 왜 그랬나? 나도 모르겠다. 그냥 그러고 싶었다. 그러다 거짓말쟁이 되면 어떻게 하냐고? 글쎄, 나는 내 아이에게 믿음이 있었던 것 같다.

하여튼 우리 아들은 그 정도로 외향적이다. 너무 나대도 문제가 있다. 시간이 지나 아들이 중학생일 때였는데, 녀석이 무슨 얘기를 하다가 갑자기 왜 생각이 났는지 이 수영대회 얘기를 꺼냈다. 그리고 자기가 그때 거짓말했다고 고백했다. 아들도 그 거짓말을 마음속에 두고 있었나 보다. 녀석이 쑥스럽게 사실을 털어놓고는 내게 묻는다.

"아빠 그 일 기억나?"

내가 무심한 듯 말했다.

"허, 그런 일이 있었냐?"

나는 전혀 모르는 척 시치미를 뗐다. 거짓말도 부전자전이다.

다시 딸과의 대화다.

"네가 보기에 아빠는 무슨 성격 같으냐?"

"아빠는 외향성 같은데. 난 수다는 신나게 떠는데 여러 사람 앞에서 발표하려면 아무 말도 못 해. 생각이 안 나. 아빠는 강의 같은 거 잘하잖아. 사이코드라마도 하고."

"아빠도 엄청 떨어. 지금 많이 좋아진 거지. 아빠 생각에는 겉은 외향적인 것 같아도 속은 내성적이야. 혼자 있는 거 좋아하고, 또 소심하고."

"아빠는 뭔가 꾸밈이 있는 외향성 같아. 왠지 외향적인 척하는 듯한……."

"그래, 아빠 생각에도 내 외향성은 쇼 같아. 외향적이려고 하는 의도가 많지. 어떻게 보면 자연스럽지 않은 것 같아. 꾸민 외향성일까? 사람들과 같이 있을 때 무척 즐거운 것 같지만 그 자리를 벗어나면 더 편해. 나는 혼자가 편해."

남들은 잘 모르는 내 모습

나는 소심한 사람이다. 사람들 앞에 곧잘 나서기도 하지만 속으로는 무척 소심하다. 말하자면 소심함과 외향성이 섞여 있다. 어려서부터 그랬다. 오락 시간에 앞에 나가서 친구들을 웃겨주는 아이였지만 부끄러워서 친구 집에 놀러 가지도 못하는 소심한 아이이기도 했다.

지금도 그렇다. 남들은 나를 외향적이라고 보지만 나는 남들이 모르는 소심함을 고민했다. 겉보기엔 대중 강연도 하고 사이코드라마 공연도 하니 겁 없고 당당한 것 같아도 속으로는 늘 노심초사, 안절부절못한다. 그 소심함을 고치려고 노력했다. 그래도 잘 안 된다. 지금도 누구에게 전화를 걸려면 왜 그런지 가슴이 콩닥콩닥한다. 상대가 전화를 받지 않고 신호가 오래 가면 불안해져서 마지막 부재중 멘트가 나올 때까지 기다리질 못하고 끊는다. 요새는 일부러 부재중 멘트가 나올 때까지 견디는 연습을 하고 있다.

뭐, 소심한 걸 이야기하자면 한두 가지가 아니다. 백화점 가서 옷 살 때도 이 옷 저 옷 두 번 정도 입어보게 되면 옷이 썩 마음에 안 들어도 점원 보기 미안해서 그냥 사 들고 온다. 역에서 내려 길게 줄

선 택시를 보면, 가까운 데 가자고 하기 미안해서 버스를 타기도 한다. 발표불안도 있다. 발표 앞두고 가슴 콩닥콩닥, 왜 한다고 했을까 후회하고, 못 하겠다고 취소할까 고민도 많이 했다. 관심 있는 학회에 참석하러 가다가 괜히 낯선 사람 만나는 게 불안해져 중간에 발길 돌린 경우도 있다. 남들은 모르는 나의 속마음이다. 지금 이 나이에도 이런 소심증에 고민한다. 정신과 의사가 30년이나 소심증을 극복하려고 애썼지만 아직도 고만고만하다. 살짝 나아진 정도다.

내 이야기를 하는 이유는 성격은 어렸을 때 바뀌지도 않고 바꾸려 해서도 안 된다는 걸 강조하고 싶어서다. 자기 성격이나 성향을 보충해나가는 건 평생에 걸친 성장 과정이다. 부모가 간섭할 일이 아니고 간섭해서 될 일도 아니다.

끝으로 엄마 냄새, 엄마 색안경이 얼마나 중요한지 온몸으로 보여주는 한 인물을 소개한다.

오토다케 엄마의 첫마디

오토다케 히로타다는 1998년 『오체 불만족』이라는 책을 통해 세상에 알려진 인물이다. 그는 사지가 거의 없는 몸으로 태어났다. 팔다리가 겨우 10센티미터 정도에 불과하다. 몸통에 살짝 나와 있는 짧은 다리로 뒤뚱뒤뚱 뛰면서 뭉툭한 팔로 농구공을 던지는 그의 모습에 사람들은 놀랐다. 더 놀란 것은 그의 환하고 맑은 웃음이었다. 그는 긍정의 아이콘으로 떠올랐고 많은 사람들에게 감동을 주었다. 어떻게 그렇게 당당하게 살아갈 수 있을까. 그 해답은 오토다케의 엄마에게 있다.

오토다케는 원인을 알 수 없는 선천성 사지절단인 모습으로 태어났다. 의사는 산모가 큰 충격을 받을 것을 염려하여 아이가 황달이 심하다고 둘러대고 모자 상봉을 한 달간 늦췄다. 오토다케의 엄마는 아이를 못 본 한 달 동안 걱정을 많이 했을 거고 별 생각을 다 했을 거다.

모자 상봉이 이루어지는 날, 의료진은 엄마가 실신할 것을 대비해 따로 병실까지 준비했다. 의사는 산모에게 아이를 보여주기 직전에 말해주었다. 아이가 황달은 아니고 몸에 좀 장애가 있다고 말이다. 엄마는 그 말을 듣고 불안해했다. 마침내 긴장 속에서 아이를 처음 만나는 순간, 엄마는 상상 밖의 반응을 보였다.

"어머, 귀여운 우리 아기……."

엄마의 첫마디였다. 팔다리가 없는 아이를 본 순간에 절망하고 실신한 게 아니라 기쁨의 탄성을 지른 것이다. 오토다케는 자서전에 이렇게 썼다. "그랬다. 어머니가 나를 만나 처음 느꼈던 감정은 '놀라움'이 아니라 '기쁨'이었다."

엄마가 아이를 놀라움이 아니라 기쁨으로 보니 사람들도 아이를 기쁨으로 보았다. 엄마가 아이를 기이한 장애아로 보지 않고 귀여운 아이로 보니 사람들도 오토다케를 귀여운 아이로 보았다. 이것이 엄마의 마법이다. 엄마가 아이를 보는 눈대로 사람들은 아이를 보게 된다. 오토다케 엄마는 아이를 '귀여운 색안경'으로 보고 '기쁨의 냄새'를 풍겼다. 그러자 사람들은 마법에 걸려 오토다케를 귀여워하고 좋아했다.

오토다케의 힘은 있는 그대로 인정하고 기뻐해준 엄마의 힘이다. 아이를 기쁘게 본 엄마의 시선이다. 엄마가 아들을 보고 '억! 징그러워라!' '아이구, 불쌍한 것' 했다면 다른 사람들도 '억, 징그러워라! 아이구, 불쌍해라' 했을 거다. 엄마가 아들을 귀엽고 기쁘게 보니 사람들도 처음에는 '오? 어쩜 저런 애가' 하는 기이한 시선을 보내다가 아이가 풍기는 귀여움과 기쁨의 냄새에 취해 금방 아이를 좋아하게 되었다. 다른 사람들이 모두 엄마의 시선을 따라 한 것이다. 이것이 엄마 색안경, 엄마 냄새다. 끌림의 법칙이다.

아이를 살리는 '1도의 법칙'

아이의 단점을 결정적인 핸디캡으로 볼 게 아니라 자연스러운 모습으로 볼 수 있어야 한다. '소심해' '말이 느려' '키가 작아' '혼자 놀아'…… 이렇듯 색안경을 끼고 불안과 걱정의 냄새를 풍기기 쉽다. 그런 걱정을 멈추라고 아무리 말해도 쉽게 되지 않는다. 아이의 단점을 긍정적으로 보기란 무척 어려운 일이다. 하지만 양육자의 중요한 역할이 바로 이것이다. 아이의 단점을 바꾸려고 싸울 게 아니라 문제로 보는 자신의 마음과 싸워야 한다. 자녀 나이가 몇 살이든 상관없다. 20대라도 마찬가지다. 지금 당장 '아이가 문제'라는 색안경을 벗어야 한다.

문제투성이로 보이는 자녀를 있는 그대로 받아들이고 인정하자. 문제아가 아니라 지금 저 모습이 내 아이의 최선이라고 받아들이자. 그러면 아이는 다시 살아난다. 내 아이의 생명력, 자발성이 살아난다. 물론 쉽지 않다. 엄마 마음 바꾸기는 산을 옮기는 것만큼 어렵다. 시선을 거두는 것조차 안 된다. 어쩔 것인가. 알고도 안 되는 걸. 안 된다고 자책할 필요는 없다. 세상에는 내 뜻대로 되는 일이 10퍼센트가 될까 말까다. 마음 하나 바꾸는 것도 무척 어렵다. 내 경험을 봐도 그렇다. 나도 내 마음 바꾸고 내 성격 바꾸려고 했지만 안 됐다. 유능한(?) 정신과 의사가 수십 년을 애써도 잘 안 될 정도란 얘기다.

나는 내 성장을 위해 노력해오면서 한 가지 법칙을 세웠다. '1도의 법칙'이다. 180도 바뀌려고 하지 말자. 해도 안 되니까. 그냥 내 인생에서 1도만 바꾸려고 하자. 단, 그 1도를 바꾸려는 노력을 멈추지 말자. 1도씩만 바꿔도 나중에 시간 지나면 한 10도는 바뀌지 않을까.

중요한 건 내가 얼마나 바뀌는지가 아니라 바꾸려고 노력하는 마음이다. 현재진행형이다. 그 마음을 갖고 있으면 나는 늘 성찰하고 늘 성장하고 있는 것이다. 부모도 마찬가지다. 부모가 성찰과 성장의 냄새를 풍기면 아이도 성찰과 성장의 아이가 된다. 그러면 된다.

Tip 문장 완성 검사

심리 검사 중에 '문장 완성 검사'라는 게 있습니다. 문장을 읽자마자 떠오르는 대로 적는 검사입니다. 답이 여러 개일 수도 있습니다.

내 생각에 내 아이는 ....

아이에 대해 좋지 않게 생각하는 것은 ....

나는 아이를 보면 ....

다른 아이와 비교해서 내 아이는 ....

부정적인 내용이 있다면 왜 그런지 찾아보세요.
그 모습이 아이의 기질이거나 또는 누군가를 투사한 건 아닌지 살펴보세요. 그 문제는 엄마가 노력해서 바꿀 수 있는 것인지요? 또는 바꾸려는 노력이 아이의 자발성과 자존감을 죽이는 건 아닌지요? 아이의 문제를 '문제가 아니다'라고 볼 의지가 있으신지요?

엄마의 초자아

'초자아'는 '착함과 올바름'을 추구하는 정신 기능이다.
'욕망을 통제하라!' '이웃에게 해를 끼치지 말라!' '좋은 사람이 되라!'
이런 것이 초자아의 슬로건이다.
본능과 욕망을 억제하고 선을 추구한다.
초자아는 '마음속의 경찰'이라고 할 수 있다.

○ ○ ○

나는 어떤 엄마일까

내 안에 세 사람이 있다

프로이트의 업그레이드된 이론을 만나보자. 프로이트는 지정학적 가설에서 인간 정신을 의식, 전의식, 무의식의 세 파트로 설명했다. 그런데 환자를 치료하다 보니 이 이론만으로 설명 안 되는 현상들이 나타났다. 프로이트는 연구 끝에 새로운 이론인 '구조 이론(structural theory)'을 만들었다. 인간 정신을 이해하는 데 핵심적인 이론이다. 구조 이론을 모르면 심리학에 대해 전혀 모른다고 해도 과언이 아니다.

'구조 이론'이라고 이름을 붙인 이유는 지정학적 가설이 2차원이라면 이 이론은 3차원이기 때문이다. 지정학적 가설이 평면이라면 구조 이론은 말 그대로 입체적 구조를 갖고 있다. 이 이론에 등장하는 세 가지의 정신 요소가 우리 마음속에서 역동적으로 상호 작용한다. 어느 한쪽이 강하거나 약하면 병이 될 수 있다. 프로이트는 구조 이론에서 우리 정신이 세 가지 요소로 구성된다고 설명했다. '초자아(superego)' '자아(ego)' '이드(id)'가 그것이다.

윤우상이라는 사람이 있다. 프로이트의 주장에 따르면 윤우상은 한 사람이 아니라 세 사람이다. 내 정신 속에는 초자아 윤우상, 자아 윤우상, 이드 윤우상, 이렇게 세 사람이 살고 있다.

'초자아'는 '착함과 올바름'을 추구하는 정신 기능이다. '욕망을 통제하라!' '이웃에게 해를 끼치지 말라!' '좋은 사람이 되라!' 이런 것이 초자아의 슬로건이다. 본능과 욕망을 억제하고 선을 추구한다. 초자아는 '마음속의 경찰'이라고 할 수 있다. 경찰이 없으면 세상이 무법천지가 되듯이 초자아가 없으면 내 안의 동물적 욕망이 멋대로 날뛴다. 초자아는 성숙한 사회의식의 기초가 되고 문명을 발전시키고 사회를 유지하는 필수 정신 기능이다.

초자아는 두 가지 속성을 갖고 있다. 하나는 '도덕과 윤리'이며 또 하나는 '자아 이상'이다. 여기서 도덕과 윤리란 내 머릿속에 들어 있는 도덕과 윤리의 개념, 즉 악을 멀리하고 선을 추구하는 기능이다. 자아 이상은 '나는 이 정도의 사람이 되어야 한다' 하는 이상적인 자기를 추구하는 기능이다. 초자아는 벌을 주는 역할도 한다. 도덕과 윤리를 어기거나 자아 이상에 못 미치면 자아를 벌한다.

'이드'는 프로이트가 만든 용어로 동물적 본능, 욕망을 의미한다. 먹고 자고 마시고 섹스하는 원초적 욕망이다. 모든 인간 안에 깃든 동물적 욕망이다. 이기적이고 자기중심적인 성향이다. '자아'는 그냥 '나'라고 생각하면 된다. 지금 이 책을 읽고 있는 '나'를 '자아'라고 생각하면 된다. 지금 '의식하고 있는 나' 말이다. 자아는 영어 원어 그대로 '에고(ego)'라고 쓰기도 한다. 어떤 일을 할 것인가 말 것인가 선택하는 결정권자이자 집행자가 바로 자아다. 그런데 결정권자라고 좋은 건 아니다. 결정은 힘든 일이니까.

자아는 이드와 초자아 사이에서 어느 한편의 손을 들어주는 역할이라서 늘 갈등 속에 있다. 우리가 '정신적 갈등'이라고 할 때는 대부분 이드와 초자아 틈에 끼여 쩔쩔매는 '자아의 갈등'을 의미한다. '나'라는 한 사람 안에는 초자아, 자아, 이드, 이렇게 세 명의 내가 싸우고 타협하면서 함께 살고 있다. 건강한 자아는 뛰어난 외교술을 발휘해서 이드와 초자아를 적절하게 컨트롤할 줄 안다.

세 사람의 갈등,
엄마는 괴롭다

요새 먹고 자기만 하고 운동을 안 했더니 뱃살이 나왔다. 거울에 비친 배가 장난이 아니다. 다이어트를 결심한다. 초콜릿 복근의 연예인 사진을 거울 옆에 딱 붙여놓는다. 이것이 초자아의 속성 중 하나인 '자아 이상'이다. 이상적인 자아상을 만들어놓고 '난 저렇게 될 거야!' 한다. '저녁 먹고는 절대 야식 먹지 않겠어!' 초자아가 결심한다.

그렇게 사흘 동안 잘 지키고 나흘째 되는 날, TV를 보는데 음식 소개 프로그램에서 케이크 맛집 탐방을 하고 있다. 케이크가 내 입 안에서 녹아내린다. 방송을 본 뒤 냉장고를 열었는데 거참, 마침 거기에 누군가 먹다 남긴 케이크가 있다. 이드가 나를 꾄다. '먹자, 먹자.' 막 먹으려는 찰나, 짠! 하고 초자아가 나타난다. '안 돼! 안 돼! 먹으면 안 돼!' 자아는 그 중간에서 먹을까 말까 고민한다. 자아는 결정권자이지만 늘 줏대 없이 왔다 갔다 한다. '먹자!' '안 돼!' '먹자!' '안 돼!' 결국 자아가 이드 편을 들어 케이크를 먹었다. 케이크를 먹는 순간에 이드는 욕망이 채워졌다. 욕망이 채워진 이드는 이내 연기처럼 사라지고 대신 쫓겨났던 초자아가 몇 배로 커져 나타난다. 초자아는 말한다. '어이구~ 한심아~ 그런 약속조차 못 지키고. 그래 살이나 뒤룩뒤룩 쪄라!' 그러고는 벌을 내린다. 냉장고를 뒤져서 남은 빵을 꺼내 먹고 라면에 밥까지 말아 먹게 한다. 이건 맛있어서 먹는 게 아니라 '그래, 처먹고 돼지나 돼라' 하는 심정에서 먹는 것이다. 초자아가 자아에게 마구마구 먹는 벌을 주는 거다. 자학의 일종이다. 자책과 자학은 초자아가 벌을 주는 방식이다.

우리는 초자아, 자아, 이드의 삼각관계 속에서 갈등하며 살고 있다. 그 갈등 사이에서 이리 터지고 저리 터지는 게 바로 자아다.

엄마의 삶에도 초자아와 이드의 싸움이 있다. 엄마가 아이를 안 때리겠다고 결심하지만 소용이 없다. 애가 말을 안 듣고 징징거리면 어느 틈에 이드 엄마가 나타난다. 이드 엄마가 짜증 나서 악쓰고 애 등짝을 후려친다. "넌 왜 엄마 말 안 들어!" 하고 씩씩거린다. 분이 좀 가라앉으면 이드 엄마는 사라지고 초자아 엄마가 쑥 나온다. '너 미쳤냐! 네가 엄마냐!' 자책한다. 자책은 자기가 자기를 책망하는 건데 심리학적으로 보면 '초자아' 자기가 '자아' 자기를 책망하는 것이다. 나의 초자아는 자애롭고 고상한 '이상적인 엄마'로 살고 있는데 현실에서는 소리치고 악쓰는 이드 엄마만 나온다. 그러니 초자아가 가만있겠는가. '너 엄마 맞니?' '그러다 애들 망친다' 하는 자책과 불안감의 벌을 준다. 엄마는 초자아, 이드, 자아의 삼각관계 속에서 괴롭다.

초자아 엄마의 특징

프로이트의 구조 이론을 간단히 살펴보았다. 그렇다면 이 이론이 자녀 교육과 어떤 관련이 있을까? 엄마의 초자아나 이드가 아이에게 어떻게 영향을 줄까?

'초자아 나'는 착한 사람이라고 할 수 있다. 욕망을 억제하고 법과 윤리를 지키고 더 나은 사람이 되기 위해 애쓴다. 반대로 '이드나'는 이기적이고 욕망 덩어리다. 얼핏 초자아는 좋은 것, 이드는 나쁜 것처럼 보인다. 하지만 그렇게 이분법으로 나눌 수는 없다. 이드는 '악'이라기보다는 생존을 위한 원초적 힘이자 세상을 재미있게 사는 원동력이다. 이 힘이 있어야 욕망하고 즐기고 싸우면서 세상 속에서 살아간다. 이 힘이 통제가 안 되어 자신을 위험에 빠뜨리거나 타인에게 해를 줄 때 문제가 되는 것이다. 한편 초자아도 그저 '선'으로 볼 수만은 없다. 건강한 초자아는 욕망을 절제하고 자신을 성장시키고 남과 더불어 사는 좋은 기능을 한다. 하지만 초자아가 너무 강한 경우에 문제가 된다. 엄마의 초자아가 너무 강하면 아이의 삶이 힘들어진다.

초자아가 강한 엄마를 편의상 '초자아 엄마'라고 하자. 그 엄마의 특성은 대개 이렇다. 도덕적이며 착하게 살려고 한다. 남한테 싫은 소리를 들을까 봐 조심한다. 완벽하려 애쓰고 원칙과 규칙을 중요시한다. 가치 기준이 높으며 발전과 성장이 중요하다. 재미보다 의미를 우선하며 욕망을 억제하고 쾌락이 불편하다. 자기 검열을 많이 하고 반성도 많다. 초자아 엄마는 이런 성향이 뒤섞여 있다. 좋은 성품일 수 있다. 하지만 좋은 점만 있는 건 아니다.

초자아가 너무 강하면 세상살이가 팍팍해진다. 내 안의 욕망을 억압하니 어딘가 긴장되고 딱딱하다. 쾌락을 불편하게 여기니 재미에 인색하다. 완벽주의라 실수도 용납 못 하고 열등감도 많다. 자기

비하를 많이 하고 남의 시선에 신경도 많이 쓴다. 자책도 많다. 초자아가 강한 엄마는 잠재의식 속에서 내가 잘하나 못하나 늘 감시하면서 산다.

이런 엄마는 자녀에게도 엄격한 기준을 들이댄다. 엄마 눈에 보이는 건 '맞고 틀림, 옳고 그름'이다. 아이를 가르치려 하는 정답 엄마, 교정 엄마가 된다. 만화책을 줘도 역사 만화책이나 성경 만화책 같은 것을 준다. 아이가 빈둥빈둥, 어영부영하면 한심하게 본다. 대충 하는 아이를 못 봐주고 아이에게 빈틈이 있으면 못 견딘다.

초자아 엄마는 어떤 모습으로 나타날까? 몇 가지로 나눠 살펴보자.

완벽한 엄마: '넌 왜 이 모양이니?'

초자아가 강한 엄마 중에는 완벽을 추구하는 엄마가 있다. 이 엄마는 기준이 높다. 원칙과 규칙을 중요시하고 철두철미하다. 실수나 잘못을 용납 못 한다. 매사에 아이를 주시한다. 엄마의 시선이 늘 아이를 쫓아다니며 '잘하나 못하나, 했나 안 했나'를 평가한다.

완벽한 엄마는 '해야 할 것(must)'과 '하지 말아야 할 것(must not)'을 아이에게 강조한다. 아이 생활의 대부분이 그 두 가지로 정해져 있다. 그 기준으로 아이를 판단한다. 해야 할 것을 못 하면 '한심한 녀석'이 되고 하지 말아야 할 것을 하면 '못된 녀석'이 된다. 기준이 높아서 자기 아이가 성에 차지 않는다. 엄마의 눈빛은 늘 '쯧쯧쯧' 하는 눈빛이다. 엄마가 아이를 이런 식으로 대하면 아이의 내면은 어떻게 될까. '내가 뭘 잘못했나?' '더 잘해야 되는데' 하는 생각이 자리 잡기 쉽다. 자기 검열이 심하고 자기에게 엄격한 초자아를 갖게 된다. 엄마의 기준에 못 미치니 '난 안 돼' 하면서 자책감을 갖고 '나는 형편없는 애'라고 열등감에 빠진다. 아이는 야단치는 엄마를 자기 머릿속에 넣고 살아간다. 현실에서 엄마가 나를 꾸짖는 것처럼 내 머릿속에서 초자아가 자아를 꾸짖는다. '엄마의 초자아'가 '아이의 초자아'가 된 것이다.

완벽한 엄마는 따뜻하지 않다. 물론 내면에 따뜻함을 갖고 있을 테지만 아이는 누리지 못한다. 잠시 따뜻하게 느끼다가도 '넌 왜 이 모양이니' 하고 순식간에 차갑게 변하니 말이다. 언제 돌변할지 모르는 불안한 따뜻함이다.

가혹한 엄마:
'잘못하면 벌을 받아야지'

완벽한 엄마가 강화되면 가혹한 엄마가 된다. '가혹'을 사전에서 찾아보면 '몹시 모질고 혹독함'이라고 나온다. 어? 이상하다. 모질고 혹독한 건 동물적인 이드의 특성 아닌가? 그렇다. 극과 극은 서로 통한다고, 병적 초자아도 이드와 비슷한 모습을 보인다. 병적 초자아는 '가혹한 엄마' 모습으로 나타난다. 조그만 잘못도 용납 못 하는 아주 높은 기준을 지닌 게 특징이다.

가혹한 초자아 엄마는 보통 엄마들하고 좀 다르다. 겉으로는 아주 교양 있고 점잖게 보이기도 한다. 하지만 속은 차갑고 무섭다. 아이를 통제하고 압박한다. 훈육 방법도 우유부단하지 않다. 아이가 두려워할 정도의 벌을 준다. 때로는 잘못을 고친다고 폭력도 서슴지 않는다. 아이는 불안을 넘어 공포를 느낀다.

가혹한 엄마 중에는 "나는 절대 폭력을 안 써요" 이렇게 말하는 엄마가 있다. 하지만 물리적인 폭력보다 더 무서운 것이 있다. 언어 폭력과 눈빛 폭력이다. '네까짓 게 뭐……' 하는 말투와 눈빛. 이게 더 무섭다. 손과 발로 때리는 게 아니라 입과 눈으로 때린다. 가혹한 엄마는 자신이 문제가 있다는 걸 모른다. 자신은 정의와 선을 추구하는 사람이기에 자기의 생각, 자기의 행동이 옳다고 믿고 있다.

사실 가혹한 엄마보다는 가혹한 아버지들이 더 많다. 여기서 잠깐 아버지 이야기로 넘어가자. 남자들은 힘을 최고의 가치로 여긴다. 그리고 힘에 따른 위계질서를 중요시해서 명령과 규칙을 강조한다. 아버지가 아이, 특히 아들을 보는 기준은 '능력'이 우선이다. 초자아가 강한 아버지들의 색안경은 '능력 색안경'과 '규칙 색안경'이 많다. 이런 아버지는 자기 아이가 능력이 없어 보이거나 자기 말을 안 들을 때 무자비해진다.

대학생 청년을 상담했다. 그 청년은 명문대 경영학과를 다니면서 회계사 시험을 준비하고 있었는데 심한 불안과 우울 증상이 생겨서 진료실을 찾아왔다. 무척 똑똑한 학생이었다. 자신의 심리적인 문제에 대해서도 많이 생각해본 것 같았다. 그 학생 말이, 자기 증상의 뿌리는 아버지라고 했다. 청년은 아버지에 대한 분노 때문인지 상담 내내 아버지를 '그분'이라고 칭했다.

"저는 그분이 악의 근원이라고 생각했어요. 제가 초등학교 2학년 때인가, 공책 산다고 용돈을 받아서 과자를 사 먹었어요. 그러고는 돈을 잃어버렸다고 했다가 그분에게 들켰어요. 그분은 아들이 거짓말한다고 '나쁜 놈'이라면서 다시는 거짓말 못 하게 하겠다고 저를 닥치는 대로 두들겨 팼어요. 다시는 안 그러겠다고 싹싹 빌었는데……. 그때 전 그분이 내 아버지가 아니라는 생각이 들었어요. 또 그분은 저를 의자에 묶어두고 공부를 시켰어요. 그리고 저를 한심하다고 구박했죠. 저뿐만이 아니에요. 그분은 아내가 게으르다고 윽박지르고 욕했어요. 그분은 교회를 열심히 다녔고 사람들은 그분을 좋은 분이라고 했죠. 이중적인 사람이지요. 저는 언젠가는 그분께 복수를 하겠다고 생각했어요."

가혹한 초자아 아버지다. 거짓말했다고 무자비하게 아이를 때리고, 묶어놓고 공부시키고, 아내를 게으르다고 구박한다. 정직, 성실 등의 원칙에 위반되면 가차 없이 벌을 내린다.

병적 초자아의 속성 하나는 작은 잘못에 대해 무자비한 벌을 내린다는 것이다. 빵 하나 훔쳤는데 손목 자르는 식이다. 어떤 아버지는 다섯 살 아이가 거짓말했다고 발가벗겨놓고 마구잡이로 때린다. 이건 훈육이 아니라 폭력이다.

병적 초자아는 또한 이중적이다. 옳은 일을 추구하지만 행동은 무자비하다. 교회에서 선한 얼굴을 하고 있지만 집에서는 폭군이다. 선과 정의를 주장하지만 정작 본인의 행동은 폭력적이고 독단적이다. 이 사례는 폭력까지 쓰는 심한 병적인 초자아 아버지라고 할 수 있다. 하지만 아버지 본인은 자신을 '정의로운 사람'이라고 생각할지 모른다.

정도는 약하지만 이와 비슷한 부모가 많다. 폭력을 쓰지는 않지만 높은 기준으로 아이들을 가혹하게 대하는 부모, 하지만 자신이 가혹한 부모인지 모르는 부모. 이런 부모 밑에 있는 아이는 대개 생기가 없고 눈치를 보고 주눅 들어 있다. 설령 겉으로 드러나지 않더라도 불안과 두려움 속에서 산다.

엄마가 '했나 안 했나, 잘했나 못했나'를 기준으로 아이를 보면 아이의 정신은 약해진다. 늘 엄마 눈치를 보고 자책도 많이 한다. 엄마의 좋은 아이가 되고 싶은데 그럴 수가 없다. 아이의 잠재의식에는 엄마가 자기를 버릴까 봐 두려워하는 마음이 숨어 있다. 아이가 사랑하는 엄마에게 얼마나 인정받고 싶어 하는지 엄마는 모른다. 엄마로부터 거부당한 아이가 얼마나 비참해지는지 엄마는 모른다.

그런 엄마에게 당신 아이를 사랑하느냐고 물어보면 하나같이 아이를 사랑한다고 할 것이다. 그런데 사랑한다면서 눈빛은 경멸이고 입술은 구박이다. 아이를 그렇게 무시하고 빈정대면서 말로는 사랑한다고 한다. 사랑한다면서 구박하고, 사랑한다면서 무시하고, 사랑한다면서 비난한다.

아이의 영혼을 망치는 엄마의 위험 행동

가혹한 엄마의 하이라이트는 아이에 대한 경멸이다. 아이한테 짜증나거나 화나는 건 당연한 감정이다. 하지만 경멸은 차원이 다르다. 사람 취급을 안 하는 거다. 존재 자체를 부정한다. 인간관계의 최악이 경멸이다. 경멸하는 사람이 내 가족이라면? 죽어서만 지옥이 있는 게 아니다. 가족 중에 경멸하는 사람이 있다면 가정이 바로 지옥이다.

자식을 경멸하는 엄마들이 있다. 언제부터인가 아이가 못마땅하게 보인다. 처음은 '재 왜 저래?'에서 시작된다. '못마땅 색안경'을 낀다. 그러다 '정말 한심하군'으로 진행되고 엄마의 교정 작업에도 아이가 변하지 않으면 '구제불능이네' 하면서 체념하고, 더 가면 '인간이 아니네' 하면서 경멸한다. 체념까지는 그런대로 봐줄 수 있다. 엄마가 체념해도 아이는 스스로의 자생력으로 어떻게든 살아갈 수 있으니까. 하지만 경멸은 아이의 자생력까지 짓밟는다. 아이의 영혼을 죽인다.

그런데 이상하다. 사랑하는 내 아이를 왜 경멸할까. 아이가 뭔 잘못을 했기에 존재 자체를 부정하려고 할까. 그렇게 사람 취급을 못 받을 만큼 아이가 잘못했나? 고작해야 공부를 못하거나 말을 안 듣거나 할 일을 제대로 안 하는 정도일 텐데.

세상에서 경멸받아 마땅한 아이는 없다. 경멸을 받아야 할 사람은 아이가 아니라 엄마 자신이다. 경멸은 100퍼센트 투사다. 아이가 문제가 아니라 엄마가 문제다. 엄마가 기준이 높은 색안경으로 아이를 보기 때문이다. 엄마가 경멸할수록 아이는 주눅 들거나 반항하고 그 모습이 다시 경멸의 증거가 되고 경멸을 부추긴다. 악순환이다. 엄마는 '아이가 바뀌면' 된다고 한다. 아이가 바뀌면 경멸할 이유가 없으니까. 하지만 엄마가 '못마땅 색안경'을 끼고 있는 한 아이의 어떤 노력도 소용없다.

완벽한 엄마, 가혹한 엄마는 자신이 어떤 엄마인지, 어떤 문제가 있는지 알지 못한다. 엄마의 기준, 가치관, 신념이 얼마나 가혹한 초자아의 모습으로 나타나는지 모른다. 심지어 자신을 좋은 엄마로 생각하는 경우가 많다. 초자아 엄마는 자기 아이를 착한 아이로 만든다면서 병든 아이로 만든다. 아이에게 좋은 생각, 바른 행동, 올바른 정신을 심어준다고 한 건데 왜 애가 병들었는지 이해를 못 한다. 위험한 엄마다.

초자아도 공격적인 초자아가 있고 수동적인 초자아가 있다. 완벽한 엄마, 가혹한 엄마는 공격적인 초자아 엄마라고 할 수 있다. 수동적인 초자아 엄마도 있다. '체면 엄마'다.

체면 엄마: '남들이 어떻게 보겠어?'

체면 엄마는 '불안한' 초자아 엄마다. 이 엄마는 '남들이 나를 어떻게 볼까?'에 집착한다. 자기 아이도 엄마 체면의 하나다. 아이가 문제 있으면 내가 문제 있는 것이다. 버릇없이 키웠다는 소리 들을까 봐 신경을 많이 쓴다.

카페에서 아는 엄마를 만났다. 그 엄마가 네댓 살 된 아들에게 "선생님한테 인사해" 하고 인사를 시킨다. 아이는 엄마 뒤로 숨는다. 엄마는 다시 아이를 앞으로 밀어내며 "선생님한테 인사해야지. 엄마가 말했지. 처음 본 사람한테도 인사 잘해야 한다고." 그래도 아이가 삐쭉거리자 엄마가 아이 머리를 살짝 누르면서 "안녕하세요" 한다. 어허, 참 어색했다. 괜히 나 때문에 애가 혼난 거 같아서 내가 안절부절못했다.

인사에 집착하는 엄마들이 있다. 어디 가기 전에는 "인사 잘해야 한다" 하고, 갔다 오면 "인사 잘했니?" 한다. 엄마가 아이랑 모임에 갔다 오면서 "너 ○○한테 왜 인사 안 했니?" 이런다. 예절을 가르치는 건 중요하지만 이 정도 훈육은 단순한 예절 교육을 넘어선다. 그 밑에는 엄마의 불안이 숨어 있다. '버릇없는 아이, 가정교육 제대로 못 한 엄마'라는 비난을 들을까 봐 불안하고 두렵다.

인사를 가정교육으로 생각하는 분들이 꽤 있다. 인터넷 맘 카페에 가보면 인사를 안 하는 아이에 대한 조언도 많다. 엄마가 먼저 큰 소리로 인사하는 모습을 보여주면 아이도 따라서 인사를 잘할 거라는 조언도 있다. 또 아이 머리를 살짝 눌러주면 좋다는 조언도 있다. 그렇게 하면 인사 습관이 들 거라고. 세상에나! 억지로 아이 머리를 누르면서까지 인사를 시키다니.

원론으로 돌아가보자. 인사는 왜 하나? 반가워서? 안 하면 욕먹으니까? 사회적 인습이니까? 아이들은 사회적 인습이 뭔지 모른다. 그리고 인사 안 한다고 욕을 먹는지도 모른다. 아이는 만나는 사람이 낯선 사람이니 인사하고 싶지 않고, 반가운 사람도 아니니 하고 싶지 않고, 또 성격상 쑥스러움이 많아서 하지 않는다. 어떤 애는 처음 본 사람에게 쾌활하게 인사하는가 하면 어떤 아이는 다소곳이 90도 배꼽 인사 한다. 부끄러워 몸을 비비 꼬는 아이, 엄마 뒤로 숨는 아이도 있다. 아이들의 이런 모습이 자발성이다.

고개 잘 숙이는 아이가 있고 고개 잘 안 숙이는 아이가 있다. 아이들이 정답이다. 세 살 버릇 여든까지 갈까 봐 걱정인가? 인사는 버릇이 아니다. 인사는 어려서는 그저 자발성, 커서는 사회 기술일 뿐이다. 어른 되면 하기 싫어도 해야 하는 인사인데 어릴 때만이라도 자기 하고 싶은 대로 놔두면 안 될까.

우리 병원을 담당하는 제약회사 영업사원이 있다. 젊은 친구인데 붙임성 있어서 나랑 친하다. 그 친구는 내 방에 들어올 때 늘 90도로 인사한다. "야, 그렇게 90도로 인사하지 마라. 내가 불편하다." 그래도 늘 90도로 깍듯이 인사한다. 어느 날 내가 물어봤다.

"너 어려서부터 인사 잘했니?"

"아니요. 인사 안 한다고 엄마한테 매일 야단맞았어요."

아이가 인사 안 하면 어떻게 하는 게 좋을까. "○○야, 엄마 친구한테 인사해야지." 그래도 아이가 안 한다. "그럼 나중에 해라." 덧붙일 것 없이 여기서 끝나야 한다! 그게 정답이다. "애가 부끄러움을 많이 타서요" "애가 숫기가 없어서요" 이런 말 덧붙이지 말자. 왜 인사 안 한 걸 변명하나. 그것도 아이를 '디스' 하면서. 엄마 잘못이 아니고 애가 문제라고 변명하는 건가? 인사 좀 안 했다고 내 아이를 '부끄러운' '숫기 없는' '낯가림 많은' 아이로 만들어버리나. 그 순간 마음이 좀 불편하더라도 입 꾹 다물고 넘어가는 훈련을 해야 한다. 불안은 엄마가 견디자.

엄마도 할 일 다 했다. 아이에게 인사에 대해서 언급 안 했을 리 없고 절대 인사하지 말라고 시킨 것도 아닐 거고, 틀림없이 "사람들

만나면 인사해라" 했을 거다. 그러면 가정교육 다 한 거다. 인사 안 한다고 아이 붙들어놓고 야단치고 때리고 협박하는 게 잘못된 가정 교육이다. 고개 잘 안 숙이는 아이를 엄마가 손으로 눌러줘야 하나? 그건 아이의 자발성을 죽이는 짓이다. 그냥 이렇게 생각하자. 우리 아이는 고개를 잘 안 숙이는구나. 응, 그렇구나. 그리고 이렇게 믿자. 얘는 뭔 사정인지 몰라도 지금은 인사를 잘 안 하지만 나중에 크면 아무리 못해도 나 정도의 예의는 있을 거야. 끝!

인사라고 다 똑같은 게 아니다. 같은 인사를 해도 행복한 초자아는 기뻐서 인사한다. 만나니 기뻐서 인사하고 자기가 인사하는 게 즐거워서 한다. 두려운 초자아는 불안해서 한다. 안 하면 나쁜 놈이라고 할까 봐. 똑같이 인사를 해도 전자 아이는 당당한 아이가 되고 후자 아이는 불안한 아이가 된다.

체면은 눈치를 만든다. 체면 부모는 대개 눈치 부모다. 엄마가 늘 교육한다. 누구를 만나면 인사 잘해야 한다. 말조심해라. 존댓말 써라. 어른 앞에서는 예의 바르게 앉아라. 엄마의 예의 교육이다. 엄마가 아이를 예의 바르게 키우는 건 당연하고 좋은 일이다. 하지만 이런 교육을 하는 엄마의 무의식을 봐야 한다. '더불어 사는 아이'가 되기 위함인가, 아니면 '욕 안 먹는 아이, 욕 안 먹는 엄마'라는 체면을 위함인가?

똑같은 교육이라도 큰 차이가 난다. 긍정의 교육인지 부정의 교육인지, 성장의 교육인지 불안의 교육인지. 후자의 교육은 아이를 긴장하고 움츠러들게 한다. 타인을 많이 의식하고 사람을 편하게 만나지 못한다. '저 사람이 나를 어떻게 생각할까?' '실수하지 않을까?' 이렇게 타인 눈치 보는 태도가 내면에 자리 잡는다. 겉으로는 점잖고 예의 바르지만 속은 늘 긴장 상태다. 엄마의 불안한 초자아를 아이에게 전염시킨 것이다.

Tip 내 아이의 자존감은 몇 점일까?

내 아이에게 점수를 매겨보세요. 아래 선에 내 아이가 어느 점에 있는지 찍어보세요.

0 .... 50 100

왜 그 점수가 나왔는지 이유를 적어보세요. 점수는 100점인데 아이를 60점짜리로 대하고 있지는 않나요? 그렇다면 실제 나의 잠재의식에서는 아이가 60점입니다. 그 점수가 바로 엄마 냄새입니다. 엄마가 60점 냄새를 풍기면 아이는 60점이 됩니다.
아이의 자존감이 중요하다는 건 모든 엄마들이 알고 있습니다. 그렇다면 자녀의 자존감을 어떻게 높여줄까요? 아주 단순명쾌한 답이 하나 있습니다. 부모가 아이에게 준 점수가 바로 아이의 자존감 점수입니다. 평소에 아이 점수를 생각하고 사는 부모는 없습니다. 하지만 부모의 잠재의식 속에는 아이에 대한 평균 점수가 존재합니다. 그 점수는 전의식 속에 숨어 있지요. '관찰자 나'가 되어 나를 성찰해보면 내가 아이에게 몇 점을 주고 있는지 알 수 있습니다. 그 점수를 진솔하게 만나봐야 합니다. 내가 준 점수가 곧 아이의 자존감 점수니까요.

혹 엄마의 기준이 높아서 아이 점수가 상대적으로 낮은 건 아닌가요? 그렇다면 아이 눈높이에서 다시 점수를 줘보세요. 몇 점을 주실 건가요? 그래도 점수가 낮은가요? 그러면 아이는 평생 그 점수에서 벗어나기 힘들 거예요.

○ ○ ○

엄마의 '자아 이상'이 아이에게 미치는 영향

내 아이가 사라졌다!

초자아 특성의 하나가 '자아 이상'이다. 우리 마음속에는 '이상적인 나'의 모습이 있다. 현실의 '나'는 요 모양 요 꼴이지만 초자아 속 나는 괜찮은 사람, 멋진 사람이다.

'자아 이상'은 인간이 성장하는 데 꼭 필요하다. 지금 내 모습을 넘어서 이상적인 내가 되기 위한 원동력이다. 하지만 자아 이상이 너무 높아도 문제가 된다. 자아 이상이 너무 높으면 초자아가 현실 속의 자아를 못났다고 구박하게 된다. 초자아 엄마는 자기만 구박하는 데 그치지 않고, 엄마의 자아 이상이 아이에게 투사되어 아이를 못났다고 구박한다.

"100점도 맞고 반장도 했으면 좋겠어요. 내 아들이니까요."

중학생 아들을 둔 엄마와 상담하다가 들은 말이다. 모든 엄마의 마음이 이럴 것이다. 엄마의 무의식 속에는 '이상적인 아이'가 들어 있다. '내 아이는 이 정도는 돼야 해' 하는 이상적인 상이자 '완전한 아이'다. 말 그대로 '퍼펙트' 하다. 그런데 아이가 커가면서 '이상적인 아이'에서 하나씩 깎여나간다. 아이는 점점 하나씩 모자라고 하나씩 실망이다.

엄마 무의식 속에는 이상적인 아이가 그대로 남아 있지만 현실의 아이는 점점 변해간다. 엄마는 현실의 아이를 보면서 '얘가 왜 이러지?' '얘가 이상하네' 하는 마음이 들기 시작한다. 엄마 무의식 속 아이는 이상적인 아이인데 눈앞에 보이는 아이는 그런 애가 아니기 때문이다.

엄마의 자아 이상은 소위 '기대치'라는 이름으로 나타난다. 아이가 기대치에 못 미치면 '어? 우리 아이가 내가 생각한 것과는 다르네' 하고 실망한다. 이때 빨리 정신을 차리고 이상적인 아이를 벗겨내고 현실의 아이를 있는 그대로 봐야 하는데 그렇게 하지 못한다. 엄마의 무의식은 '이상적인 아이'만 내 아이로 여긴다. 현실의 아이는 '이상한 아이'다. 엄마의 무의식이 이렇게 속삭인다. '내 아이가 사라졌다!'

엄마 무의식에서는 이상적인 내 아이는 어디로 가고 이상한 아이만 있다고 생각하는 거다. 그러니 눈앞에 보이는 못난 아이를 원래의 이상적인 내 아이로 만들어야 한다. 엄마가 가혹해진다. 사람들은 가혹한 엄마를 보고 '엄마가 어쩌면 저렇게 가혹할 수가 있나' 하고 의아해한다. 하지만 그 엄마의 무의식에서는 눈에 보이는 아이가 자기 아이가 아니기 때문에 가혹해도 상관없는 것이다.

초자아도
유전된다

고등학교 2학년 남학생이 성적 비관으로 아파트 옥상에서 떨어져 죽었다는 뉴스가 들렸다. 전교 10등 안에 들었던 학생인데 2학년 올라간 뒤부터 전교 50등 아래로 떨어졌다. 전교 50 몇 등인데 성적 비관으로 목숨을 버린 것이다. 그 소식을 듣고 전교 꼴찌 하는 애는 이렇게 생각한다. '어? 내가 전교 50등 하면 우리 엄마가 놀라서 기절하실 텐데…….'

목숨을 버린 그 아이에게 자아 이상, 즉 이상적인 자기는 전교 5등이다. 전교 50등은 자기가 아니다. 자기가 아니니 죽어도 싸다고 여겼다. 자기가 자기를 죽였다. 심리학적으로 보면 '초자아 나'가 형편없는 '자아 나'를 죽인 거다. 고등학교 2학년 학생이 무슨 초자아가 그리 가혹하기에 자기 자신을 죽일까?

부모의 초자아는 아이 뇌 속으로 들어간다. 부모의 엄격한 초자아가 심리적으로 유전되어 아이도 엄격한 초자아를 갖게 된다. 그 메커니즘은 이렇다. 부모가 높은 자아 이상을 아이에게 투사한다. 아이는 그 기준에 맞추느라 허덕인다. 아이가 기대치에 못 미치면 부모가 '넌 그것도 못하냐'고 구박한다. 그 패턴이 반복되면 부모의 초자아가 아이의 뇌 속에 내면화된다. 즉 '넌 그것도 못하냐'는 부모의 소리가 아이의 내면의 소리로 굳는 것이다. 아이는 자기 뇌 속에 부모를 모셔놓고 '넌 그것도 못하냐' 하며 늘 자신을 구박하면서 산다.

과도한 자아 이상은 자기 자신을 죽일 수 있다. 이상적인 자기 모습에 못 미치니 열등감에 빠지고 그런 형편없는 자신은 죽어 마땅한 사람이 되고 만다.

"포기했다"는 말을 듣는 자녀의 심리 상태

아이를 탐탁지 않게 생각하는 것이 엄마의 병 중에서도 제일 무서운 병이다. 엄마는 기대에 못 미친다고 아이를 평가 절하한다. 여러 번 겪은 일을 근거로 그러는 경우도 있지만 아이가 보인 한두 번의 태도나 결과를 갖고 판단하는 경우도 많다. 그리고 자신이 내린 평가에 대해 뒤돌아보지 않는다. 그 판단은 고정되고 지속된다. 아이가 잘해도 '어이구 네가 잘할 때도 있네' 하는 식이다. 부모의 이런 태도는 아이를 서서히 죽이는 독이 된다. 아이의 영혼은 죽어간다. 그 느낌을 아는가? 나의 전부인 사람이 나에게 실망하고 나를 포기했다는 느낌을 받는 순간을! 나의 존재가 무참히 무너져 내리던 그런 경험을 아는가.

아이에게 실망하고, 아이를 탐탁지 않게 여기고, 아이가 하는 모든 걸 못마땅하게 생각하는 부모가 있다. 바라는 만큼 못 따라오는 아이를 보고 '대충 그런대로 살아라' 하면서 반은 포기 상태로 아이를 대하는 부모도 있다. 그리고 이렇게 말한다.

"난 너에게 정말 실망했다."

"넌 부모의 믿음을 저버렸어."

"난 이제 너에 대한 기대를 버렸다."

"우린 이제 널 포기했다."

치명적인 부모다. 의식적으로는 이렇게 생각하지 않는다 해도 전의식 수준에서 아이를 포기한 마음을 갖고 있다. 이미 포기한 아이……. 이상적인 아이만 머릿속에 살려놓고 현실의 아이를 죽인 부모다. 부모가 한심한 눈으로 자기를 쳐다본다. 부모가 냉혹한 눈빛으로 자기를 쳐다본다. '너를 포기했어' 하는 엄마 냄새를 맡은 아이는 어떨까? 이 세상을 어떤 힘으로 살아갈까?

내 아이가 밖에서 실패하고 절망할 때, 상처 입고 아파할 때, "괜찮다" 하고 따뜻하게 안아주는 부모. 그게 진정한 부모 아닐까? 그게 내 아이의 엄마 아닌가 말이다.

내 아이를 되찾는 혁명

아이를 다시 만나야 한다. 있는 그대로의 아이를 새롭게 만나야 한다. 부족하면 부족한 대로, 모자라면 모자란 대로. 그 모습이 지금 현재 내 아이의 최선의 모습이기 때문이다. 지금 모습 그대로를 완전체로 받아들이자.

엄마의 색안경이 바뀌지 않는 한 불순한 엄마 냄새가 아이 몸과 마음과 영혼에 스며들어서 아이는 옴짝달싹할 수 없다. 엄마 마음만 바꾸면 엄마 냄새가 바뀐다. 아이 잘 살게 하는 방법은 엄마가 마음을 바꾸는 것이다. 그런데 엄마는 제일 어려운 방법을 쓴다. 아이를 바꾸려고 하는 것이다. 바꾸려고 애써도 안 되니 상처만 남고 원망만 가득하다.

이제부터 쉬운 걸 하자. 엄마가 바뀌면 된다. 쉽기만 하나? 엄마도 좋고 아이도 좋다. 엄마는 내 아이를 사랑의 눈빛으로 보니 좋고, 아이는 있는 그대로 사랑받아서 좋고. 그런데 말이 쉽지. 내 아이를 있는 그대로 보려고 해도 안 된다. 사사건건 눈에 걸린다. '내 생각이 뭐가 틀려? 애가 저 모양인데. 가만 놔둘 수 없잖아!' '어떻게 문제 있는 아이를 괜찮다고 볼 수 있어? 말도 안 돼!'

그래도 엄마 마음을 바꿔야 한다. 엄마가 색안경을 벗지 않으면 자녀는 '문제아'에서 영원히 벗어날 수 없기 때문이다.

엄마의 혁명이 필요하다. 뒤집어야 한다. 엄마의 혁명은 '말도 안 되는 걸 믿는 것'이다. '문제아로 봤던 내 아이, 지금 보니 문제아가 절대 아니다!' '지금 아이의 모습이 내 아이의 최선의 모습이고 그 자체로 완전체다'라고 믿어야 한다. 입말이 아니라 진정 맘말로 믿어야 한다. 이게 엄마 혁명이다. 못난 애를 잘난 애로 보고, 최악을 최선으로 보고, 불신을 믿음으로 바꾸는 것!

엄마가 마음을 바꿔야 하는 확실한 이유가 있다. 첫째, 아이 바꾸는 것보다 엄마 마음 바꾸는 게 더 쉽다. 둘째, 아이 바꾸려면 엄마 고생 아이 고생, 둘 다 고생이지만 엄마 마음 바꾸는 건 엄마만 고생하면 된다. 셋째, 엄마와 아이가 '윈윈'이다. 엄마는 아이를 있는 그대로 사랑해서 좋고 아이는 있는 그대로 사랑받아서 좋다. 엄마가 마음만 바꾸면 만사 오케이다. 그런데 그것도 쉽지 않다. 그래서 1도의 법칙이 필요하다. 매일 '문제아 엄마 냄새'를 풍기지 말고 엄마 마음을 1도만이라도 바꿔서 새로운 엄마 냄새, 기쁜 사랑의 냄새를 주자. 아이를 위해서 습관적인 나의 생각을, 나의 마음을 뒤집어버리자.

엄마보다 못난 아이는 세상에 없다. 내 아이가 나보다 못났다고 생각하는 순간이 바로 내 아이를 죽이는 순간이다. 엄마가 자기 아이를 절벽 밑으로 떨어뜨리는 것이다. 자녀에게 실망하면 안 된다. 부모가 자식에게 실망할 때 아이들은 정신적으로 사망한다. '못난 아이'는 세상에 없다. '못난 아이'로 보는 '못난 엄마'만 있을 뿐이다.

아이가 나보다 공부를 못한다면 '공부에서만 나보다 못한' 아이

일 뿐이다. 존재 전체가 나보다 못하거나 못난 아이가 아니다. 아버지가 보기에 소심한 아들은 '나보다 못난 자식'이 아니다. '성격 면에서만 나보다 소심한 아들'일 뿐이다. 공부를 못해도 인기가 많은 아이가 있다. 소심해도 사랑이 넘치는 아이가 있다. 공부 못하고 인기 없는 아이도 자연의 소리를 들을 수 있고 파란 하늘에서 맑은 영혼을 느낄 수 있다.

아이들의 깊은 영혼을 부모는 모른다. 아이들의 넓은 우주를 부모는 못 본다. 아이가 경험하는 수백 수천의 행복한 경험들을 모른다. 아이들이 자기만의 세상을 만나는 그 뛰어난 능력을 모른다. 그런 순수한 아이가 못났나? 우리 부모들은 어떤가! 고작해야 돈에 묶인 채 불안해하며 안전이라는 건물 속에서 숨 막히게 산다. 그런 우리가 아이를 구박하고 짓밟고 있다. 아이들이 못났나? 우리가 못났나?

내 아이를 새롭게 만나보자. 지금 당장 이렇게 해보자. 우선 내 아이를 불러라. 그리고 두 손으로 아이 뺨을 부드럽게 만지면서 아이의 눈을 보자. 엄마의 엉뚱한 행동에 아이가 어리둥절할지 모르겠다. 그래도 지금 이 순간 두 손으로 아이의 뺨을 만지면서 아이의 눈을 바라보자. 내 아이를 있는 그대로 보자. 이 순간이 위대한 순간이다. 엄마와 아이가 순수하게 만나는 순간. 지금 보고 있는 내 아이를 완전체로 느껴보자. 이 자체로 완전한 아이! 그리고 마음속으로 속삭이자. '내 아이를 찾았다!'

빈틈 엄마가 되어라

추천할 만한 엄마 스타일을 소개한다. '빈틈 엄마'다.

대개 초자아 엄마는 빈틈이 없는 엄마다. 엄격하고 똑 부러지고 시간도 꽉 차게 돌린다. 시간 관리 잘하고 일을 해도 완벽하게 하려 한다. 좋은 것도 과하면 독이 된다. 빈틈 없는 엄마는 겉보기엔 괜찮아 보이지만 속으로는 고생이 많다. 틈만 보이니 막느라 바쁘고 정신이 없다. 여유와 재미는 사라지고 잘해야 안심이고 못하면 불안이다. 그 아이들은 엄마의 꽉 찬 시간과 규칙에 꼼짝달싹 못 한다.

꽉 찬 엄마는 아이의 자발성을 막는다. 그럼 아이들은 어떤 수를 써서라도 자기 시간을 만든다. 몰래 땡땡이 치고 학원 가서 딴짓하고, 공부한다고 방문 잠그고 스마트폰 한다. 책상에 앉아서 딴생각한다. 몸은 묶여 있어도 생각은 자유롭게 날아야 한다. 그래야 살 수 있으니까. "집중 못하고 딴생각이냐!" 하고 야단쳐도 소용이 없다. 딴생각하고 싶어서 하는 게 아니라 저절로 딴생각이 난다. 그게 자발성이고 자발성이 생명이기 때문이다. 꽉 찬 엄마 밑에서 아이는 숨 쉬기 힘들다.

좋은 엄마는 꽉 찬 엄마가 아니라 빈틈 엄마다. 빈틈이 있어야 살맛이 난다. 꽉 차면 좋은 것도 못 들어온다. 좋은 사람도 좋은 운도 들어오지 못한다. 혼자 낑낑대며 그럭저럭 살아갈 수는 있겠지만 삶의 여유는 없다.

틀이 강하면 틈이 없다. 엄마가 틈을 보여야 하고 아이의 틈을 견뎌야 한다. 빈틈을 허용하고 결점을 수용하고 지저분함을 놔두고 실수를 용납하고 잘못을 즐길 수 있어야 한다. 아이는 빈틈투성이다. 아직 살아보지도 않은 아이가 어떻게 견고한 틀이 있겠는가. 현명한 엄마는 아이의 빈틈을 즐긴다.

빈틈 엄마들은 종종 걱정한다. 다른 엄마들은 똑 부러지게 잘하는데, 자기는 아는 것도 없고 재주도 없다고 걱정한다. '에고 난 왜 이 모양일까' 하고 자책도 한다. 빈틈 엄마들이여, 살짝 자책하고 툴툴 털고 헤헤 웃자. 빈틈 엄마가 좋은 엄마다. 엄마의 그 빈틈으로 사랑하는 아이가 들어온다. 엄마의 빈틈을 아이가 채워줄 것이다. 빈틈 엄마 밑에서 자란 아이들, 엄마가 살려준 자발성으로 자기들의 빈틈을 멋지게 채워가면서 살 것이다.

꽉 찬 엄마는 일부러라도 빈틈을 만들어야 한다. 살아온 패턴과 기질인지라 꽉 찬 엄마가 빈틈 엄마 되기는 쉽지 않다. 그래도 1도씩만 바꾸자. 엄마가 1도만 빈틈을 만들면 아이는 10도만큼, 아니 그 이상으로 자유와 자발성이 살아난다. 어떻게 1도를 바꿀까? 간단한 방법을 소개한다.

한쪽 눈을 감는 연습

아이의 어떤 모습을 보고 기분이 나빠질 때! 한쪽 눈을 감아라. 실제로 한쪽 눈을 감아야 한다. 아이가 내 마음에 안 드는 행동을 할 때 한쪽 눈을 감고 못 본 것으로 하라. 눈을 감는 순간에 감정이 조금 수그러든다. 감은 눈으로는 자신의 마음을 보자. 내 감정이 지금 어떤가. 왜 이 감정이 들었을까. 늘 하던 감정의 습관일 것이다. 아이의 저런 행동을 보면 늘 화가 났으니까.

이 연습을 하면 안 좋게 보이던 자녀 행동이 훨씬 편안하게 보인다. 아이를 부정적으로 보지 않는 훈련이고, 엄마의 마음에 빈틈을 만드는 훈련이다. 한쪽 눈 감는 연습만 해도 엄마는 달라진다.

가능하다면 한쪽 눈을 감을 때마다 짧게 메모를 해보자. 아이의 어떤 부분을 자신이 못마땅해하는지 서서히 드러날 것이다.

이드 엄마의 특징

초자아 엄마 이야기를 했으니 이번에는 이드 엄마 이야기를 해보자.

이드는 인간 정신 속에 본능과 욕망을 추구하는 기능이다. 이드 성향이 강하면 상대적으로 초자아는 약하다. 이드 성향이 강한 엄마는 어떤 사람일까? 이드 엄마는 대개 아이보다 자기가 우선인 이기적인 엄마라고 할 수 있다. 이런 엄마는 남 눈치 안 보고 자기 하고 싶은 대로 한다. 아이에 대한 책임도 최소한이라 먹이고 키우기만 하면 된다는 주의다. 나의 재미를 위해서 때로 아이를 소홀히 하고 그런 자신을 크게 문제 삼지 않는다. 감정적인 성향이라 성질나면 욕하고 때리기도 한다. 초자아가 약하니 반성도 별로 안 한다. 아이는 제가 알아서 클 거고 문제가 있으면 애가 문제 있는 것이지 나는 잘못 없다는 식이다.

젊은 엄마가 남편 손에 이끌려 병원에 왔다. 이 엄마는 서른 살이고 초등학교 2학년 아들이 하나 있다. 주말 부부였다. 남편이 하소연한 문제는 아내가 한 달에 두어 번 아이를 근처 친정 엄마 집에 맡겨놓고 밤에 나이트클럽에 간다는 것이었다.

그녀는 스물한 살 때 뭣도 모르고 임신해서 결혼하고 20대 청춘을 애 키우느라 다 보냈다. 이제 아들이 초등학교 2학년이라 손이 덜 간다. 미혼인 친구들은 아직도 신나게 놀러 다닌다. 그녀는 자기만 애 보고 있으려니 짜증이 났다. 우연히 친구들 따라 클럽 갔다가 친구들과 놀던 옛날 기분이 다시 살아났다. 그녀 말이, 친구들이 놀러 가자고 하면 못 참겠다고 한다. 그냥 놀고 싶단다.

아이에게 약간 미안해하긴 했지만 그리 크지는 않았다. 아이 밥 다 해주고 저녁에 같이 놀아주고 그런 다음 친정에 맡기는데 뭐가 문제냐는 식이다. 나쁜 짓 한 것도 아닌데 오히려 남편이 이해를 못 해준다고 불만이다. 남편은 기가 차서 말도 안 나온다며 아내가 철딱서니가 없는 건지, 정신적으로 문제가 있는 건지 알고 싶다고 했다.

이 철딱서니 없는 엄마가 이드 엄마일까? 나이트클럽 간다고 오밤중에 아이를 친정에 맡길 정도면…… 살짝 아슬아슬하다.

이드 엄마도 레벨이 있다. 먼저 동물적 수준의 이드 엄마가 있다. 게임하느라 아이에게 밥 안 줘서 아이가 굶어 죽었다든지 아이를 심하게 때려서 다치게 했다든지 하는 '막장 이드 엄마'가 거기에 해당한다. 아이를 지속적으로 방치하고 학대하는 엄마다. 그런 사람은 엄마라고 할 수도 없으니 여기서는 논외로 하겠다.

그다음 수준으로는 '강한 이드 엄마'가 있다. 이 엄마는 기본적인 엄마 노릇은 하지만 아이보다 자기가 우선이다. 자기 하고 싶은 대로 하는 스타일이다. 약간 무책임하고 자기반성이 별로 없다. 기본적인 양육 책임은 행하지만 자신의 즐거운 인생을 더 중요하게 여긴다. 아이의 인성이나 아이의 성장에 별 관심이 없고 아이를 잘 키우겠다는 목적의식도 별로 없다. 그저 아이가 건강하고 사고만 안 치면 된다는 식이다. 이 엄마는 아이의 행복과 엄마의 행복이 충돌할 때 크게 고민 안 하고 엄마의 행복을 택하는 편이다. 아이보다 자기를 더 중시하니까 소위 '좋은 엄마'라고 할 수는 없지만 아이에게 해를 끼치지 않는 한 나쁜 엄마라고 욕할 수도 없다.

이런 강한 이드 엄마 밑에 있는 아이들은 어떨까? 자녀 돌보기에 소홀하니 아이가 문제가 될까? 걱정할 필요 없다. 그 엄마의 아이는 대개 자기가 알아서 잘 산다. 설령 밖에서 욕먹고 구박받아도 자기 방어 능력 생기고 생존력이 강해진다. 엄마가 덜 보살피니 알아서 독립적으로 살아가는 힘도 생긴다.

'강한 이드 엄마' 밑으로 '살짝 이드 엄마'가 있다. 이 엄마는 아이에 대한 책임은 다한다. 아이의 인성과 성장에도 관심이 많다. 아이를 잘 키우려는 욕심도 있다. 하지만 자기 인생을 즐기는 것도 양보 안 한다. 자기반성과 성찰도 하지만 심각하게 고민하지는 않는다. 아이도 잘 돌보고 어느 정도 내 인생도 즐긴다는 철학이다. 아이의 행복과 자신의 행복이 충돌할 때 상당히 고민한다. 때로는 아이 편에, 때로는 자기 편에 선다.

이 책에서 '이드 엄마'라고 할 때는 '강한 이드 엄마'를 의미한다. '살짝 이드 엄마'는 사실 인간적인 보통 엄마이기 때문에 '이드 엄마'라고 딱지를 붙이면 안 된다. '살짝 이드 엄마'는 괜찮다. 정신 건강상 좋다. 인간은 초자아의 성향과 이드의 성향을 다 갖고 있다. 그 둘이 적절히 조화를 이뤄야 건강한 자아가 된다. 엄마의 이기적인 마음은 건강한 마음이다. 어떤 때는 아이보다 나를 더 챙길 수 있어야 한다. 내 속에 약간의 이드 엄마가 있어야 균형이 잡힌다.

살짝 이드 엄마는 좋은 엄마다. 아이도 좋고 엄마도 좋다. 아이에게 피해 주지 않는 한에서 엄마가 자기 인생 잘 살면 좋지 않은가. 아이에게 '엄마가 나만을 위해 존재하는 사람'이라는 착각을 주면 안 된다. '엄마도 엄마 인생 사는 사람이구나' 하는 당연한 사실을 당연하게 알게 해줘야 한다. 그러니 살짝 이드 엄마는 아이에 대한 죄책감이 나타나면 살짝 느끼고 빨리 털어버리면 된다.

혹시 이 책을 읽으면서 '내가 이드 엄마인가' 하고 고민하는 분이 있을까? 걱정 마시라! 단언컨대 이 책을 읽는 분 중에는 진짜 이드 엄마는 없다. 오리지널 이드 엄마는 이런 책 안 읽는다. 읽을 필요를 못 느끼고 이런 책이 있는 줄도 모른다. 이 책을 읽는 분은 설령 이드 엄마라고 해봐야 '살짝 이드 엄마'다. 건강한 엄마니까 걱정 마시라. 오히려 초자아 엄마 쪽일 가능성이 크니 본인이 강한 초자아 엄마가 아닌지를 먼저 걱정하시라.

중요한 건 이거다. 내가 초자아 엄마 될까, 이드 엄마 될까 하고 선택해서 되는 게 아니다. 그냥 살아온 대로 살다 보니 그리 되는 것이다. 나의 운명이고 기질이고 유전이다. 보통 엄마는 이드와 초자아를 왔다 갔다 하면서 산다. 엄마가 자신의 삶을 좀 즐길라 치면 초자아가 나타나서 '엄마가 그러면 되냐' 하고 야단치고, 엄마 노릇 잘하겠다고 참고 있으면 이드가 나타나서 '너는 뭐 하러 사니? 네 인생도 즐겨야지' 이러면서 구박한다. 다 그러고 산다.

이드 욕망이 좀 있다 싶은 엄마는 쓸데없는 죄책감에 빠지지 말고 자신의 욕망을 허용하는 훈련을 해야 한다. 엄마라는 가면 속에 나를 너무 가두면 병이 되니까.

자기가 하고 싶은 일을 하면서 직장 다니는 엄마 중에 '내가 이드 엄마 아닐까' 하고 고민하는 분도 있다. 내 인생 산다고 아이 돌보지 않고…… 천만에 만만에. 그런 직장 맘은 오히려 초자아 엄마 쪽이다. 직장을 다니는 것은 자신의 사회적 삶을 중요시하는 것이다. 사회적 역할을 하고 싶은 자아 이상이 있는 것이다. 자아 이상은 초자아의 성질이다. 또 직장 맘들은 죄책감이 많은데, 죄책감도 초자아의 성질이다. 이래저래 직장 맘은 대개 초자아 엄마다.

앞에서 본 나이트클럽 젊은 엄마는 결론이 어떻게 났느냐고? 남편과 타협해서 클럽에 한 달에 한 번만 가는 것으로 결정했다. 이 부부를 그 후에는 못 만났다. 그 엄마, '살짝 이드 엄마'로 건강하게 잘 살고 있으면 좋겠다.

Tip 나는 초자아 엄마일까, 이드 엄마일까?

단순하게 확인해볼게요. 아래 질문에 답해보세요.

1. 꼭 가고 싶은 모임이나 하고 싶은 일을 아이가 마음에 걸려서 포기한다. (아이가 아픈 것도 아닌데 그저 신경이 쓰여서)
   매우 그렇다(1점) | 그런 편이다(2점) | 그러지 않는 편이다(3점) | 매우 그렇지 않다(4점)

2. 모임이나 하고 싶은 일을 하고 있을 때 집에 있는 아이가 걸려서 죄책감이 들거나 아이 생각에 빠져 집중을 못 한다.
   매우 그렇다(1점) | 그런 편이다(2점) | 그러지 않는 편이다(3점) | 매우 그렇지 않다(4점)

3. 아이보다 나의 재미와 의미를 더 중요하게 생각해서 나를 위해 시간이나 돈을 투자한다.

매우 그렇다(4점) | 그런 편이다(3점) | 그러지 않는 편이다(2점) | 매우 그렇지 않다(1점)

점수를 더해서 5점 이하면 초자아 성향, 10점 이상이면 상대적으로 이드 성향이 있는 엄마라 할 수 있습니다. 5점 이하 엄마는 나의 삶을 살기 위해 살짝 분발해야 합니다. 쉽지 않습니다. 미안함, 죄책감, 불안, 두려움을 견디는 용기가 필요합니다. 엄마가 아이에게 묶이면 결국 아이도 엄마에게 묶이니까요. 둘 다 좋을 게 없습니다.

엄마의 욕망

엄마의 욕심 수준이 자녀 교육에 적잖은 영향을 준다.
욕심 없는 엄마는 문제 될 게 없다. 엄마나 아이나 대충 편하게 산다.
욕심 많은 엄마가 문제다. 그 엄마의 자녀들은 괴롭다.
엄마의 욕심이 자녀에게 향하기 때문이다.
이런 엄마는 자기 욕심 수준과 아이의 욕심 수준을 잘 살펴야 한다.

○ ○ ○

아이가 보내는 위기 신호

욕심은 어디로 숨어들까

욕망은 우리를 생생하게 살아 있게 한다. 욕망 때문에 움직이고 모험을 하고 고통을 견딘다. 욕망은 삶의 원동력이다. 하지만 욕망이 우리를 힘들게도 한다. 욕망에 허덕이고 욕망에 끌려 다니고 못 이룬 욕망에 괴롭다.

나는 욕심이 별로 없다. 성취, 성공, 경쟁, 이런 단어들이 내 인생에 없었다. 어려서부터 그랬다. 뭘 갖고 싶어 떼쓴 적도 없고 내 것 네 것 따지며 친구와 다툰 적도 없다. 학생 때 1등 한번 해보겠다는 마음을 가진 적도 없고 누구와 경쟁해서 이기려 애썼던 기억도 없다. 어른이 된 지금도 마찬가지다. 갖고 싶은 것도, 먹고 싶은 것도, 하고 싶은 것도 별로 없다. 그냥 이래도 좋고 저래도 좋은 편이다. 별 욕심 없이도 이 정도 살고 있는 건 '운이 좋아서'라고 생각한다.

그런 욕심 없는 내가 좋다. 하지만 아쉬움도 없진 않다. 욕심이 있으면 무엇인가 성취하기 위해 더 노력했을 거고 지금보다 더 성공하지 않았을까 싶어서다. 그런데 나는 왜 욕심이 없을까? 정신과 의사는 자기 분석하는 게 일이다. 환자의 마음을 더 잘 알기 위해서 내 자신을 살펴보는 훈련을 한다. 정신과 수련을 받을 때, 나의 욕심 없음에 대해서 분석을 해본 적이 있다. 나름대로 괜찮은 해석이라고 생각했다. 그 당시 나에 대한 분석 시나리오는 이렇다.

나는 3형제 중 둘째다. 두 살 위의 형과 일곱 살 아래의 동생이 있다. 엄마가 과자를 사갖고 왔다. 서로 먹으려고 다퉜다. 그런데 형한테는 힘에서 밀리니까 게임이 안 됐고 동생하고 다투면 엄마가 "어린 동생 먹게 해라!" 하면서 동생 편을 들고 나를 타박했다. 내가 과자에 욕심을 내니까 형한테 맞고 엄마한테 야단맞은 거다.(이 앞뒤의 '과자 에피소드'는 실제 있었던 일이 아니라 어디까지나 내가 가정해본 상황이다.)

어느 날 똑같은 상황이 벌어졌는데 어차피 못 먹을 과자니 형과 동생한테 양보했다. 그랬더니 엄마가 "아이고~ 우리 우상이는 속도 깊어라. 동생한테 양보도 하고"라면서 칭찬했다. 그다음부터 어린 나는 먹으려고 욕심 내봤자 형한테 두들겨 맞고 엄마한테 구박받으니 차라리 양보해서 엄마한테 칭찬받는 방법을 선택했다. 그런데 과자에 대한 욕심이 계속 남아 있으면 괴롭다. 아이인데 어찌 먹고 싶은 마음이 없을까. 그럼, 그 욕심마저 없애버리면? 정말 과자가 먹고 싶지 않으면? 만사 오케이다. 양보를 해도 좌절감도 없고, 엄마한테 칭찬받는 좋은 결과만 남는다. 그래서 나는 욕심이 없어졌다. 아니, 욕심을 없앴다. 형제의 관계 속에서 어린 내가 찾은 생존 방식이 욕심을 없애는 것이었다.

이 스토리가 나의 욕심 없음을 분석한 시나리오다. 그런데 그 아이의 그 욕심이 어디로 갔겠는가. 나의 욕심, 욕망은 무의식 속에 숨어 있게 된다. 욕망이 삶의 원동력이건만……. 그 당시에 나는 자기 분석 후에 이런 결론을 내렸다. '내 욕망이 억압되어 무의식 속에 숨어 있다. 억압된 욕망을 해방해야 나의 인격이 성장한다.' 그래서 나를 성장시키기 위한 미션 중 하나가 '욕망을 해방하라!'였다. 정신과 의사 한 지 30년이 지났는데, 해방이 되었나? 글쎄다.

지금도 욕심이 별로 없다. 식당에서 메뉴 고를 때 하는 말은 "아무거나"다. "뭐 드실래요?" "아무거나." 상대방이 먹고 싶은 게 내가 먹고 싶은 거다. 아직도 그냥저냥, 어영부영, 이래도 흥, 저래도 흥이다. 욕망은 내가 마음먹는다고 해방되는 게 아닌가 보다.

엄마와 아이의 욕심 조합이 중요하다

지금 돌아보면 나의 욕심을 분석한 시나리오에는 문제점이 있었다. 그 문제점은 심리학의 오래된 논쟁과 관련 있다. 인간의 성격이 '선천적이냐, 후천적이냐' 즉 '본성이냐, 환경의 영향이냐' 하는 논란이다. 정신과 수련 시절에 나는 나의 욕망 없음을 환경에 의한 후천적 결과로 분석했다. 원래 욕심 많은 아이인데 환경에 적응하면서 후천적으로 욕심 없는 아이가 되었다는 해석이다. 하지만 그 해석을 한 뒤 30년이 지나는 동안 생각이 변했다. 욕심도 타고나는 것이라고.

내 욕심은 환경에 따라 억압된 게 아니라 선천적으로 작았던 것 같다. 살면서 욕심의 정도가 조금씩 변하긴 하지만 타고난 수준이 있다. 그래서 이런 결론을 내렸다. '욕심도 기질이다!' 태어날 때부터 욕심이 많은 사람이 있고 별로 없는 사람이 있다. 욕심 많은 사람이 욕심을 줄이려고 해도 잘 안 되고 욕심 없는 사람이 욕심 부리며 살려고 해도 그다지 소용이 없다.

이제 '엄마의 욕심'에 대해 이야기해보자. 엄마의 욕심 수준이 자녀 교육에 적잖은 영향을 준다. 욕심 없는 엄마는 문제 될 게 없다. 엄마나 아이나 대충 편하게 산다. 욕심 많은 엄마가 문제다. 그 엄마의 자녀들은 괴롭다. 엄마의 욕심이 자녀에게 향하기 때문이다. 이런 엄마는 자기 욕심 수준과 아이의 욕심 수준을 잘 살펴야 한다.

엄마와 아이 사이에 욕심의 조합이 잘 맞아야 한다. 예를 들어, 욕심 많은 엄마와 욕심 많은 아이는 환상의 복식조다. 욕심 많은 아이는 엄마의 욕심을 쉽게 받아들인다. 좀 힘들어도 잘 견뎌나간다. 이런 경우 엄마는 좋다. 아이의 수준만 잘 가늠해서 적절하게 밀고 끌면 되니까.

자녀 교육에 관한 책 중에 '우리 아이 이렇게 공부시켰더니 성공했다'라는 식의 계획 관리형 성공 사례를 담은 책들이 있다. 이런 성공 사례는 엄마와 아이 둘 다 욕심 많은 에프엠 성격인 경우에 해당한다. 반면 엄마나 아이가 욕심도 없고 에프엠 스타일도 아닌데 이런 책을 따라 하면 엄마는 고생하고 아이도 괴롭다. 그러니 엄마는 자신의 욕심 수준도 점검해봐야 한다.

기질 조합에서 가장 불행한 조합은 욕심 많은 엄마와 욕심 없는 아이다. 엄마의 욕심에 아이가 억지로 끌려 다닌다. 엄마는 안달이지만 아이는 따라가질 못한다. 엄마가 아이의 기질을 알고 욕심을 놓아버리면 좋으련만, '아이는 엄마 하기 나름! 만들면 되지!' 하고 물러서지 않는다. 엄마가 아이를 끌고 가면 아이는 처음에는 따라가지만 결국에는 도망간다. 대개 도망가는 방법도 기질에 따라 둘로 나뉜다. 하나는 안으로 숨어버리는 애들이다. 무반응, 무기력, 무의욕이 특징이다. 또 하나는 밖으로 튀는 애들이다. 반항하고 사고 친다. 둘 다 스타일만 다를 뿐 엄마의 욕망에 밀려 절벽 끝에 서 있는 아이의 모습이다.

엄마는 자녀의 학습 능력만 볼 것이 아니라 욕심 능력도 봐야 한다. 욕심 없는 아이인 경우 엄마가 마음을 비워야 한다. 엄마는 아이와 공부 싸움을 하는 대신 자신의 욕심과 싸워야 한다. 욕심 많은 기질이라 마음 비우기가 쉽지 않다. 게다가 엄마가 욕심을 멈추지 못하는 더 큰 이유가 있다. 그 욕심 밑에 엄마의 또 다른 욕망이 숨어 있기 때문이다. 엄마의 무의식에 어두운 욕망이 있다. 그 욕망은 '사랑'이라는 포장지에 싸여 잘 보이지 않는다.

엄마 욕심 뒤에 숨은 네 가지 욕망

엄마의 욕심이 단순히 자녀가 잘되기만 바라는 거라면 괜찮다. 그런 경우에는 엄마가 '내 아이가 공부 잘했으면' 하는 욕심을 갖고 있어도 아이가 못 따라오면 금방 내려놓을 수 있기 때문이다. 하지만 숨은 욕망을 갖고 있는 엄마는 아이가 병들어도 보지 못하고 때로는 보고도 멈추지 못한다. 멈추는 순간 엄마 인생도 끝나기 때문이다.

엄마의 무의식에는 어떤 욕망이 숨어 있을까? 대표적으로 네 가지 숨은 욕망이 있다.

첫째는 콤플렉스다. 마음속에 학벌이나 자기 집안에 대한 열등감이 있다. 그 콤플렉스는 엄마가 해결할 수 없다. 학벌은 과거 일이고 집안 문제는 부모의 가정사니까 스스로 어떻게 해볼 수가 없다. 그런데 자녀가 명문대에 들어가면 엄마의 학벌 콤플렉스가 대리 해소되고 집안의 위신도 세우게 된다. 자녀를 통해 엄마의 열등감이 극복되고 오랜 한이 풀린다.

둘째, 부모의 못 이룬 꿈이 욕심을 만든다. 아버지가 수의사인 아들이 있다. 아버지의 꿈이 의사였는데 이루지 못했다. 아버지는 아들이 의사가 되길 간절히 원했다. 아들도 아버지의 기대에 부응해서 열심히 공부했다. 그런데 실패했다. 의대 가려고 4수까지 했는데 실패했다. 이 아들이 우울증에 걸려 상담을 받았다. 그때 아들이 이렇게 말했다.

"내 꿈도 사라졌지만…… 나 때문에 아빠 꿈도 사라졌어요……."

부모의 못 이룬 꿈은 초자아의 자아 이상과 관련 있다. 아버지의 자아 이상이 '의사'였는데 못 이루었다. 그 못 이룬 꿈이 아들에게 투사되고 아들은 아버지의 분신이 되어 아버지의 자아 이상을 완성하는 역할을 맡게 되었다. 그게 실패하니 아들과 아버지의 인생이 쌍으로 실패한 것이다. 그 충격은 더 심하고 회복은 더 어렵다.

셋째, 엄마의 경쟁심도 한몫한다. 엄마의 자녀 교육에는 암투가 있다. 남편과의 암투, 시댁과의 암투, 동서지간의 암투, 형제자매와의 암투, 잘난 체하는 옆집 엄마와의 암투도 숨어 있다. '그래? 두고 보자!' 전의에 불탄다. 그 보이지 않는 싸움에 아이를 총알받이로 내보낸다.

넷째, 엄마의 존재 증명이다. 겉으로는 잘 사는 것 같지만 남편이나 시댁 때문에 속 썩는 엄마가 있다. 이런 엄마의 유일한 탈출구가 자녀의 성공이다. 자녀의 성공으로 엄마가 자기 존재를 인정받는다. '봐라! 내 자식 내가 이렇게 성공시켰다!' 하는 마음이다. 아이의 성공으로 남편이나 시댁과의 관계를 역전시킬 수 있고 남들 앞에서 자존감을 세울 수도 있다.

이런 숨은 욕망이 엄마를 멈추지 못하게 한다.

욕망의 아바타가 된 아이

가정의학과를 개업한 후배가 있다. 그 부인이 우울증이 있어 치료를 받았다. 사연은 이렇다. 후배 부인은 간호사다. 학교 다닐 때 후배하고 캠퍼스 커플로 만나 결혼했다. 결혼 후에 간호사 일은 그만두고 전업주부로 지냈다. 후배 부인은 아이 교육에 열성적이었다. 학교 때 연애해서 결혼한 남자 의사·여자 간호사 커플들 중에 엄마의 교육열이 대단한 경우가 종종 있다. 아이가 공부를 아주 잘하지 못하면 '엄마 닮아서 그렇다'고 남들이 오해할까 봐서다.

다시 후배 부인 얘기를 하자면, 시댁이 의사 집안이다. 시아버지도 의사고 시동생도 의사 부부다. 시아버지가 장손에 대한 기대가

켰다. 후배 부인은 부담감을 갖고 아이에게 올인 했다. 어려서부터 엄마가 관리해서 공부를 시켰고 다행히 아이가 순해서 잘 따랐다. 아들은 중학교 때까지 공부를 잘해서 늘 전교 5등 안에 들었다. 시동생 부부 사이에도 아들이 있는데 그 아이는 그리 공부 잘하는 편이 아니었다. 그래서 이 엄마는 프라이드를 갖고 있었다.

그런데 아들이 당연히 들어갈 줄 알았던 특목고에 진학하지 못했다. 그때부터 아이가 충격이 컸는지 공부를 안 했다. 엄마가 달래고 협박해도 아이는 공부에서 멀어졌다. 성적은 점점 곤두박질치고 아이는 게임에 빠졌다. 남편은 아내에게 '어떻게 했기에 아이가 저 모양이냐' 하는 눈빛을 보냈다. 시댁에서도 실망이 이만저만이 아니었다. 아이는 결국 지방대에 들어갔다. 그런데 시동생 아들은 점점 성적이 오르더니 서울의 명문대에 떡하니 합격했다.

이런 스토리였다. 후배 부인이 우울증에 걸릴 만했다. 엄마는 아들 교육에 온 열정을 다했다. 그 20년! 서른 살부터 쉰 살까지 투자한 엄마 인생이 사라졌다. 남은 게 없다. 엄마의 핸디캡, 콤플렉스, 질투, 풀린 게 하나 없고, 엄마의 자존심, 존재감, 세워진 게 하나 없다. 그렇다고 그 엄마가 잘못한 게 뭐가 있나? 전업주부로 있으면서 아들을 공부 안 시키고 놔뒀어야 했을까? 엄마 닮아서 아이가 공부 못한다는 누명(?) 써도 쿨하게 생각하고, 시동생 아들하고 비교당해도 그냥 호호 웃고, 시아버지의 눈총에도 꿋꿋하게 버텨야 했을까. 어느 엄마가 그럴 수 있을까.

목표로 했던 학교 진학에 실패한 아들 심정은 또 어떨까? 보통 아이들은 진학에 실패해도 회복하고 힘내서 살아간다. 하지만 '엄마의 삶'을 짊어졌던 아이는 실패의 충격에서 빠져나오기 힘들다. '지못미 아들', 그러니까 '엄마를 지켜주지 못한 아들'이기 때문이다. 아이도 눈치가 있어서 엄마가 어떤 상황에 처해 있는지 다 알고 있다. 아빠 때문에 힘들어하는 엄마, 할아버지 눈치 보는 엄마, 작은엄마 질투하는 엄마, 이 불쌍한 엄마를 구할 사람은 자기밖에 없는데 구하지 못한 것이다. 엄마의 구원자가 되어야 할 자기가 엄마를 불행하게 만들었다. 자기만 실패한 것이 아니라 엄마 인생까지 실패하게 만들었다. 세상에서 가장 불쌍한 아들, 엄마를 행복하게 해주지 못한 아들이다.

엄마의 숨은 욕망은 끈질기다. 그 욕망이 아이에게 투사된다. 아이는 엄마의 인생까지 짊어지고 산다. 엄마의 삶과 아이의 삶이 분리가 안 된다. 아이를 사랑한다고 한 게 결국 아이를 엄마의 분신, 아바타로 만들었다. 아이가 엄마 자존심의 아바타이고 엄마 구원의 아바타이다. 엄마는 자기가 아이를 아바타로 만들고 있는 줄 모른다. 아이 잘되게 하겠다는 사랑의 포장지 속에 엄마의 욕망이라는 독이 숨어 있다.

가면 우울증에 걸리는 아이들

요즘엔 막말로 자녀가 인성이 좋아도, 감성이 좋아도 소용없다. 자녀의 성적이 좋아야 한다. 자녀의 성적이 바로 엄마의 성적이기 때문이다. '성공한 엄마 인증서'는 자녀가 명문대에 합격해야 받을 수 있다. 장장 20년이 걸리는 어려운 프로젝트다. 성공에 이르는 길이 험난하다.

초등학교 때는 크게 문제 되지 않는다. 아이도 초등학교 때는 엄마가 시키는 대로 잘 따라온다. 문제는 중학교부터다. 아이가 변하기 시작한다. 공부의 난이도가 높아지고 양도 많아지면서 아이는 힘들어한다. 쓸데없는 것에 신경 쓰고 공부는 뒷전이다. 엄마는 불안해지고 그럴수록 아이는 점점 더 말을 안 듣는다. 여기서 포기할까 싶은 순간 아는 엄마가 말한다. "여기서 물러서면 끝장이에요! 지금이 고비예요!" 엄마가 생각해도 그렇다. 그동안 해온 노력이 아까워서도 포기가 안 된다. '네가 이기나 내가 이기나 해보자!'

아이는 어떤가. 엄마가 짜놓은 스케줄에 따라가던 아이가 중학교에 들어가면 반항한다. 본능적인 자유의 몸부림이다. 그런 아이에게 엄마의 파상 공격이 시작된다. 엄마의 따뜻한 눈빛이 매섭게 변하고, 미소가 냉소로 바뀌고, 부드럽던 목소리가 악쓰는 소리로 변한다. 아이는 엄마 말을 따르려고 애쓰지만 안 된다. 하려고 해도 할 수가 없다.

엄마와의 전쟁 속에서 아이는 겉으로는 반항하지만 무의식에서는 이렇게 외친다. '엄마를 기쁘게 해줘야 하는데…… 더 이상 안 돼.' 엄마는 그 마음을 모르고 더 공격한다. 엄마의 한계와 아이의 한계가 부딪친다. 그 치열한 전투는 상처뿐인 패배로 끝난다. 10년 전쟁의 끝이 허망하다.

패잔병 아이는 어떻게 될까? 기질에 따라 수동형과 공격형, 두 가지 모습으로 나타난다. 수동형 아이는 엄마의 포로가 되어 시키면 시키는 대로 생기 없이 산다. 공격형 아이는 '엄마라는 적'에게 강하게 저항하거나 밖으로 탈출한다.

가면 우울증(masked depression)이라고 들어보셨는지? 우울 증상이 행동이나 신체 증상으로 변장해서 나타나는 우울증이다. 주로 청소년에게 많은데 게임중독, 지각, 가출 등의 일탈 행동이나 짜증, 화 같은 감정 변화로 표현된다. 또 두통, 피로 등의 신체 증상으로 나타나기도 한다. 우울 증상이 변장해서 나타나기 때문에 우울증인지 알기 어렵다. 이런 행동이 오히려 엄마를 짜증 나게 한다. 아이는 학교에 안 가거나 게임에 빠지거나 하면서 엄마를 힘들게 한다. 엄마는 그런 아이를 다그치고 상황은 악화된다.

가면 우울증은 대개 엄마의 기대에 부응하지 못한 아이가 걸린다. 살기 위한 몸짓이다. 아이들은 억압에 눌려서 몸이 여기저기 아프고, 구속에서 탈출하기 위해 게임 속으로 들어가고, 숨 막히는 속

박의 학교를 거부한다. 그래야 조금이라도 숨 쉴 수 있고 조금이라도 위로받을 수 있기 때문이다.

엄마의 욕심 때문에 아이들이 보이지 않는 병에 걸린다. 가면 우울증만이 아니다. 더 큰 병은 자존감에 상처를 입는 것이다. 엄마의 한심하다는 눈빛과 구박에 아이의 존재감이 흔들린다. 가장 사랑하는 엄마로부터 존재를 부정당할 때 아이는 정신적으로 사망한다. 아이의 무의식이 자기 자신을 쓸모없는 아이, 가치 없는 아이로 받아들인다. 제대로 세상을 살아보기도 전에 아이는 자신에 대한 무가치감, 무능력감을 갖고 사회에 나간다. 그러니 조그만 실패에도 쉽게 무너진다. 위험천만한 일이다.

아이들이 위기에 처해 있다. 아이는 자기가 병이 들었는지 모르고, 혹 안다고 해도 엄마에게 말하지 않는다. 말해봤자 소용없을 테니까. 아이가 말하지 않는 진짜 속마음은 '엄마가 속상해할까 봐서'다. 그래서 아이는 겉으로 웃는다. 죽을 만큼 힘들어도 아이는 웃는다. 아이가 병들어가고 있어도 엄마는 눈치를 못 챈다.

모든 부모는 실수하고 시행착오를 한다. 하지만 현명한 부모라면 아이의 위기 상황을 빨리 알아차려야 한다.

아이가 보내는 신호 감지하기

아이가 위기에 처해 있다는 걸 어떻게 감지할까. 그건 아이가 보여준다. 엄마와 아이의 대화 속에서 나타난다. 아이가 엄마에게 "나 위기예요" 하고 직접 말하지는 않을 터, 아이는 눈빛과 몸짓으로 표현한다.

자녀가 보이는 최초의 빨간불은 엄마가 무슨 말을 할 때마다 반항하는 것이다. 아이가 엄마 말에 짜증을 내거나 들은 척도 안 한다면, 이때가 바로 위기의 시작이다. "너 엄마 말 안 들어? 엄마 말이 말 같지 않아?" 엄마의 입에서 이런 말이 자주 나오면 엄마와 아이 사이에 빨간불이 켜진 것이다.

아이의 짜증과 반항이 심해지면 말 붙이기가 조심스러워진다. 자녀에게 말 걸기가 눈치 보일 정도라면 확실한 위기 상황이다. 엄마는 이때 예민해야 한다. 이 순간을 놓치면 엄마와 자녀 관계는 악화된다. 아이는 귀 닫고, 마음 닫고, 자기 세계 속으로 들어가버린다. 그 이후 자녀와의 대화는 헛것이다. 아이는 진짜 마음을 엄마에게 얘기하지 않는다. 엄마의 기분에 맞추려는 속임수를 쓰거나 아무 문제 없다는 거짓말만 한다.

엄마와의 관계가 더 심각해지면 아이는 엄마에게 적의의 눈빛을 보인다. 적의의 눈빛! 말 그대로 엄마를 '적'으로 보는 것이다. 그 눈빛의 무의식적 의미는 '너도 죽일 수 있고 나도 죽을 수 있다'는 경고다. 적의의 눈빛은 자기 존재가 부정될 때 나타난다. 더 이상 견딜 수 없는 한계에 도달했다는 신호다.

"한심한 녀석" "쓸모없는 놈" 같은 말을 반복적으로 들을 때, 아이는 죽는다. 말뿐 아니라 그런 눈빛을 받을 때도 마찬가지다. 엄마는 단순히 상투적인 말이라고 할지 모른다. 하지만 낙숫물이 댓돌을 뚫는다고, 그런 말이 거듭되면 아이의 가슴과 뇌에 구멍이 뚫린다. 자기 존재가 사라질 것 같은 위기를 느낀다. 그때 아이는 반항한다. 그대로 있다가는 정말 자기 존재가 사라질 것 같기 때문이다. 차라리 반항하는 아이는 낫다. 주눅 드는 아이가 더 문제다. 엄마가 야단을 쳐도 쥐 죽은 듯이 듣고 있는 아이, 대꾸 한번 안 하는 아이, 귀 막고 입 닫고 눈 감고 지내는 아이가 더 위험하다. 겉으로는 착하고 얌전한 아이처럼 보이지만 속으로는 병들어 썩어가고 있다. 이런 아이들이 나중에 은둔형 외톨이가 되거나 예고 없이 큰 사고를 칠 수 있다.

자, 이런 때를 놓치지 말자. 아이가 언제부턴가 반복적으로 짜증을 내거나 영혼 없는 반응을 보일 때! 아이를 보며 '저것이 왜 저래?' 하는 마음이 들 때! 바로 이때, 엄마는 정신이 번쩍 들어야 한다. 머릿속에서 빨간불이 켜지고 삐뽀삐뽀 경고음이 울려야 한다. 이 위기를 알아차리면 괜찮은 엄마다. 그 정도면 현명한 엄마다. 이것만 해도 엄마 자격 충분하다. 빨간불을 감지했다면, 그다음에는 어떻게 해야 할까?

혀 깨물고 참는 연습

위기를 느꼈을 때 어떻게 하면 좋을지, 우리 병원 간호사 선생님들 얘기를 하면서 풀어봐야겠다.

우리 병원에 직장 맘 간호사가 많다. 간호사로서 정신장애 환자들을 돌보는 스트레스는 이만저만한 게 아니다. 소리 지르는 환자, 언제 폭력적인 행동을 할지 모르는 환자, 간호사가 자기 욕한다며 가만두지 않겠다는 환청 환자, 간호사를 사랑한다며 매일 편지 써서 주는 망상 환자……. 환자라 그러려니 하고 익숙해져서 그렇지, 위험한 직업이다. 정신병원은 환우들에 대한 애정 없이는 오래 근무하기 어려운 직장이다.

우리 간호사들은 심한 스트레스를 받으면서도 환자 돌보는 일이 보람도 있고 재미도 있다고 한다. 정말 대단하신 분들이다. 그런데 환자들의 엉뚱한 행동, 망상, 감정 폭발에도 능수능란하게 대하는 그들도 자기 아이들한테는 어쩔 수 없나 보다.

티타임 때 간호사들과 이런저런 얘기를 나누는데 수간호사가 아이 때문에 힘들다고 하소연했다. 자기가 무슨 말만 하면 아이가 짜증을 낸다며 '아이가 문제인지 자기가 문제인지' 모르겠다는 것이다. 듣고 있던 다른 간호사가 자기랑 비슷하다고 맞장구쳤다. 어디 이런 집이 한둘일까.

내가 간호사들에게 누가 문제인지 알 수 있는 좋은 방법이 있으니 실험을 해보자고 제안했다. 실험 제목은 '혀를 깨물어라!'다. 엄마가 아이에게 뭔가 말을 하려고 할 때 무조건 혀를 깨물고 참는 거다. 그리고 무슨 말을 하려고 했는지 종이에 적는다. 그러면 그게 잔소리인지 아닌지 구분이 가능하다. 엄마인 간호사 세 명이 주말 동안 '혀를 깨무는' 실험 과제를 해보기로 했다. 그중 한 명은 "저는 아이들한테 잔소리 안 해요" 한다. 그래도 혹시 모르니 한번 해보자고 권유했다. 딱 주말 이틀간만 해보자고 했다.

다음 주 월요일이 되었다. 간호사 세 명이 혀 깨물고 적어놓은 내용을 보여줬다. 잔소리 안 한다던 간호사가 쑥스럽다는 듯이 종이를 내밀면서 말했다. "아휴~ 제가 잔소리 정말 많이 하더라고요. 몰랐어요. 내가 이렇게 잔소리 많이 하는 엄마였는지……."

다음은 이들 세 엄마가 혀 깨물고 적은 글의 일부다.

> 물을 자주 마셔라. 장난감 하나씩 가지고 놀아라. 과자는 조금만 먹어라. 밥 먹을 때 돌아다니지 마라. 말을 빨리 해라. 흰자만 먹지 말고 노른자도 먹어라. 자기 전에 씻어라. 양치질할 때 골고루 해라. (유치원생)

> 학습지 빨리 해라. 영어 단어 외워라. 역사책 읽어라. 한 문제 보고 딴짓하지 마라. 스마트폰 하지 마라. 허리 똑바로 하고 앉아라. 탄수화물 너무 많이 먹는다. 손발 씻어라. 아몬드는 그만 먹고 호두를 먹어라. (중학생)

간호사들에게 혀 깨무는 과제를 한 소감이 어떠냐고 물었다.

"하루 종일 잔소리하고 있는 저를 봤어요."

"말을 안 하려니까 울화통이 터질 것 같았어요."

"혀를 깨물다가 안 돼서 그냥 할 얘기 다 해버렸어요."

"그런데 엄마가 그런 잔소리를 해야 하는 거 아닌가요? 말 안 하면 아이들이 스스로 하질 않으니까."

엄마 입에서 나오는 말은 딱 두 가지, "해라!" "하지 마라!"다. 엄마는 그 말이 잔소리인 줄 모른다. 당연히 해야 할 일을 하라는 것이잖은가. 왜 엄마들이 잔소리 아닌 잔소리를 할까. 엄마는 뭐가 정답인지 알고 있기 때문이다. 학습지를 미리 해놓아야 일찍 잘 수 있으니까. 똑바로 앉아야 척추가 휘지 않으니까. 지금 책을 읽어야 나중에 책 읽는 습관이 생기니까. 이런 식이다. 엄마는 아이에게 정답을 말해준다. 그런데 그 정답이 아이들에게는 잔소리가 된다.

아이와 관계가 안 좋아졌다 생각되면 한 달만 혀를 깨물어보자. 아이에게 꼭 필요한 말인지 아닌지 고민하지 말고 그저 일상적인 대화 외에는 말을 하지 않는 걸 원칙으로 한다. 해라, 하지 마라 같은 조언, 충고 등은 절대 금지다. 그리고 혀를 깨무는 동안 자기 자신을 돌아보자. 그렇게 말을 참아보면 자신이 아이를 늘 감시하고 있었다는 걸 깨닫게 된다. 엄마 머릿속에서는 안테나가 높이 올라가 아이를 따라다닌다. '지금 저것이 뭐 하고 있나?' '지금 학습지 풀어야 되는데……' '방에서 핸드폰 하고 있나?' '조금 있다가 학원 가야 되는

데……' '아직도 TV 보고 있네' 이런 생각이 머릿속에서 맴돈다.

혀를 깨무는 훈련을 하면 처음 며칠은 견디기 힘들다. 고비를 넘겨야 한다. 2주일 정도까지는 속이 부글부글 끓고 감시의 안테나가 쭉 올라간다. 2주일을 넘어가면 조금씩 그러려니 하는 수용 능력이 생긴다. 아이도 처음에는 눈치 보다가 점점 대범해진다. 그 꼴을 봐도 엄마는 견뎌야 한다. 위기 상황인 만큼 엄마가 참아야 한다. 그런데 이런 걱정이 든다. '아무 말 않고 가만 놔두면 아이가 잘못되지 않을까?' 별 수 없다. 아이에게 맡겨야 한다. 아이를 믿어야 한다. '혹 아이가 제 세상 만났다고 막 나가면 어쩌나?' 그래도 어쩔 수 없다. '제 인생 알아서 잘 살겠지' 하고 또 믿어야 한다. 사실 아이를 믿는 것만큼 효과적인 방법은 없다.

이야기 끝에 수간호사가 이런다.

"말 안 하고 있으니까 울화통이 터져요. 스스로 하지 않으니 엄마가 말 안 하면 안 돼요. 기초를 다져야 하는 시기인데, 그냥 놔두면 아무것도 안 할걸요. 그래서 저는요, 애들 정신 차리라고 과외비, 학원비 얼마나 많이 들어가는지 영수증을 보여줘요. 그랬더니 아이가 그걸 보고 놀라요. '엄마 이렇게 많이 들어?' 하고요. 근데 말만 그때뿐이지 아무 소용이 없어요."

그 심정 알 만하다. 직장에서 힘들게 일하고 집에 갔는데 애들 하는 꼴이 형편없으니 어찌 입 다물고 있겠나. 말 안 하면 엄마가 병 걸리겠지. 어쩔 수 없다. 엄마가 병 걸릴 것 같으면 하고 싶은 말 다

하고, 그러다가 아이 병들겠다 싶으면 혀 깨물고……. 그렇게 왔다 갔다 해도 괜찮을까? 걱정하지 않아도 된다. 다들 그렇게 살고 있다.

그래도 확실한 건 한 가지 있다! 아이와 대화가 단절되거나 아이가 적의의 눈빛을 보이는 상황이 왔다 싶으면 무조건 혀를 깨물어야 한다. 그 방법만이 엄마도 살고 아이도 사는 길이다. 혹시 엄마가 갑자기 말문을 닫으면 '엄마가 나한테 화가 나서 저러나' 하고 아이가 오해할 수 있다. 그러니 이렇게 말해줘야 한다.

"엄마가 너를 너무 못살게 군 거 같아. 네 문제도 있고 엄마 문제도 있겠지만 우선 엄마가 변하려고 해. 엄마 잔소리가 우리 둘 사이를 갈라놓는 거 같아서 앞으로 너에게 잔소리 절대 안 하려고 노력할 거야. 우선 한 달간 너에게 잔소리 안 할 거야. 네가 뭘 하든 아무 소리 안 할게. 너 하고 싶은 대로 해. 혹시 엄마가 잔소리하면 '엄마! 잔소리 안 한다고 약속했잖아!' 하고 소리쳐. 엄마가 약속 지키려고 최선을 다할게."

꼭 약속을 지켜야 한다. 한 달은 버텨야 한다. 그리고 한 달 뒤에 아이와 얘기하자. 엄마가 혀를 깨무는 동안 마음이 어땠는지 서로 느낌을 나눠보자. 그 뒤에는 어떻게 하나? 엄마랑 아이랑 의논해서 결정하면 된다. 잔소리로 돌아가든지 계속 혀를 깨물든지, 적절한 타협점을 찾든지. 그래도 아이가 별로 변하지 않을 수 있다.

중요한 건 엄마와 아이가 기존의 부정적인 관계를 잠깐 중단하고 다시 만난다는 것이다. 그런 노력을 하는 엄마의 모습을 보여주는 데 의미가 있다. 틀림없이 관계가 개선될 것이다. 적어도 대화 단절과 적의의 눈빛은 사라진다.

엄마는 아이 잘되는 게 소원이다. 그런데 역설적으로 그 때문에 아이가 위기에 처하기도 한다. '아이 잘되라는 마음'에 엄마 자신의 어두운 욕망을 슬쩍 끼워 넣기 때문이다. 자기 인생에 아이를 엮어버리고 "내 인생도 책임져!" 하면서 아이 등에 올라탄다. 아이는 엄마를 업고 꼴깍꼴깍하고 있다.

엄마의 인생과 아이의 인생이 분리되지 않고 한 덩어리로 움직인다. 이 시대에는 이런 현상이 더 심해지고 있다.

Tip 혀를 깨물어라!

우선 2주 동안 혀를 깨물어보세요. 그리고 탁자, 냉장고, 책상 등에 쪽지를 놓고 혀 깨문 말을 적어보세요. 2주 뒤에 적은 것을 아이에게 보여주고 물어보세요. 어떤 말이 정말 잔소리처럼 들려서 짜증 나는지, 어떤 말이 자기에게 필요하고 도움이 되는지. 그리고 어떤 말은 하지 않는 게 좋은지, 어떤 말은 해도 좋은지를 정해보세요. 이렇게 하면 설령 아이의 태도가 바뀌지 않는다 해도 엄마와 자녀의 관계는 좋아집니다. 최소한 이런 엄마 밑에서 자란 아이는 병들지 않습니다.

○ ○ ○

엄마로 살 것인가, 여자로 살 것인가

가장 강력한 페르소나, 엄마

'엄마로 살 것인가?' '여자로 살 것인가?' '인간으로 살 것인가?' 이 질문에 어떤 답을 갖고 있는가? 그 답에 따라 나의 삶이 바뀐다. 그 답이 엄마의 욕망이다. 그리고 엄마의 철학이다.

먼저 '엄마'가 아니라 '엄마라는 사람'에 대해서 이야기를 해야겠다. 그러기 위해서는 '페르소나(persona)'라는 심리학 용어에 친숙해질 필요가 있다.

'페르소나'는 심리학자 융이 만든 이론에 등장하는 용어로, '사회적 가면' 또는 '가면 인격'을 말한다. 원래 페르소나는 고대 그리스 연극에서 배우들이 쓰는 가면을 뜻한다. 탈춤에서 양반탈을 쓰면 양반 역할을 하듯이 우리도 사회적 가면을 쓰고 그 역할을 하면서 산다.

융은 페르소나라는 가면을 쓰면 '본래의 나'는 사라지고 '가면의 인격'으로 살게 된다고 했다. '엄마'라는 이름의 가면을 쓰면 '나'는 사라지고 '엄마'로 살게 되고 '며느리'라는 가면을 쓰면 '나'는 사라지고 '며느리'로 살아야 한다. '아버지' '장녀' '학생' 등도 페르소나라고 할 수 있다. '학생이 공부나 해야지' '선생이면 선생다워야지' 하는 말은 그 가면을 썼으니 그에 맞게 행동하라는 주문이다. '여자' '남자'도 큰 테두리의 페르소나다. '여자다워야' '남자답게'라는 틀을 씌우는 것이다.

우리는 맡은 역할에 충실하게 산다. 맡은 역할을 잘하면 사회적으로 인정받고 역할을 제대로 못하면 비난받는다. 하지만 역할을 '제대로 하는 것'과 역할 속에 묻혀서 '자기를 잃어버리는 것'은 구분해야 한다. 융은 '가면 인격'으로 살다 보면 '본래의 나'를 잃어버려 정신적으로 문제가 생길 수 있음을 경고한다. 장녀라는 역할 때문에 자기 삶을 희생하거나, 며느리라는 역할 때문에 숨도 못 쉬고 사는 것은 건강한 삶이 아니다.

인생은 연극이다. 내가 쓰고 있는 역할 가면에 따라 연기하면서 살고 있다. 역할이 마음에 안 들면 가면을 벗어 던지고 "싫어! 나 안 할래!" 하면 그만 아닌가? '며느리 가면'이 기분 나쁘면 "싫어!" 하고 쫙쫙 찢어버리고, '아내 가면'이 지겨우면 "이제 그만하자!" 하고 가볍게 벗어던져 버리면 좋을 텐데……. 가면 벗기가 말처럼 쉽지는 않다. 그게 그렇게 쉬웠으면 죄다 페르소나를 벗어던졌을 것이다. 그래도 한 번 살다 가는 인생인데 뭐 하러 억지 가면 쓰고 살아야 되나 하는 회의가 들 때도 있다. 그런데 엄마 가면은 어떤가? 다른 가면이야 눈 딱 감고 각오하면 벗을 수 있겠지만 엄마 가면은 평생 벗지 못할 것 같다. 가면이 얼굴에 꽉 달라붙어서 피부로 변했다. 죽어서나 벗을 수 있을까.

엄마는 가장 강력한 페르소나다. 옛날 엄마들은 엄마라는 페르소나에 갇혀 '나'의 인생을 살지 못했다. 엄마는 '희생'이었다. 지금도 크게 다르지 않다. 엄마라는 가면을 쓰는 순간 나를 잃어버릴 것 같은 두려움이 있다. 그러니 많은 여성들이 '기혼녀 가면' 대신 '미혼녀 가면'을 선택하고, 결혼을 해도 '엄마 가면' 대신 '아내 가면'만 쓰려 하는 것일지 모른다.

전업 맘의 고민과 역할

한 여성이 결혼을 했다. 그녀의 엄마가 신혼 여행 가는 딸에게 비행기 안에서 읽어보라며 작은 카드를 한 장 주었다. 무슨 카드일까? 딸은 비행기가 이륙하고 얼마 안 돼서 엄마가 준 카드를 꺼냈다. 하얀

종이 위에 이렇게 씌어 있었다.

"'엄마'로 살지 말고 '너답게' 살아라."

아……. 그녀는 생각했다. 우리 엄마, 한평생 아버지와 자식 위해 사셨다. 엄마 인생은 오직 가족을 위해서 살아온 삶이다. 그런 엄마가 존경스러웠고 잘 사신 분이라고 생각했었다. 그런 엄마였는데…… 엄마의 '한 인간으로서의 인생'에 대해서 생각해본 적이 없었다. 아, 그녀의 인생이 있었구나. 살아보지 못한 엄마의 또 다른 인생이. 그래서 내게 이런 편지를 주셨구나.

'엄마=희생'이라는 공식은 지금도 별로 변함이 없다. 젊은 여성들이 결혼을 망설이고 아이 낳는 걸 고민한다. 이 시대의 삶의 가치는 '자유와 재미'다. 엄마가 되면 자유와 재미를 포기해야 할 것 같다. 고민이다. 하지만 인간DNA에 들어 있는 생명의 법칙이 쉽게 사라지겠는가. 생명을 낳아 기르는 최고의 기쁨, '엄마'라는 소리를 듣는 최고의 행복을 어찌 버릴 수 있을까. 그래서 엄마가 되었다. 그렇게 엄마가 된 여자들이 '엄마=희생'이라는 공식에 묶여 살아갈까?

지금 엄마들이 어떤 여자들인가. 이들은 어려서부터 '엄마가 되도록 길러'지지 않았다. 그녀들은 엄마 모습을 반면교사로 삼고 성장했다. 또 엄마로부터 '나답게' 살라고 교육받고 지지받은 여성들이다. 공부도 할 만큼 했고, 다양한 활동도 해봤고, 자기계발에 투자도 많이 했다. 개성도 강하고 자기 인생을 즐길 수 있는 능력자들이다. 그런 능력 있는 여성이 '엄마라는 페르소나'에 갇혀 자신을 죽이고 살까? 아니다. 그네들은 엄마 됨을 선택했지만 '인간 자기'도 포기하지 않는다.

그래서 엄마들이 달라지고 있다. 엄마가 되어 '희생자'의 삶을 사는 것이 아니라 엄마가 되어 '승리자'의 삶을 살려고 한다. 엄마 역할을 '자기희생'이 아니라 '자기실현'으로 승화시키고 있다.

특히 이런 현상은 전업 맘에서 시작되었다. 전업 맘은 말 그대로 엄마 역할이 전부다. 직장 맘은 사회적 역할을 하지만 전업 맘인 경우는 자기 능력을 발휘할 곳이 없다. 취미 생활을 한다 해도 성에 안 차고 보람도 없다. 직장 맘에 비해 상대적인 열등감도 있다. '엄마' 아닌 '인간'으로서의 정체성도 고민하게 된다. 그렇다고 집에 있으면서 아이 교육에 신경을 안 쓸 수도 없다. 아이 교육에 신경 안 쓰면 '집에만 있으면서 뭐 하냐' 하는 부담스런 시선이 쏟아진다.

전업 맘은 자신의 정체성도 찾고 능력을 발휘할 곳이 필요했다. 그러다가 좋은 해결책을 찾았다. 바로 '자녀 교육'이다. 아이러니하게 엄마라는 가면을 더 철저하게 쓰고 '엄마 역할'에 자신의 실력을 발휘하기 시작한 것이다. '엄마 가면'을 수동적으로 쓰는 게 아니라 적극적으로 쓰고 '능력 있는 엄마'가 되었다.

전업 맘이 '능력 있는 엄마'가 되면서 전세는 역전되었다. 능력 있는 전업 맘이 우월한 위치를 차지하였고 직장 맘이 심리적으로 위축되었다. 전업 맘이 유능한 엄마 역할을 앞서서 하고 직장 맘이 불안하게 그 뒤를 쫓아가는 상황이 되었다. 더욱이 전업 맘이 아이에게 세심한 관리를 해주면서 자녀 교육 수준이 상당히 고급화되었다. 높아진 자녀 관리 수준을 따라가느라 보통 엄마들이 헉헉댄다.

코칭 맘의 위험성

엄마 역할을 통해 자기실현을 하려는 엄마들이 자녀 교육에 올인하면서 적극적인 '코칭' 역할을 하게 되었다.

엄마 역할에는 원래 코치 역할이 포함된다. 엄마 노릇은 아이가 좋은 습관을 갖도록 교육하고, 해야 할 것과 하지 말아야 할 것을 알려주고 유익한 정보를 주는 것이다. 이런 게 상식적인 수준의 코치 역할이다. 엄마라면 다 하는 일이라 새삼스럽게 '코칭'이라는 용어를 쓸 필요가 없다. 그렇기에 '코칭 맘'이라는 단어가 '매니저 엄마'나 '헬리콥터 맘'처럼 시사용어로 사용되지 않는다. 하지만 나는 이 시대의 엄마를 '코칭 맘'의 개념으로 설명하고 싶다. 아이의 인성, 감성, 학습, 사회성을 키우기 위해 적극적인 코치 역할을 하는 엄마를 '코칭 맘'으로 부르겠다. 운동 코치가 유능한 선수를 키우듯이 자녀를 유능한 아이로 키우는 적극적인 엄마다.

엄마의 코치 역할이 복잡해지고 정교해지고 수준이 높아져서, 좋은 코치가 되기 위해 엄마가 공부해야 하는 시대가 되었다. 책방에 가면 엄마의 코칭 역할을 강조하는 육아 서적이 넘쳐난다. 그 책들은 세 살 때부터 아이의 지능과 어휘력을 높여주라고 하고, 놀 때도 상상력과 창의력을 살려주라고, 리더십도 엄마가 키워주라고 한다.

맘 카페에는 '코칭'에 대한 조언이 넘친다. "저학년은 엄마가 아이와 함께 책을 읽으며 서로 질문하고 자신의 생각을 나누는 것이 중요해요." "7세부터 논술을 하면 뇌 발달에도 많은 도움이 되는데 아이 혼자 할 수 없으니 엄마가 함께 해줘야 합니다." "초등 1학년은 엄마 공부입니다. 한 문제를 풀더라도 옆에서 같이 봐주면서 다양하게 설명해주고 칭찬해줘야 해요."

이제는 독서도 공부도 엄마가 아이와 함께 해야 한다. 옛날같이 "공부해라" "책 읽어라" 하고 끝나는 게 아니다. 아이와 일대일로 붙어서 같이 토론하고 같이 공부해야 좋은 엄마다. 엄마가 '독서 코칭'도 공부해야 한다. 논술 공부도 해야 한다.

그리고 이런 엄마가 되라고 한다. 언어 능력을 발달시켜주는 엄마, 상상력을 키워주는 엄마, 사회성을 길러주는 엄마, 아이에게 꿈을 심어주는 엄마, 아이 눈높이에 맞춰 공부시키는 엄마, 자기 주도 학습을 만들어주는 엄마.

이 시대는 이런 걸 '엄마력'이라고 칭하면서 엄마라면 당연히 갖추고 실천해야 할 덕목인 듯이 말한다. 이런 '엄마력'이 바로 '코칭 맘'을 의미한다. 이제 '좋은 코칭 맘'이 엄마들의 미션이 되었고 엄마가 자녀 교육을 위해 공부하기 시작했다. 심리학 공부도 하고 인문학 공부도 한다. 아이의 발달 단계에 대한 공부도 하고 감정 코칭도 배운다. 공부하면서 새롭게 배우니 재미있고 배운 것을 아이에게 활용해서 효과를 보니 기쁘다. 아이의 학습뿐 아니라 인성, 감성, 사회성까지 돌본다. 아이의 눈높이에 맞춰서 교육 플랜을 짜는 것은 기본이고 정서까지 헤아려주고 적절한 동기 부여도 해준다.

엄마가 노력해서 아이를 빛나게 한다. 아이가 빛나면 엄마도 덩달아 빛이 난다. 나의 능력을 발휘해서 '유능한 엄마'가 되고 그 결과 남들이 부러워하는 '멋진 나'가 되는 것이다. 요컨대 아이를 위한 '자녀 교육 욕망'과 엄마의 '자기실현 욕구'가 만들어낸 결과물이 '코칭 맘'이다.

코칭 맘이 좋은 엄마의 모델이 되었다. 여기서 생각해봐야 한다. 엄마의 적극적인 코치 역할이 과연 좋은 것인가? 좋게만 보이는 코칭 맘에 문제점은 없을까? 결론부터 말하자. 엄마의 코칭에는 아이를 병들게 하는 위험성이 숨어 있다. 두 가지 위험성이다. 첫째, 코칭 맘이 매니저 엄마 된다. 둘째, 코칭 맘이 아이의 자발성을 죽인다.

매니저 엄마가 되는 과정

매니저 엄마. 한때 유행했던 용어다. 소위 '관리형' 엄마들이다. 자녀 교육을 연예인 매니저처럼 해서 붙은 이름이다. 엄마가 공부 계획을 짜주고, 스케줄을 관리하고 학원에 픽업해준다. 공부 외에는 아이가 신경 쓰지 않도록 주변 상황을 깨끗하게 정리해준다.

매니저 엄마라는 말에는 공부를 위해 아이를 끌고 다닌다는 부정적인 이미지가 있지만 사실 매니저 엄마는 정보력, 실천력, 경제력, 그리고 자녀 다루는 기술까지 갖춘 능력 있는 엄마다. 어찌 보면 이런 능력 있는 엄마에게 매니저 엄마라는 부정적인 용어를 붙이는 건 격에 맞지 않는다. 그래서인지 요즘은 매니저 엄마라는 말을 거의 들을 수 없다.

매니저 엄마를 이야기하는 이유는 코칭 맘과 비교하기 위해서다. 매니저 엄마가 자녀 공부에 올인 하는 엄마를 의미한다면 코칭 맘은 인성, 정서, 학습 등 전인적 차원에서 아이를 관리해주는 좋은 엄마로 인식된다. 매니저 엄마가 '티칭'을 한다면 코칭 맘은 '코칭'을 한다. '티칭'은 일방적으로 가르치고 끌고 다니지만 '코칭'은 아이의 눈높이에 맞춰 잠재력을 끌어낸다. 매니저 엄마는 일방적으로 아이의 스케줄을 짜서 강요하지만 코칭 맘은 아이에게 공감하며 수준에 맞춰서 전략을 짠다. 엄마들은 은연중에 매니저 엄마는 부정적이고 코칭 맘은 긍정적이라고 인식한다. 여기에 많은 엄마가 속아 넘어간다.

코칭 맘은 매니저 엄마의 전 단계이다. 코칭 맘이 어떻게 매니저 엄마로 넘어갈까? 코칭 맘은 아이의 건강, 정서, 인성, 그리고 학습을 관리한다. 그중에서 제일 중요한 것이 학습이다. 학습에 가장 많은 정보와 노하우와 노력이 들기 때문이다.

대개 코칭 맘의 속마음은 이렇다. '나는 다른 엄마들과 달라. 나는 공부가 전부라고 생각하지 않아. 아이의 감성과 인성이 더 중요해. 공부를 시켜도 아이 눈높이에 맞춰 하는 거야.' 그런데 이 마음은 대개 아이가 초등학교 가기 전까지만 유효하다. 유치원 때까지야 옆집 아이 영어 유치원 다니고 수학 학원 다닌다고 해도 버텨보지만 초등학교에 들어가면 쉽지 않다. 아이가 받아쓰기에서 40점 받아오면 불안해진다. 듣자 하니 아이가 공부를 못하면 친구도 못 사귀고 자신감 잃고 공부도 따라가기 힘들다고들 한다. "초등학교 때 공부 습관 들이지 못하면 필패다." 이런 말을 듣고 흔들리지 않을 엄마가 있을까. 그러니 공부를 안 시킬 수가 없다.

결국 엄마의 코칭 종목이 '공부'라는 한 종목으로 수렴된다. 인성, 감성을 중요시하는 코칭 엄마에서 공부를 최우선 하는 엄한 코치로 변한다. 아이의 정서 관리도, 아이에 대한 공감도 모두 공부 잘 시키기 위한 수단이 된다. 코칭 맘의 미션이 '멋진 아이'에서 '공부 잘하는 아이'로 좁혀진다.

그러면서 코치 엄마는 자녀 학습에 적극적으로 개입한다. 장단기 로드맵도 만들고 세밀한 스케줄도 짠다. 그리고 계획대로 진행되도록 자녀를 끌고 간다. 그런데도 엄마는 여전히 자신을 '좋은 코칭 맘'으로 생각한다. 자기는 아이의 '눈높이'에 맞춰 '공감'해주면서 하니까 문제가 없다고 생각하는 것이다. 이미 매니저 맘, 헬리콥터 맘이 되었는데도 모르고 있다. 교묘한 자기 함정에 빠졌다.

현명한 엄마라면 코칭 맘에서 매니저 맘으로 넘어가는 경계선을 잘 알아야 한다. 많은 엄마가 자기도 모르는 사이에 그 선을 넘는다. 다음의 경우에 매니저 엄마로 넘어갔다고 할 수 있다.

첫째, 코칭의 핵심이 공부에 있다. 둘째, 아이의 학습에 대한 중단기 목표가 세밀하고 명확하다. 셋째, 아이의 스케줄이 꼼꼼하게 짜여 있다. 넷째, 스케줄을 지키고 목표를 달성하기 위해 엄마의 태도가 엄격하다.

이 네 가지 기준에 맞으면 매니저 엄마로 변신했다고 봐야 한다. 코칭 맘처럼 아이 눈높이에 맞추고 스트레스를 풀어주고 정서도 관리하지만, 이것들은 학업을 위한 들러리에 불과하다.

코칭 맘이 매니저 맘으로 넘어가는 과정을 알아보았다. 코칭 맘의 또 다른 문제점을 살펴보자.

엄마력과 아이력의 상관관계

코칭 맘이 대세가 되면서 부작용이 생겼다. 소위 '좋은 코칭 맘' 때문에 보통 엄마들이 '문제 엄마'가 된 것이다. 인터넷에 올라온 똑똑한 엄마의 교육 경험담이 보통 엄마를 불안하게 만든다. '나는 저렇게 못 하는데 어떡하지?' 하고 걱정하는 엄마가 많아졌다. 특히 직장맘은 더 불안하다. 없는 시간에 적극적인 엄마 노릇을 하려니 몸과 마음이 힘들다. 이제 '좋은 엄마'가 되기 어렵고 보통 엄마가 '불량 엄마'가 되는 현실이다.

나는 코칭 맘보다 그런 불량 엄마가 아이에게 더 좋은 엄마라고 확신한다. '엄마력'이 강해지면 '아이력'은 약해지기 때문이다. 엄마가 코치가 되는 순간 아이는 엄마의 손바닥 안에서 벗어나기 힘들어진다. 아이 공부도 엄마 손바닥 안의 공부, 아이의 독서도 엄마 손바닥 안의 독서, 아이의 자유도 엄마 손바닥 안의 자유다.

'엄마력'은 한마디로 '관리력'이다. 아이를 교정해서 엄마의 정답으로 이끌어가는 역할이다. '아이력'은 '자발성'이다. 자기 스스로 내는 힘이다. '엄마력'이 강해지면 '아이력'은 당연히 약해진다.

예를 들어보자. '독서 코칭'이라는 게 있다. 아이가 책을 읽고 난 후에 엄마와 같이 토론하고 느낀 점을 말과 글로 표현하게 하는 것이다. 취지는 이렇다. 독서는 '다중 지능'을 높인다. 언어 지능, 논리 지능, 표현 지능, 공감 지능, 탐구 지능을 높인다. 무엇보다 학습 능력을 올린다. 논술 능력에도 도움이 된다. 그러니 이왕 독서하는 거 독서 습관도 키우고 이런 능력도 키워주는 게 좋다는 것이다. 맞는 말 같다. 하지만 독서 코칭이라고 다 좋은 게 아니다. 그 속에도 독이 숨어 있다.

독서 코칭의
득과 실

아이가 책을 읽었다. 읽고 난 뒤의 소감을 글로 정리해서 쓰게 한다. 그래야 언어 능력과 논술 능력, 표현 능력이 커진다. 훌륭한 독서 코칭은 아이가 책 읽고 나서 A4 용지 한 장 이상으로 정리하게 하는 거란다. 엄마는 좋을지 모르지만 아이에게는 지겨운 일이다. 독서가 숙제가 된다. 책 읽고 억지로 독후감 쓰라면 어느 아이가 책과 가까워지겠는가.

그래서 어떤 코칭은 아이가 싫어하면 독후감을 쓰지 말라고 한다. 대신 엄마가 아이와 토론(?)하라고 한다. "배운 게 뭐야?" "이 책에서 제일 중요한 단어가 뭐지?" 엄마가 질문을 통해 아이의 머릿속 생각을 정리해서 표현하게 해주란다. 아이에게는 이것도 짜증 나는 일이다. 한번 시도해보라. 아이가 어떻게 반응하는가. "몰라" "그냥" "싫어" 이런 대답이 전부다. 잘해야 단답형이다. 이런 아이를 붙들고 책의 주제, 좋았던 점, 주인공의 좋은 점과 나쁜 점 등등을 같이 이야기하란다.

아이는 언어로 표현하는 능력보다는 상상과 상징의 세계가 더 발달되어 있다. 아이의 '몰라'와 '그냥' 속에는 아이만이 느끼는 수많은 상상과 상징이 들어 있다. 그걸 규격화된 언어로 표현하라니 아이는 혼란스럽다.

또 이런 독서 코칭 방법도 있다. 독서를 오감으로 하게 한다면서 책 읽고 난 뒤에 그림으로 그려보라거나 등장인물에게 편지를 써보라고 한다. 아이가 이 방법을 재미있어 한다면 좋지만 쓰고 그리기를 싫어하는 아이에게는 귀찮은 일이다. 책을 읽고 나서 의무적으로 쓰거나 그리게 하면 아이는 괴롭기 마련이다. 아이의 괴로움을 '창조의 고통'이라고 생각하는 엄마가 있을까? 그건 하기 싫은 '숙제의 고통'이다. 아이는 그 고통이 싫어서 책도 멀리하고 그림도 싫어한다.

사실 아이가 책을 읽고 나면 그냥 놔두는 게 제일 자연스럽다. 독후감도 아이가 기분 나면 알아서 쓴다. 그림으로 표현하거나 편지로 쓰는 것도 알아서 하게 놔두면 된다. 자발성의 흐름에 맡기면 된다.

엄마가 가만 놔두자니 너무 심심하다 싶으면 "책 읽고 난 느낌이 어때?" 하고 물어보는 정도면 된다. 아이가 대답을 안 하거나 대충 해도 그 정도로 충분하다고 생각하자. 그래도 엄마가 섭섭하면 "책 읽고 소감 한번 쓰는 게 어떠니?" "책 읽은 걸 그림으로 그려볼까?" 하고 한두 번 정도 제안해보는 걸로 충분하다. 그런 제안은 아이의 숨어 있는 자발성을 촉진할 수 있으니까.

그런데 코칭 엄마는 뭔가 똑 부러지게 정리되거나 결과물이 나올 때까지 아이를 붙잡고 안달한다. 세밀하게 관리해서 아이 능력을 향상시켜야 제대로 된 코칭이라고 생각하기 때문이다. '아이가 지금은 독후감 쓰기를 싫어해도 훈련하면 습관이 될 거다' '글을 그림으로 표현하는 능력도 훈련하면 발달할 것이다'라고 생각하면서 적극적으로 개입한다. 아이의 어떤 부분을 훈련하면 습관이 들거나 능력이 생길 것이라는 생각은 '착각'이다. 습관 만들다가 아이의 자발성만 죽인다.

어른은 아이보다 차원이 낮다. 어른이 아이보다 더 많이 아는 것 같지만 그렇지 않다. 아이가 더 많이 알고 더 깊다. 어른은 살아온 인생의 틀 안에서 뻔한 답과 뻔한 논리에 길들여져 있기 십상이다. 아이는 세상에 없는 자기만의 독특한 감정과 상상을 갖고 있다. 아이의 풍부한 감성 능력을 엄마의 뻔한 수준으로 격하시키려는 우를 범하지 말자.

독서에서 제일 중요한 것은 그 책 속에서 아이만이 느끼는 독특한 세상이 있다는 것이다. 책 속에서 아이만이 느끼는 색과 향이 있다. 그 색과 향을 굳이 입 밖으로 내게 할 필요가 없다. '언어'는 어른들의 논리고 규범이고 평범함이다. 언어가 오히려 아이의 상상력과 창조성을 죽일 수 있다. 아이가 책을 읽고 느끼는 뉘앙스, 분위기, 이미지가 더 중요하다. 이건 언어로 표현하기 어렵다.

아이가 책을 읽고 느낀 경험을 색깔로 비유해보자. 아이는 책 속에서 수많은 빛깔을 만난다. 엄마가 아이에게 책 속에서 느낀 컬러를 물어본다. "책을 읽고 나니 무슨 색이야?" 아이는 그 오묘한 색을 말로 표현할 수 없으니 "몰라" 하고 대답한다. 엄마는 꼬치꼬치 묻는다. "빨강이야, 주황이야?" 아이는 또 말한다. "응…… 모르겠는데." 엄마가 또 재촉한다. "빨강에 가까워, 주황에 가까워?" 아이는 어쩔 수 없이 대답한다. "응…… 빨강." 아이가 느끼는 색은 무궁무진한데 엄마의 색은 빨강, 주황, 노랑, 몇 개밖에 없다.

이렇게 아이의 빛깔을 '빨강'이라는 한 단어로 정리하면 아이의 색깔은 살아 있는 빛이 아닌 죽은 단어가 돼버린다. 엄마가 아이의 독특한 세상을 망가뜨린다. 아이가 경험한 색의 이미지를 '빨강'이라는 한 단어로 퇴색시킨다. 가만히 놔뒀다면 아이 속의 그 빛깔은 점점 살아 움직여서 새로운 빛으로 창조되었을 것이다.

내 얘기를 해보겠다. 어릴 때 읽은 책이 아직도 어렴풋이 기억난다. 초등학교 2, 3학년 때 읽은 책이니 40년이 넘었다. 제목도 모른다. 집 책꽂이에 있던 책에 우연히 손이 갔다. 지금 생각해보니 그 책은 동화라기보다는 중학교 수준의 청소년 소설이었던 듯하다. 작가는 북유럽 사람이었다. 내용이 희미하게 기억난다. 나의 이 기억은 핵심적인 부분을 빼고는 많이 왜곡되었을 것이다. 내가 기억하는 소설의 내용은 이렇다.

어느 마을에 이런 풍습이 있었다. 일정한 나이가 되면 긴 강을 따라 스케이트를 타고 강 끝의 어떤 목적지까지 가야 한다. 그 강 끝까지 가려면 스케이트 실력과 체력이 뒷받침되어야 했다. 실력과 용기를 인정받는 일종의 성인식이었다. 이야기의 주인공은 스케이트를 배운 지 며칠 안 되는 아이였다. 나이도 어렸다.

어느 날이었다. 그날은 스케이트를 잘 탄다는 형들이 강 끝까지 달리는 도전의 날이었다. 도전자 중에 한 형이 주인공에게 경험 삼아서 초반 코스까지만 같이 가자고 제안했다. 스케이트 초보자인 주인공은 겁이 났지만 초반 코스만 가고 돌아오면 되려니 하고 용기를 냈다. 주인공은 형들과 함께 긴 강을 달리는 스케이트 모험을 시작한다. 처음에는 초반 1구간까지만 가기로 했는데 도착하고 나서 또 한 구간 더 가게 된다. 이렇게 주인공이 점점 어려운 코스를 통과하게 되고 형들의 도움으로 난코스를 넘어서 결국 마지막 도착점까지 간다는 내용이었다.

이 책에서 주인공이 겪은 역경이나 어려움은 별로 생각나지 않는다. 다만 얼어붙은 긴 강, 그 강을 따라 단체로 달리는 스케이트 탄 형들, 그리고 뭣도 모르고 따라갔던 어리바리한 주인공의 이미지만 남아 있다. 주인공은 중간 목적지에 도달하면 '어휴~ 여기까지 왔네. 이제 그만 집에 가야지' 하다가 형들의 권유에 다시 출발했고 그러다 어느새 강 끝에 도달하고는 놀라워했다.

지금도 책의 주제가 뭐냐고 물으면 답을 못 하겠다. 모험? 용기? 중간 과정? 형들의 도움? 어쩌다 보니 목적지에 도달? 모두 답이 될 수 있지만 정답은 아니다. 어린 나는 주인공과 함께 북유럽의 어느 마을, 춥고 하얀 겨울에 알지도 못하는 형들과 그 긴 강을 함께 달렸던 것 같다. 그 속에서 표현할 수 없는 어떤 이미지, 느낌, 분위기가 나를 감쌌을 것이다. 이 책이 내게 어떤 영향을 줬는지도 모르겠다. 하지만 그 이야기는 내 속에 남아서 나와 함께 살아왔다. 눈 덮인 마을, 긴 강, 낙오자들을 돕고 함께 달리던 소설 속의 씩씩한 형들…….

이 글을 쓰면서 책의 이미지와 분위기가 다시 느껴진다.

1970년대 서울 변두리, 어느 방 한구석에서 한 꼬마가 북유럽의 스케이트 소년을 만났다. 유명한 책이 아니니 그 책을 아는 사람도 없고 지금은 구할 수도 없는 책이다. 누가 읽으라고 하지도 않았다. 우연히 아이의 손에 닿았을 뿐이다. 좋은 책이란 책 자체가 좋은 것이 아니라 어떤 순간에 나에게 다가와 내 가슴에 남은 책이다. 아이들의 독서란 그런 것이다.

만일 그 당시에 엄마가 그 책을 읽고 토론하자고 하고 독후감을 쓰라고 했으면 어땠을까. 아마 '용기'니 '모험'이니 '하면 된다'는 식의 뻔한 주제로 결론 내렸을지 모른다. 그랬다면 단언컨대 그 책에서 느낀 이미지와 분위기는 다 사라졌을 것이다. 그리고 그 책은 내 기억 속에 남아 있지 않을 것이다. 그 이야기 속의 느낌과 기분과 이상한 감동을 어떻게 그 나이의 언어로 표현할 수 있겠는가. 다행히 우리 엄마는 나에게 독후감을 쓰라고 한 적이 없다. 무슨 책을 읽으라고 한 적도 없다. 책을 읽고 같이 이야기한 적도 없다. 우연히 손에 걸린 책이 인생 책이 되어 아직까지 기억 속에 아련히 남아 있다.

그렇다. 언어로 정리되지 않은 색과 향이 더 중요하다. 마음속에 남아 있는 책의 향기가 나이가 들면서 조금씩 자기의 향과 섞이면서 인생의 멋으로 풍겨난다. 마음속 책의 색깔이 점점 덧칠해지고 풍부해져서 인생의 빛깔로 나타난다. 한 권의 책이 엄마와 대화한 언어로 남을까? 아니다. 아이의 잠재의식 속에 들어 있는 어떤 색,

어떤 향, 어떤 분위기로 남아 있다. 어린 시절 읽은 책을 돌아보라. 언어로 남아 있나? 주제로 남아 있나? 아니면 분위기나 한 장면, 어떤 미묘한 감정으로 남아 있나? 언어로 표현되지 않은 책이 더 오래 남는다.

사실 독서는 독서 자체가 목적이어야 한다. 독서가 학습 능력, 논술 능력, 표현 능력을 기르기 위한 2차적 수단이 되어선 안 된다. 꿩 먹고 알 먹기 식으로 독서를 통해 부수적인 이득을 챙기려는 것도 좋지 않다. 그런 2차적인 욕심이 오히려 독서에 대한 흥미를 떨어뜨린다. 아이 때 독서의 핵심은 재미다. 독서 후 활동을 해도 좋다. 하지만 그 활동이 독서의 재미를 해친다면 중단해야 한다. 사이버 시대에 아이가 아무 책이라도 스스로 읽는다면 그저 감사할 일이다.

좋게 보이는 코칭에 어떤 문제가 숨어 있는지 보기 위해 독서 코칭을 예로 들었다. 엄마가 하는 많은 코칭이 이렇게 아이의 세상을 함부로 파헤치고 아이의 자발성을 죽인다.

상상력은 엄마가 키워주는 것이 아니다. 오감 능력도 엄마가 키워주는 게 아니다. 논술 능력, 표현 능력도 마찬가지다. 엄마가 해줄 수 있다는 착각일 뿐이다. 엄마가 아이보다 상상력이 뛰어나나? 오감 능력이 더 뛰어나나? 가만히 놔두길 바란다. 드러나지 않는 곳에서 아이 스스로 움직여서 자기 세상을 만들어가게.

아이를 놓아주는 연습

맘 카페에 이런 경험담이 올라오는 경우가 있다. "우리 아이 초등학교 2학년인데 독서 코칭 했더니 책의 주제나 주인공의 감정을 논리정연하게 표현합니다. 제가 놀랐어요. 엄마들도 한번 해보세요." 그러면서 자기가 했던 독서 코칭 경험을 올린다.

보통 엄마는 이런 경험담을 보면 가슴이 쿵! 내려앉는다. 하지만 걱정하지 말고 착각하지 말기를. 언어 표현 능력은 최소 초등학교 고학년이 되어야 제대로 시작된다. 앞서와 같은 자녀는 타고나게 언어 능력이 발달한 아이일 뿐이다. 마치 "우리 아이 초등 2학년인데 달리기 훈련했더니 100미터를 14초에 달렸어요. 엄마들도 한번 해보세요" 하는 것과 같다. 코칭을 해서 아이가 달리기를 잘하는 게 아니다. 보통 엄마들은 달리기 자랑하는 엄마한테는 이럴 것이다. "아무나 달리기 훈련한다고 그렇게 빨리 달리냐! 뭘 몰라도 한참 모르네." 그런데도 언어 능력은 모든 아이가 똑같다고 생각하고 엄마 하기 나름이라고 생각한다.

맘 카페에 올라온 코칭 조언들이 보통 엄마를 불안과 열등감에 빠지게 한다. 거기에 걸려들면 안 된다. 그 잘난 경험담을 무시해야 한다! 그 조언의 대부분은 보통 엄마들이 따라 하기 힘든 코칭이고 어떤 것은 해서는 안 되는 코칭이기 때문이다. 차라리 그런 맘 카페에 안 들어가는 것이 상책이다.

세상에 어느 위대한 인물이 엄마의 코칭으로 만들어졌단 말인가. 세상의 뛰어난 연설가가 엄마의 코칭으로 만들어졌나? 세상의 뛰어난 작가가 엄마의 코칭으로 만들어졌나? 뛰어난 사람들은 모두 자발성의 힘으로 자기의 세상을 만들었다. 다시 말하는데, 아이는 자기만의 세상이 있다. 아이는 자발성의 힘으로 독특한 자기의 세상을 창조해나간다. 아이의 세상에 엄마가 손을 대면 아이의 창조적인 세상은 망가진다. 엄마가 코칭이라는 이름으로 아이를 관리하면 아이의 세상은 잘해봤자 엄마가 살아온 세상을 넘을 수 없다. 아이를 자기 정도로 살게 하고 싶으면 열심히 코치하라.

엄마 머릿속에서 '코칭'이라는 단어를 없애고 코치 역할을 하지 않아야 한다. 아이를 바꾸려 하지 말자. 가르치려 하지 말자. 아이를 만들려 하지 말자. 물론 정말 어려운 일이다. 많은 엄마들이 "엄마는 아무것도 하지 말고 가만있으란 말인가?" 하고 어이없어 할 것이다. 그래도 어쩔 수 없다. 아이를 관리하느니 차라리 아무것도 안 하는 게 더 낫다. 엄마가 손 놓고 있으려니 걱정되는가? 염려 마시라. 아이의 코치는 친구들이, 선후배, 선생님이 해줄 거고, 책, 영화, 인생 경험, 그리고 이 세상이 해줄 거니까. 다시 말하지만 아이들 세상은 부모의 세상보다 훨씬 넓고 뛰어나다.

사실은 아이가 걱정되는 게 아니라 엄마 자신이 걱정되는 것이다. 손 놓고 있으면 내 인생은 뭐 하고 살라고? 아이 교육하면서 재미와 의미를 느꼈는데 안 하면 무슨 낙으로 살라고? 이 지점에서 엄마의 삶이 허공에 붕 떠버린다. 에너지 쏟을 대상이 없어지고 삶의 목적이 사라진다. 인생의 길을 잃어버린다. 허전하다. 불안하다.

엄마가 자녀 교육을 자기실현의 방편으로 삼는 게 문제의 시작이었다. 자기 능력을 쏟을 곳을 찾지 못하고 아이 교육에 인생을 걸었다. 그러면 엄마 인생과 아이 인생이 한 덩어리가 된다. 엄마 인생은 아이의 스케줄로 꽉 차 있고, 아이 인생은 엄마 스케줄에 묶여버린다.

엄마는 '아이에게 구속'되고 아이는 '엄마에게 구속'된다. 엄마는 '아이 인생' 살고 아이는 '엄마 인생' 살고 있다. 엄마는 아이의 코치로 살지 말고 자기 인생 살아야 한다. 엄마 자신을 원점에서 다시 생각해야 한다. '아이를 통해 나의 욕망을 채우려는 건 아닌가?' '아이 잘되게 한다면서 아이를 나의 아바타로 만들고 있는 건 아닌가?' 그렇다면 나를 버려야 한다. 아이를 놓아줘야 한다. 그리고 나의 삶을 자녀 교육이 아닌 다른 곳에서 찾아야 한다.

나는 무엇을 위해 살아야 하나? 나의 삶의 의미와 재미는 어디서 찾아야 하나? 이 실존적인 고민을 다시 만나야 한다. '적극적인 엄마' '능력 있는 엄마'라는 페르소나를 벗어야 한다. '엄마의 삶'이 아니라 한 인간으로서의 삶으로 돌아가야 한다. 내 삶을 새롭게 시작해야 한다.

팁 한 가지. 코치 역할을 안 하는 제일 좋은 방법은 앞서 말한 '혀 깨물기'이다. 아이를 보고 '어? 저건 아닌데' '어? 이렇게 하는 게 더 좋은데' 하는 생각이 들 때, 혀를 깨물고 참아라! 아이를 그냥 놔둬라. 역시나 쉽지 않을 테다. 그래도 '세 번에 한 번'만이라도 혀 깨무는 훈련을 하자. 좋은 엄마는 '코칭 맘'이 아니라 '혀 깨무는 엄마'다.

헬리콥터 맘의
두 가지 특징

하늘로 올라간 코칭 맘 이야기를 해보자. 헬리콥터 맘이다. 코칭 맘이 자칫 잘못하면 헬리콥터 맘이 된다. 하늘을 맴돌듯이 자식 주위를 맴돌면서 아이가 해야 될 일을 미리 알아서 다 해주는 엄마다.

헬리콥터 맘의 두 가지 속성은 '정답 엄마'와 '교정 엄마'다. 헬리콥터 엄마는 높은 곳에서 보고 있다. 뭐가 좋고 나쁜지, 어떻게 해야 쉽고 효율적인지 다 안다. 이때는 이런 공부를 이렇게 해야 하고 친구는 이런 애들이 좋고 이런 책을 읽어야 하고…… 아이에게 로드맵을 만들어준다. 아이가 샛길로 가면 얼른 교정해준다. 엄마가 정답이다. 엄마 말대로 하면 된다.

아이 독서 습관을 길러주려고 일곱 살 아들을 데리고 서점에 갔다. 아이가 한쪽 구석에서 로봇 그림책을 열심히 보더니 사겠다고 한다. 엄마가 책을 살펴보니 글도 없고 로봇끼리 싸우는 그림만 있다. 그 책은 서너 살 애들이 보는 수준이고 정서에도 별로 좋지 않을 것 같다. 옆에 있는 만화 위인전이 아이 수준에 맞고 유익해 보인다. 엄마가 아이에게 말한다. "로봇 책은 여기서 보고 만화 위인전 사자. 이것도 아주 재미있어~" 그러자 아이가 "싫어~ 싫어~" 하다가 엄마의 권유와 설득에 아쉬운 듯 로봇 그림책을 내려놓는다. 엄마가 웃으며 말한다. "어이구 잘했어요~" 일상적인 풍경이다.

이 엄마는 어떤 엄마일까? 지혜로운 엄마? 코칭 맘? 아니다. 이런 엄마가 바로 '헬리콥터 맘'이다. '어? 그런 게 헬리콥터 맘?' 의아하게 생각하는 분이 있겠다. '그런 정도는 괜찮은 거 아닌가. 아이에게 옳은 제안을 해준 건데……' 하고 생각하는 엄마가 있을 거다. 하지만 그런 엄마가 은근한 헬리콥터 맘이다. 은근한 헬리콥터 맘이 자기도 모르게 본격 헬리콥터 맘이 된다. 코칭 맘이 '정답 엄마' 역할을 더 많이 하면 결국 헬리콥터 맘이 되어 날아오른다.

현명한 엄마는 이렇게 한다. "엄마 생각에는 로봇 그림책보다 위인전 만화가 더 좋을 거 같은데? 네 수준에도 맞고." 아이가 말한다. "싫어, 싫어!" "어, 그래? 그럼 네가 사고 싶은 책 사." 그러고 끝이다. 아이가 사고 싶어 하는 책 산 것이니 엄마도 부정적인 감정 없이 쿨하게 받아들이면 그만이다. 엄마의 의견을 얘기하고 아이가 싫다고 하면 끝! 그리고 아이의 선택을 존중하고 기쁘게 격려한다. 이런 게 현명한 엄마의 코칭 방법이다.

은근한 헬리콥터 맘은 이런다. "엄마 생각에는 로봇 그림책보다 위인전 만화가 더 좋을 거 같은데?" 아이가 거부한다. "싫어, 싫어!" "싫어? 이 로봇 책은 글씨가 없잖아. 글씨 없는 건 저기 저 유모차에 탄 아이들이나 보는 거야. (여기에 살짝 협박이 들어간다.) 너, 저런 애기 되고 싶어?" 아이는 조금 움츠러든다. "싫어~ 싫어~ 그래도 이거 살래." 엄마가 다시 설득한다. "로봇 책은 집에 또 있잖아. 있는 거 또 살래? (거짓말도 섞는다.) 이 책은 다음에 사자." 아이가 또 "싫어, 싫어" 한다. 엄마는 또 살짝 협박조로 간다. "너는 애기 아니잖아. 엄마 생각에 이 책이 너한테 딱 어울리는 거야. 엄마 말 들어야 착한 아이죠?" 아이가 아무 소리 못 하고 "알았어" 하고는 시무룩하다. 이때 엄마가 말한다. "아이구~ 우리 ○○이 착하지~ 엄마 말도 잘 듣고."

이런 방식은 코칭이 아니다. 세련되고 교묘한 '관리'일 뿐이다.

아이는 엄마의 칭찬을 받기 위해, 또는 엄마의 구박을 피하기 위해 자기의 자발성을 양보했다. 엄마의 똑똑한 정답이 아이의 자발성을 죽였다. 현명한 엄마는 아이의 자발성을 우선으로 한다. 좋은 정보를 아이에게 주면서 다른 선택지가 있음을 알려줄 뿐, 선택은 아이에게 맡긴다. 반면에 헬리콥터 맘은 최종 선택을 엄마가 한다. 최종 선택권이 누구에게 있느냐가 현명한 엄마와 은근한 헬리콥터 맘의 차이다.

헬리콥터 맘은 엄마의 정답으로 아이의 자발성을 죽인다. 로봇 그림책보다는 만화 위인전이 그 나이의 아이에게 더 어울릴 수 있다. 그게 정답 같다. 하지만 생각해보자. 그 정답은 내 아이뿐 아니라 누구에게나 정답이다. 평범한 답이고 보잘것없는 답이고 뻔한 답이다. 어른의 답이고 자발성을 죽이는 답이다. 역으로 아이의 로봇 책은 신선한 답이고 평균을 넘어서는 답이며 정상을 깨는 답이다. 무엇보다 아이의 정답이고 자발성의 정답이다. 만화 위인전을 읽고 정답의 틀에 묶인 아이가 훌륭한 인물이 될 수 있을까? 내 아이가 로봇 그림책을 보고 AI 시대의 뛰어난 로봇 과학자가 될지 누가 알까?

엄마에게 꼭 필요한 힘

엄마들 중에 '나는 헬리콥터 맘이 될 거야' 하고 결심하는 엄마는 없다. 자기도 모르게, 어쩔 수 없이 헬리콥터 맘이 된다. 대한민국의 '자녀 양육 문화'와 '교육 제도'가 엄마를 헬리콥터 맘으로 만들고 있다.

이 시대의 자녀 양육 문화는 암암리에 코칭 맘을 좋은 엄마의 모델로 세우고 있다. 대개 아이의 문제점을 교정하고 좋은 방법을 알려주는 역할이다. 그 역할이 바로 은근한 헬리콥터 맘의 시작이다. 아이 어릴 때부터 엄마의 코칭 태도가 습관이 되어 자신도 모르게 헬리콥터 맘으로 넘어간다.

또한 우리나라 교육 제도가 헬리콥터 맘을 만드는 데 일조하고 있다. 현 교육 제도에서는 부모의 도움 없이는 아이가 뒤처지게 되어 있다. 자녀가 학교에 들어가면 엄마 손이 절대적으로 필요하다. 초등학교 숙제부터 중고등학교 수행 평가를 거쳐 대학 입시까지 엄마가 해줘야 한다. 아이가 공부에 집중할 수 있게 제반 사항은 엄마가 다 처리해야 한다. 그렇게 보통 엄마가 헬리콥터 맘이 되어간다.

엄마는 자기 삶의 경험을 통해 무엇이 아이에게 좋은지 알고 있다. 위험 요소를 제거해주고 정답의 길로 이끌면 아이가 행복하게 살 거라고 믿고 있다. 하지만 인생은 그렇게 계획대로 만들어지지 않는다. 그 누구도 자식을 완벽하게 관리해줄 수 없다.

엄마에게 꼭 필요한 힘이 있다. 그건 굳이 도와주지 않아도 될 때 도와주지 않을 수 있는 힘이다. 이 시대의 엄마에게 필요한 능력은 '도와주는 능력'이 아니라 '도와주지 않는 능력'이다. 그렇다. 무척 어렵다. 내가 도와주면 아이가 편하고 잘 살 텐데 어찌 안 도울 수 있을까. 그래도, 도와주려는 마음이 들 때 나의 손을 뒷짐 지는 훈련을 해야 한다. 자녀가 겪어야 할 고통과 좌절의 경험을 빼앗지 말아야 한다. 그건 아이의 인생을 빼앗는 일이다. 부모는 자녀가 실수하고 실패하고 고생해야 자생력이 생기고 의지력이 생긴다는 걸 믿고 또 믿어야 한다.

Tip 개방형 코치와 폐쇄형 코치의 차이

어느 엄마가 코치를 안 할 수 있을까요? 현명한 코칭법을 소개할게요. 코칭은 크게 개방형과 폐쇄형으로 나눕니다. 말 그대로 개방형 코칭은 열려 있는 코칭이고 폐쇄형 코칭은 닫혀 있는 코칭입니다. 개방형은 답이 여러 개이며 아이가 답을 정합니다. 그리고 아이의 선택에 대해 엄마는 쿨하고 평온한 반응을 보입니다. 폐쇄형은 답이 이미 정해져 있습니다. 폐쇄형 코칭은 마치 아이와 대화하는 것 같지만 사실은 유도신문 해서 엄마의 답으로 이끌어가는 겁니다. 혹 엄마가 정해놓은 답으로 결론 나지 않으면 엄마는 기분이 나빠져 아이를 탓합니다.

개방형 코칭은 기회를 주고 정보를 제공하는 것뿐입니다. 엄마 입장에서 한두 번 정보나 기회를 제공하고 그 뒤에는 아이에게 맡겨 아이의 선택을 존중합니다. 그게 빈틈 엄마, 열린 엄마의 코칭법입니다. 그 빈틈과 열림 사이로 아이는 자발성을 마음껏 펼칠 겁니다.

엄마의 죄책감

키 작아도 엄마 탓, 소심해도 엄마 탓, 공부 못해도 엄마 탓, 모두 엄마 탓이다.
아이가 사소한 문제라도 보이면 나 때문이 아닌가 하는 게 엄마 마음이다.
엄마의 미안한 마음이 당연한 것처럼 보인다.
그런데 이 미안한 마음이 문제가 된다. 어떤 문제가 있을까?

○ ○ ○

엄마 죄책감의 뿌리를 찾아서

"내 탓인 것 같아요" 미안한 엄마

어느 초등학교에서 엄마 심리학 강의를 마치고 학부모님들과 차를 마시면서 얘기를 나누었다. 그때 한 어머니가 초등학교 2학년 딸 이야기를 하면서 눈물을 흘렸다.

"딸애가 너무 어른스러워요. 저희 부부가 맞벌이라 제가 집에 6시 넘어서 오는데, 아이가 학교 끝나면 혼자 피아노 학원 가고 집에서 학습지 하고 그리고 동생도 챙겨줘요. 다른 엄마들은 우리 딸을 대견해해요. 그런데 저는 아이한테 너무 미안해요. 다른 엄마처럼 못 해주고……. 아이한테 죄를 짓는 거 같아요."

그러면서 훌쩍훌쩍 운다. 딸을 위해 직장을 그만둬야 하는 기 아닌가 하면서 늘 죄책감을 느낀다고 한다. 옆에 앉은 엄마가 "아이고 딸이 훌륭하네요, 부럽네요" 하면서 위로한다.

이 엄마의 마음을 알겠다. 다른 엄마들은 집에 있으면서 간식도 해주고 공부도 도와주는데 자기는 직장 다니면서 아이를 돌보지 못하니, 어린 딸의 씩씩한 모습이 더 안쓰럽게 보였을 것이다. 딸에게 미안한 엄마다.

이런 미안한 엄마가 많다. 직장 맘뿐 아니라 전업 맘도 마찬가지다. 우리 엄마들의 미안한 마음은 유별나다. 아이가 조금이라도 문제 있다 싶으면 다 엄마 탓이다. 맘 카페에 올라온 고민을 보자.

> 아들이 잔병치레가 많아서 1년에 절반은 병원 다니고, 유행하는 병은 죄다 걸려요. 먹거리도 신경 쓰고 열심히 한다고 하는데 혹시 모성애가 부족해서 그런 걸까요?

> 아이가 너무 소심해요. 제가 지금도 소심해서 누구한테 전화도 잘 못 하고 물건 살 때도 쭈뼛거리는데 아이가 날 닮아서 그런가 봐요. 제 탓 같아요. 어쩌죠?

> 4학년인데 키가 130센티미터예요. 앞 그룹인 줄은 알고 있었는데 남학생 중에서 1번이래요. 밥도 잘 먹고 잠도 잘 자고 운동도 잘 해서 제가 너무 방심했어요.

맘 카페에 이런 '내 탓' 글들이 넘친다. 키 작아도 엄마 탓, 소심해도 엄마 탓, 공부 못해도 엄마 탓, 모두 엄마 탓이다. 아이가 사소한 문제라도 보이면 나 때문이 아닌가 하는 게 엄마 마음이다. 엄마의 미안한 마음이 당연한 것처럼 보인다. 그런데 이 미안한 마음이 문제가 된다. 어떤 문제가 있을까?

딸이 안쓰럽다고 눈물 흘린 직장 맘을 예로 들어보자. 초등학교 2학년 아이가 자기 할 일 알아서 하고 동생도 챙긴다. 대견하다. 그런 딸을 보고 엄마가 어떤 마음을 갖는 게 좋을까? 든든한 딸이니 엄마는 그냥 뿌듯해하고 기분 좋아하면 된다. 그런데 이 엄마는 딸을 보고 짠해서 눈물 흘린다. 여기에 문제가 있다. 애틋한 엄마의 사랑이 아이에게는 독이 된다. 왜 독이 될까? 괜찮은 아이가 불쌍한 아이가 되기 때문이다.

딸은 자기 스스로 불쌍하다고 생각하지 않는다. 그 아이는 자기 할 일 하고 동생을 돌보는 씩씩한 딸일 뿐이다. 그런데 엄마가 딸을 짠하게 봄으로써 씩씩한 아이를 불쌍한 아이로 만들었다. 엄마가 '아이고 장해라' 하는 기쁜 마음으로 아이를 대하는 게 아니라 '아이고 짠한 것' 하면서 애잔한 마음으로 대한다. 아이는 엄마한테 기쁨의 에너지를 받는 게 아니라 불쌍하고 짠한 에너지를 받는다. 엄마 냄새 법칙이 작동한다. 짠하게 보는 엄마 냄새가 딸 몸에 달라붙는다. 그 딸은 짠한 냄새를 풍기면서 살게 된다.

이 아이가 커서 성인이 되면 어떤 현상이 일어날까? 뭘 잘해도 그 아이는 이상하게 기분이 짠해진다. 잘하면 기뻐야 되는데 짠해지는 거다. 왜? 잘하는 딸을 엄마가 짠하게 느꼈으니까. 엄마의 그 느낌이 아이 몸에 밴 것이다. 게다가 다른 사람도 이상하게 그 딸아이를 짠하게 여기게 된다. 이 여성이 어려운 프로젝트를 잘 끝냈다고 가정해보자. 동료들이 "○○ 씨, 정말 잘했어요. 멋져요" 이렇게 축하하는 게 아니라 "○○ 씨, 정말 고생 많았어요. 너무 고생해서 어쩌나" 하고 짠하게 반응할 것이다. 엄마가 대접한 대로 다른 사람도 대접하게 되니까. 어려서부터 엄마가 입말로는 "아이고 우리 딸, 참 잘하고 이뻐요" 하면서도 맘말은 "아이고 불쌍한 거~" 이랬다. 입말과 맘말이 달랐다. 엄마가 아이를 짠하게 보면 아이는 짠한 냄새가 배고 그러면 다른 사람들도 아이를 짠하게 보게 된다. 이런 게 엄마 냄새 법칙이다.

태교를
잘못해서?

지인 부탁으로 한 어머니와 상담을 했다. 그 엄마는 대학교 1학년 아들이 고민이다.

"아들이 내성적이고 대인 관계에 서툴러요. 눈도 못 맞추고 말도 잘 안 해요. 군대 가려고 휴학 중인데 친구도 안 만나고 집에서 컴퓨

터만 해요. 은둔형 외톨이가 될까 봐 걱정이에요. 그런데 아들이 저런 건 다 내 탓이에요."

말끝에 갑자기 자기 탓을 한다. 궁금해서 물었다. 왜 엄마 탓이냐고. 그녀가 힘없이 말한다.

"태교를 잘못했어요. 아이 가졌을 때 남편이랑 사이가 안 좋아서 남편이랑 말 한마디 안 했어요. 그때 내가 말을 안 했던 패턴이 아이에게 전달된 거 같아요."

그러면서 요새 매일 기도한다고 한다. '아들아 미안하다……' 하고 말이다.

이 엄마는 아이의 내성적인 성향을 태교의 문제로 생각하고 있다. 그것도 아주 확실하게! 첫아이를 임신했는데 신랑과 말을 안 할 정도였다면 부부 사이가 얼마나 심각한 냉전 상태였을까. 엄마는 아들이 말을 잘 안 하는 걸 보면서 당시의 상처가 떠올랐고 '내가 그때 말을 하지 않아서 아이도 그렇다'라고 생각한 것이다. 말 없는 아들을 볼 때마다 이 생각이 엄마의 잠재의식 속에서 반복되었고 결국 '태교를 잘못해서'가 결론이 되었다.

사실 태교가 원인인지는 알 수 없다. 태교 원인론은 그 누구도 맞고 틀림을 입증할 수 없기 때문이다. 그런데 엄마는 '태교 잘못'이라고 믿고 있다. 본인 마음이니 어떻게 할 수 없다. 문제는 이 엄마의 미안한 마음이 아이를 병들게 하는 독이 된다는 것이다. 극단적으로 말하자면, '아들아 미안하다'라고 매일 드리는 사랑의 기도는

'우리 아이 병들게 해주세요'라는 저주의 기도와 같다.

태교 엄마가 아이에게 어떤 독을 주는지 분석해보자. 아들 문제가 자기 때문이라고 생각하기에 엄마는 미안하다고 매일 기도한다. 엄마의 기도 속에는 '아들이 문제가 있다'는 전제가 깔려 있다. 말로는 "우리 아들 괜찮아! 멋져!"라고 할지 몰라도 속은 아니다. 무의식적으로 아이를 불량품으로 보고 있다. 거듭 말하지만 엄마가 아이를 불량품으로 보면 아이는 불량품이 된다. 이 엄마의 더 큰 문제는 아이의 내성적인 성격의 원인을 태교로 보는 데 있다. 태교는 유전과 동급이다. 더 이상 어쩌지 못하는 결정론이다. 태교 원인론을 믿는 순간, 그 아들은 수리 불가능한 불량품이 된다.

엄마가 죄책감을 가지면 아이의 무의식은 어떻게 될까? 엄마가 죄인이 되면 아이도 죄인이 된다. 왜 아이가 죄인이 될까? 엄마를 괴롭게 한 범인이기 때문이다. 아이의 무의식은 이렇게 속삭인다. '엄마가 나 때문에 저렇게 괴로워하는 거야. 내 잘못이야.'

아이는 '문제 아이'라는 엄마 냄새가 배서 '문제 아이'가 되고, 엄마를 슬프게 한 '나쁜 아이'가 되고 '죄책감 아이'가 된다. 아이의 무의식은 '문제 아이' '죄책감 아이'로 살게 된다. 아이의 자존감을 살리고 아이를 당당하게 키우겠다는 엄마가 오히려 '못난 아이', '죄책감 아이'를 만들고 있다.

절대 태교를 문제 삼지 말자. 우리 부모 세대를 생각해보자. 한국전쟁 때 태어난 사람들 많다. 전쟁 통에 아이를 가진 엄마가 굶주리고 죽음의 공포에 떨고 피난살이하고 낯선 동네에서 거지 생활도 했다. 그럼, 그 불안과 공포 속에서 태어난 아이들은? 그 아이들이 다 병들었나? 아이를 여러 명 낳던 시절, 임신하고도 밖에서 벌벌 떨며 빨래하고, 시어머니에게 구박받고 구석에서 울고, 애 낳고 바로 밥하러 부엌에 나갔다는 우리 옛날 엄마들, 뭔 태교를 했을까. 그렇게 낳은 애들이 다 병들었나.

아이를 문제 있다고 보고 그 원인을 태교로 돌리는 엄마가 있다면 당장 그 생각을 멈춰야 한다. 확인 불가한 망상을 스스로 만들고 있다. 아무 득이 없다. 득이 아니라 독이 된다. 그건 사랑이 아니라 무지함이다. 죄책감 엄마의 웃음 속에는 슬픔이 숨어 있다. 이 보이지 않는 슬픔이 무서운 거다. 엄마가 슬픔을 감추고 아이를 보면 아이의 무의식에도 엄마와 똑같은 슬픔이 스며든다. 엄마의 진짜 죄는 태교를 잘못한 것이 아니라 태교를 잘못했다고 생각한다는 것이다. 이런 엄마의 마음이 죄다!

문제 아들의 속내

태교 탓을 하는 엄마와 상담하면서 아이가 얼마나 문제가 있기에 태교까지 들먹이나 궁금해졌다. 아들을 직접 만나기로 했다. 진료실이 어색할 듯해서 카페에서 만났다. 아들은 약간 말랐지만 키가 거의 180센티 정도 되는 잘생긴 청년이었다.

아들은 엄마가 신신당부해서 나왔다면서 어색해했다. 약간 긴장하면서도 자기 이야기를 잘했다. 왜 바깥에 안 나가고 집에만 있는지 아들에게 물었다. 아들의 대답이다.

"원래 내성적이고 밖으로 돌아다니는 거 별로 안 좋아해요. 친한 친구 몇 명 있는데 다들 군대에 가서 만날 사람도 딱히 없고 입영 날짜 기다리는 동안 할 일 없어서 컴퓨터 하는 것뿐이에요."

그러면서 아들은 엄마가 자기를 걱정하는 것이 이해가 안 된다고 한다. 그 아들에게 엄마를 어떻게 생각하는지 물었다.

"엄마는 저를 너무 걱정해요. 외아들이라 그런 거 같아요. 말로는 '넌 잘될 거야' 하면서도 저를 짠하게 보는 거 같아요. 엄마가 가끔 미안하다고 하는데 왜 그러는지 모르겠어요. 귀찮아서 물어보지도 않아요. 차라리 아빠처럼 '젊은 놈이 집에만 처박혀 있지 말고 나가라' 하고 야단치는 게 낫겠어요. 엄마 눈치가 보여요. 괜히 미안하기도 하고요. 엄마도 짠해요."

내가 만난 아들은 성격이 내성적일 뿐, 문제 있어 보이지 않았다. 엄마가 아들의 소극적인 모습을 침소봉대해서 걱정하고 있었다. 나는 엄마를 만나서 아들은 문제아가 아니니 크게 걱정하지 않아도 된다고 안심시켰다. 그리고 앞으로 기도할 때 '미안하다, 아들아' 하는 대신에 '고맙다 아들아' 하고 기도하라고 했다. 진심으로 고마워하는 마음으로 기도해야 한다고. 그 이유도 설명했다. 고맙다는 기도를 하면 엄마 마음이 편해지고 뿌듯해진다. 그리고 그런 엄마의 마음이 기쁨의 에너지로 아들에게 전달된다. 아들은 엄마를 슬프게 하는 존재에서 엄마를 기쁘게 하는 존재로 역전된다. 엄마가 마음 한번 바꾸면 세상이 바뀐다.

내가 만난 그분의 아들은 괜찮은 청년이었다. 부모들이 알아야 할 것은 '내가 생각하는 내 아이'와 '남들이 보는 내 아이'는 상당히 다르다는 점이다. 부모들은 내 자식에 대한 걱정과 불안이 커서인지 객관적으로 보지 못한다. 그래서 오히려 아이들을 타인보다 과소평가하기 쉽다.

죄책감은
자기 위안이다

엄마의 죄책감. 엄마에게도 안 좋고 아이한테도 안 좋다. 이 안 좋은 감정을 왜 엄마들은 붙잡고 있을까? '아이가 저런 건 모두 당신 탓이야!' 하고 누가 손가락질하는 것도 아니고 갖고 있어봤자 엄마 손해, 아이 손해인 죄책감을 왜 짊어지고 살까? 그 심리가 뭘까?

그 이유는 역설적이게도 엄마를 불편하게 하는 죄책감이 사실은 엄마를 편하게 해주기 때문이다. 마음을 불편하게 하는 것이 마음을 편하게 해준다니, 앞뒤가 안 맞는다. 앞뒤가 안 맞는 게 무의식의 속성이다. 여기서 초자아를 다시 언급해야 한다. 도덕과 윤리, 죄와 벌을 담당하는 초자아가 나타난다. 죄책감은 초자아의 작업이다. 이렇게 작업을 한다.

> 아이에게 문제가 있다 → 내가 잘못했다 → 벌을 받아야 한다 → 벌받으니 마음이 편해진다

초자아가 주는 벌이 바로 죄책감이다. 초자아가 자아에게 죄책감이란 벌을 주는 거다. 엄마의 의식은 죄책감으로 괴로움을 겪지만 무의식에서는 마음이 편해진다. 죄를 지었으니 벌을 받으면 마음이 편해지는 것이다. 그런데 초자아가 비합리적이라는 데 문제가 있다. 이 초자아는 한마디로 미친 재판관이다. 천 원 훔친 아이 손목 자르고 그릇 깬 아이 일 년 내내 때리는 식이다. 법률에는 '일사부재리의 원칙'이 있다. 한 번 유죄 판결을 받고 벌을 받으면 그 사건에 대해 두 번 다시 죄를 묻지 않는다. 그런데 엄마 초자아는 미친 재판관이라 벌을 줬는데 다시 벌을 주고 또 벌을 주고…… 평생 죄를 묻고 벌을 준다. 엄마들은 평생 죄인 되고 평생 벌받고 산다.

엄마 죄책감은 자기 위안이다. 자기 처벌, 자기 면죄부, 자기 위로, 자기 안심, 자기 사랑일 뿐이다. 아이 위로, 아이 위안, 아이 사랑이 아니다. 툭하면 "얘야 미안해~" 하는 엄마가 사랑의 엄마 같지만

사실은 자기 마음 달래는 이기적인 엄마일 뿐이다. 죄책감 엄마가 가장 희생적인 엄마 같지만 가장 나쁜 엄마다. 왜? 정신분석학적으로 보면 자기 위안을 위해 아이를 병들게 하기 때문이다.

죄책감도 아주 쓸데없는 감정은 아니다. 죄책감은 똑같은 실수를 하지 말라는 반성의 회초리다. 화나서 아이를 때린 뒤에 생기는 죄책감은 앞으로 그러지 않겠다는 강력한 마음가짐의 표시다. 죄책감도 뭔가 미래에 보탬이 돼야 쓸모가 있다. 태교 원인론같이 미래에 도움이 안 되는 죄책감이야말로 습관성이다. 이런 병적 죄책감을 갖고 사는 엄마들이 많다. 내가 만든 죄책감이니 스스로 덜어내야 한다. 엄마는 초자아 재판관을 먼저 재판해야 한다. 습관적으로 '내 탓이야' 하는 생각이 들면 '이제 그만해라. 내가 날 그 정도 괴롭혔으면 됐지, 왜 또 괴롭히니?' 하고 털어내야 한다.

씩씩한 딸 둔 직장 맘이 "아이고 불쌍한 것, 엄마가 돌봐주지 못해서…… 미안해 딸아~" 이러는 게 좋은가? 아니면 "아이고 우리 딸, 엄마도 없는데 혼자 공부도 잘하고 동생도 챙겨주고 훌륭하네~ 엄마가 고맙네~" 이렇게 진짜로 기쁘게 칭찬해주는 게 좋은가?

태교 엄마가 짠한 눈빛으로 "미안해 아들아! 엄마가 태교를 잘 못해서 다 엄마 탓이란다" 이러는 게 좋을까? 아니면 쿨하게 "우리 아들~ 네 인생 네가 알아서 잘 살아라~ 엄마는 믿는다" 하고 있는 그대로의 아들을 만나는 게 좋을까?

못난 엄마,
자격 없는 엄마의 실체

맘 카페에 올라온 한 엄마의 넋두리다.

> 세상에는 좋은 엄마들만 있는 것 같다. 동네 엄마들 봐도 아이한테 잘하고 학교 엄마들 봐도 똑똑하다. 카페에 올라온 엄마들 글을 보면 자녀 교육도 어쩜 그리 잘 시키는지. 나 같은 엄마는 없다. 좋은 엄마는커녕, 내가 엄마 자격이나 있나?

엄마 자격 없다고 생각하는 엄마가 있다. 다른 엄마하고 비교하면 자신이 초라해진다. 아이 교육하는 것도 형편없고 게다가 자기 성격도 문제인 것 같다. 스스로 부족하다고 생각하니 엄마 노릇 하면서도 불안하다. '내가 잘할 수 있을까?' '나 때문에 우리 아이는 잘못될 거야' 이런 생각에 빠진다.

많은 엄마가 '부족한 엄마' 또는 '자격 없는 엄마' 컨셉을 갖고 있다. '나는 괜찮은 엄마야' 하고 생각하면 좋으련만 왜 스스로를 못났다고 생각할까? 득 될 게 하나도 없는데. 무의식적으로 보면 역시나 초자아의 작품이다. '이 정도는 돼야 좋은 엄마'라는 초자아의 기준으로 보면 지금의 나는 형편없는 엄마가 된다. 이런 엄마는 열등감도 많다.

열등감 엄마는 자기 아이가 다른 아이보다 못나 보일까 봐 안절부절못한다. 못난 엄마의 모습이 아이를 통해 드러날까 봐 겁나기 때문이다. 이런 엄마는 아이를 자기 열등감의 방패막이로 삼는다. 아이가 건강하고 즐겁게 사는 것보다 못난 엄마 모습이 드러나지 않게 하는 데 더 신경을 쓴다.

지구상에서 자신을 못났다고 구박하는 동물은 인간뿐이다. 강아지가 소파에 누워서 '난 왜 이렇게 못났지' 하고 고민할 리 없다. 강아지는 초자아가 없다. 인간은 아무도 자기를 안 건드려도 스스로 자신을 괴롭힌다. 자아와 초자아가 분리되어 있기 때문이다. 자기를 바라보는 또 다른 나, 즉 초자아가 늘 나를 괴롭힌다. 우리는 '형편없는 인간'이라는 욕을 평생 한두 번 들을까 말까 한다. 하지만 나는 매일 나를 형편없다고 욕한다. 세상에서 가장 나를 심하게 구박하는 사람이 바로 나 자신이다.

자신을 못난 엄마라고 스스로 구박하는 엄마를 보면 안타깝다. 더 안타까운 건 그 엄마에게서 나온 아이다. 엄마가 자기 자신을 마음에 안 들어 하면 그 아이도 못난 애가 되기 때문이다. 엄마가 '나 못났네' 하는 냄새를 풍기면 아이는 잘 나와도 불쌍한 아이가 되고, 멋지게 나와도 못난 아이가 된다. 시작부터 꽝이다. 자녀 교육을 아무리 열심히 해봤자 헛일이다. 자신을 못났다고 생각하는 엄마의 기운이 아이에게 그대로 전달된다.

'난 좋은 엄마가 아니야.' 이런 생각을 밑바닥에 깔고 있는 엄마는 착한 엄마 같지만 사실 어리석은 엄마다. 그런 생각이 아이에게 득이 되는지 독이 되는지 생각해보지도 않기 때문이다. 그저 자기 한탄이고 자기 위안이다. 자신을 처벌해서 스스로 안심하고 위안을 받는다. 만성 죄책감 엄마다.

만성적인 죄책감은 정신분석적으로 마조히즘(masochism) 현상의 하나다. 마조히즘은 타인에게 학대를 당하면서 무의식적으로 쾌감을 느끼는 심리다. 피학증이라고도 한다. 피학증이 자기 내면으로 들어오면 자학증이 된다. 자기가 자기를 학대하는 것이다. 정신적인 자학의 대표 선수가 바로 죄책감이다. 득이 될 게 없는 '못난 엄마' 컨셉에서 빠져나오지 않는 이유는 자학증적인 자기 위안이다.

죄책감 엄마의 비극

진료실에서 있었던 일이다. 엄마가 대학교 1학년 아들과 함께 왔다. 엄마는 자기 아이가 은둔형 외톨이처럼 생활한다고 걱정이었다. 엄마와 아들이 상담실 소파에 나란히 앉아 있었다. 엄마가 아들 증상에 대해 이야기하는데 아들이 못마땅한 표정을 짓더니 갑자기 엄마에게 "씨발년아! 조용히 해!"라고 소리쳤다. 엄마는 그 말에 어이없어하면서 한숨만 푹 쉬었다. 나는 깜짝 놀랐다. 어떻게 이런 일이!

너무 황당했다. 나는 마음을 진정시키고 아들을 나가 있게 했다.

엄마에게 물어보았다. 집에서도 저렇게 엄마에게 욕을 하느냐고. 아이가 고등학교 2학년 때부터 가끔씩 욕을 했다고 한다. 지금처럼 밖에서 욕을 하는 건 처음이라고 한다. 나는 그 엄마에게 왜 강하게 야단치지 않느냐고 물었다. 엄마의 말이다.

"다 제 잘못이에요. 제가 아이를 잘못 키웠어요. 어려서는 착하고 제 말을 잘 들었어요. 저는 직장 다니느라 아이를 제대로 돌보지 못했고요. 그래도 아이 공부만은 놓치지 않으려고 애썼어요. 다른 건 해달라는 대로 다 해주고 대신 공부에 대해서는 엄했어요. 아이가 너무 힘들어했는데 제 눈에 그게 안 보였어요. 중학교 때까지 잘해서 더 몰아세웠어요. 돌아보니 제가 아이를 병들게 한 거죠. 아들은 고등학교 들어가서 완전히 공부에서 손을 놓았어요. 야단치고 때리기까지 했는데, 소용없었어요. 아이는 반항하는 대신에 집에 틀어박혔고 입을 닫았죠. 그러다 한 번씩 화가 나면 자기 방 물건을 부숴어요. 처음에는 뭐라 했지만 다 내 탓이다 생각돼서 당당하게 야단도 못 쳤어요. 그러다 언제부턴가 제가 잔소리라도 하면 저에게 '야!' '너!' '당신!' 이러면서 반말을 하기 시작했어요. 제가 그걸 갖고 야단치면 아예 입을 닫든지 자기 방 물건을 부수든지 했어요. 그러다 욕까지 하게 됐고요. 처음에는 너무 놀라고 당황했어요. 그러면서 또 이런 생각이 들었어요. 다 내 잘못이다. 그래 엄마 욕해라. 그러고 못 들은 척했어요. 때 되면 좋아지려니 생각했어요."

자식이 욕하고 물건을 부숴도 아무 소리 못 하는 엄마가 의외로 많다. 엄마가 애썼는데 아이는 학업에 실패하고 마음의 병이 들었다. 아이는 무기력해지거나 은둔형 외톨이가 되거나 반항아가 된다. 그때부터 엄마는 '내 탓이다' 하고 죄책감에 빠진다. '내가 그때 공감을 못 해줘서' '그때 내가 직장을 다녀서' '그때 내가 너무 몰아붙여서'……. 엄마는 자기 잘못을 한 가지씩 만들어내고 '내 탓이다' 하면서 아이에게 고개 숙인다. 엄마의 권위는 점점 약해지고 자녀와의 관계는 역전된다.

엄마가 죄책감을 갖고 있으면 처음에 아이의 속마음은 '나 때문에 엄마가 괴로워해' 하면서 엄마에게 미안해한다. 그러다가 엄마가 계속 '잘못했다, 아가야'를 반복하면 그다음 단계로 아이는 자기는 잘못이 없고 엄마가 진짜 자기한테 잘못했다고 생각한다. '엄마가 괴로운 건 나 때문이 아니다. 나는 잘못 없다.' 그렇게 생각하면 죄책감에서 벗어날 수 있다. 더 나아가 자신이 죄가 없으려면 확실하게 엄마의 죄를 물어야 한다. 그래서 엄마를 공격한다. '당신이 나한테 해준 게 뭐가 있어?' '당신이 나 이렇게 망쳐놨잖아!' 엄마는 아무 말 못 한다. 아이는 주도권을 쥐고 엄마를 더 공격한다. 그러다 어느 선을 넘으면 자녀는 엄마한테 욕하고 엄마를 때리는 괴물이 된다. 죄책감 엄마의 비극이다.

죄책감을
떨치는 방법

죄책감 엄마는 초자아 엄마의 한 종류다. 초자아 엄마는 죄책감으로 고생하는데 그렇다면 '이드 엄마'는 어떨까? 이드 엄마는 죄책감이 없다. 이드 엄마는 자기 멋대로 아이를 키운다. 자녀를 제대로 돌보지 않고도 오히려 성질나면 욕하고 때린다. 그러고도 미안한 마음이 없다. "나 잘못 없다. 다 너희 잘못이다" 그런다. 자녀가 엄마한테 "엄마가 나한테 해준 게 뭐가 있어!" 하고 대들면 이드 엄마는 "낳아서 먹여주고 키워줬으면 됐지, 뭘 더 바라냐!" 하고 야단친다. 이런 이드 엄마한테 아이들은 함부로 덤비지 못한다. 엄마가 스스로 잘못한 게 없다고 생각하니 아이의 개기는 행동이 통할 리 없다. 덤비다가는 더 박살 난다. 이드 엄마는 뻔뻔한 엄마인가? 당당한 엄마인가? 아무래도 상관없다. 이런 이드 엄마가 죄책감 엄마보다는 차라리 더 낫다.

엄마가 아이를 대놓고 꾸짖거나 혼내는 건 오히려 낫다. 아이가 반항할 수도 있고 속으로 투덜댈 수도 있으며, 혼날 만해서 혼난 건지 억울하게 야단맞은 건지 생각해볼 수도 있으니까. 그러나 만성 죄책감 엄마의 경우에는 뭐가 문제인지 정체가 드러나지 않는다. 아이는 엄마의 미묘한 뉘앙스만 느낄 뿐이다. 뭔가 문제가 있긴 있는데 애매모호하다. 내가 뭘 잘못했는지, 엄마가 무슨 문제가 있는지 알 수가 없다. 엄마가 나를 야단치는 건지, 나를 사랑하는 건지 헷갈린다. 엄마한테 대들 수도 없고, 잘못했다고 사과할 수도 없고, 도망갈 수도 없다. 아이 몸속에 죄의 독, 슬픔의 독이 안개처럼 스멀스멀 퍼진다. 아이는 내가 왜 이리 슬픈지, 왜 이리 힘이 없는지 이유를 모른다. 그래서 엄마 죄책감이 더 무서운 거다. 내 아이를 좋은 마음으로 잘 키웠다고 생각했는데 아이가 불안정하고 무기력하다면 숨어 있는 엄마 죄책감이 원인일 수 있다.

대한민국 엄마는 '미안한 엄마'다. 자녀에게 조금만 문제가 있어도 미안한 마음이 생긴다. 엄마로서 당연한 마음이다. 하지만 이 마음이 습관화되고 만성화되면 문제다. 가랑비에 옷 젖는 줄 모른다고, 미안한 엄마가 죄책감 엄마 되기 쉽다.

엄마의 미안함을 줄여야 한다. 모든 엄마들이 실수하고 실패한다. 아이의 어떤 모습을 보고 '내 탓이야' 하는 마음이 들 때, 무조건 고개를 젓자. 도리도리를 하자. 나를 위해서가 아니라 아이를 위해서 도리도리를 훈련해야 한다. '도리도리 엄마'가 좋은 엄마다.

나, 이대로
괜찮은 엄마

세상에 완벽한 사람 없듯이 완벽한 엄마가 있을 리 없다. 그런데 블로그나 인터넷 카페에 올라온 엄마들 글을 보면 완벽한 엄마들이 많은 것 같다. 육아도 잘하고 아이들 교육도 잘 시키고 생활도 잘하는, 모든 면에서 뛰어난 엄마들이 넘친다. 다른 엄마들은 그걸 보면서 걱정이 든다. 난 뭔가? 내 아이는? 무능한 엄마에 불쌍한 아이다. 그러니 불안하고 안달이다. 욕심도 내고 따라도 하지만 안 되고 못하고 후회하고 자책한다. 사실 잘 나가는 엄마들도 그 속마음은 불안이다. 부족한 엄마, 불안한 엄마, 대한민국 엄마들의 모습이다. 완벽한 엄마는 없다. 있다면 아이에게는 불행이다. 완벽한 엄마 밑에 있는 아이는 늘 부족한 아이일 수밖에 없으니까.

'엄마'라는 단어 속에 중요한 진실이 숨어 있다. 모든 엄마는 '완전한 엄마'라는 것이다. '완벽한 엄마'는 아니지만 내 아이에게는 '완전한 엄마'다. '인간으로서 나는 부족하다. 하지만 엄마로서 나는 완전하다.' 이게 정답이다.

하나의 완전한 생명이 또 하나의 완전한 생명을 낳았다. 아이가 장애를 갖고 태어났다고 해도 태어난 생명은 그 모습 그대로 완전체다. 부족한 엄마가 부족한 아이를 낳은 것이 아니다. 완벽한 엄마가 완벽한 아이를 낳은 것도 아니다. 오직 완전한 엄마가 완전한 아이를 낳은 것이다. 아이에게 꼭 맞는 엄마가 낳았고 엄마한테 꼭 맞는 아이가 나왔기 때문이다.

지금 나의 모습은 내 인생의 결과물이다. 지금 이 모습이 나의 최선이고 이 모습 그대로가 완전체다. 누구와 비교할 필요 없다. 내 아이에게도 이 정도의 부족함이 있는 엄마가 딱 좋은 것이다. 아이도 마찬가지다. 아이의 부족한 모습 그대로가 나에게 꼭 맞는 것이다. 이 둘의 케미는 우주가 만들었다. 하늘의 섭리다. 그 누구와 바꿔도 이런 환상의 복식조는 만들 수 없다. 내가 부족하다고 옆집 엄마하고 바꿔주고 싶은가? 세상에는 이런 엄마도, 저런 엄마도 있다. 엄마가 어떤 모습이건 상관없다. 그 누구도 나를 대신할 수 없다! 나만이 내 아이에게 완전체의 엄마가 될 수 있다.

누가 당신을 못난 엄마라고 했나. 당신 자신이다. 내가 나를 못난 엄마로 만들고, 그런 냄새를 풍기고, 내 아이를 못난 아이로 만들고 있다. 지금의 나, 그대로 괜찮은 엄마다. 그저 살아 있기만 하면 100점 엄마다. 살아 있는 엄마는 모두 100점 엄마다. 언제든지 내 아이를 사랑할 수 있으니까. 아이와 함께 환하게 웃을 수 있으니까. 지금 당장 안아줄 수 있으니까. 아이가 지금이라도 "엄마!" 하고 부를 수 있게 해주니까. 아이가 언제든 내 품에 안길 수 있게 해주는 나는 인류 역사상 유일무이한, 내 아이의 최고 엄마다!

아이에게 정이 없는
엄마

아이 때문에 힘들어하는 엄마가 사이코드라마 주인공으로 나왔다.

이 주인공은 초등학교 4학년 아들과 2학년인 딸을 키우고 있는데 아들과 문제가 많다고 했다. 자기 모습을 보여주는 게 부끄럽지만 용기를 내서 나왔다는 엄마. 다음은 그 사이코드라마의 한 장면이다. 주인공이 아들하고 같이 수학 문제를 풀고 있다.

엄마(주인공): 넌 이것도 못 하니? 이 바보 멍청아!

아들: (고개 숙이고 묵묵부답)

엄마: 말을 해봐! 말을! 엄마가 뭐랬어. 넌 귀가 없는 거니, 머리가 없는 거니! 이 바보야!

아들: (여전히 고개 숙이고 아무 말 못 한다.)

엄마: 어휴, 한심이~ 아이구, 이 병신! 무슨 말을 해봐, 말을! (책을 들어 방바닥을 탁탁 친다.)

아들: (아무 말도 못 하고 눈물만 뚝뚝 흘린다.)

엄마: 바보야, 왜 울어! 울면 다야? 꺼져!

주인공은 장면을 재연하고 나서 상당히 부끄러워한다. 이번에는 딸에게 어떻게 하는지 보여달라고 했다.

엄마: (딸을 보며 아주 다정하게) 우리 ○○이~ 아이구 잘한다. 우리 ○○이는 이뻐요. 이거 잘 모르겠어요? 엄마가 말해줬지. 이렇게 이렇게 하면 되지. 그래. 아이구 이뻐라~ (딸의 엉덩이를 톡톡 두드린다.)

이 장면을 보고 관객들은 놀랐다. 주인공이 아들과 딸을 대하는 태도가 심하게 차이 났기 때문이다. 주인공이 말했다.

"제가 이러고 있어요. 집에서는 그냥 일상이었는데 여기서 재연해보니까 더 실감 나네요. 제가 생각해도 좀 문제가 심각하네요."

주인공이 멋쩍게 웃었다. 주인공에게 역할을 바꿔서 아들이 돼보라고 했다. 드라마에서 사용하는 역할 교대 기법이다. 다른 보조자가 엄마 역할을 대신했다.

엄마(보조자): 넌 이것도 못 하니? 이 바보 멍청아! 말을 해봐! 말을! 엄마가 뭐랬어. 넌 귀가 없는 거니, 머리가 없는 거니! 이 바보야!

아들(주인공): (고개 숙이고 가만히 있다.)

엄마(보조자): 이 병신 새끼야! 이것 하나 못 하니! 나가 죽어라 죽어!

아들(주인공): (고개 숙이고 가만히 있다.)

역할을 끝냈다. 내가 물었다.

"아들 역할 하고 나니 기분이 어때요?"

심각한 표정으로 엄마가 말했다.

"답답했어요. 가슴이 꽉 막히고 슬펐어요. 내가 먼지처럼 사라지는 것 같았어요. 아들 마음이 이랬겠군요."

심리극의 가장 큰 장점은 역지사지(易地思之)다. 상대방 역할을 해보면 상대방과 똑같은 감정을 느낄 수 있다. 이 주인공도 자신이 직접 아들이 되어 야단맞아 보고 나서 아들 마음을 절절하게 느꼈다. 주인공이 속내를 털어놓는다.

"저의 제일 큰 문제는 아이한테 정이 안 가는 거예요. 어려서부터 큰애한테는 정이 별로 안 갔어요. 왜 그런지 모르겠어요. 일하느라 아이를 엄마한테 맡기고 주말에만 봐서 그런지……. 아이를 봐도 이쁘다는 생각이 안 들었어요. 큰애만 보면 괜히 답답하고 툭하면 짜증이 나요. 내가 애한테 정이 없어서 그런가 생각해요. 그래서 속으로 걱정을 많이 해요. 엄마가 이렇게 사랑이 없으니 나 때문에 아이가 망가지는 거 아닌가 하고요."

이 말을 하면서 주인공은 눈물을 흘렸다.

드라마를 하면서 주인공의 마음을 풀어줬다. 이유는 모르지만 주인공은 아들에 대해 못마땅한 감정이 가득하다. 평상시 이 엄마는 아이에게 화를 꾹꾹 참다가 한순간에 폭발하는 패턴을 반복했다. 사이코드라마에서는 화난 감정을 참지 않고 끝까지 폭발시키게 한다. 우선 아들에 대한 화, 짜증의 감정을 마음껏 풀게 했다. 주인공은 "바보! 멍청이! 나가 죽어라! 너 같은 놈은 내 아들도 아니다!" 하면서 할 수 있는 모든 욕을 퍼붓고 아들에 대한 부정적인 감정을 시원하게 풀었다.

일단 속이 시원하게 풀어진 다음에 아들 심정을 더 깊게 느껴보기 위해 다시 아들 역할을 하게 했다. 그리고 아들 입장에서 엄마에게 이야기를 해보라고 했다. 주인공은 아들이 되어 이렇게 말했다.

"엄마 미안해요. 나도 잘하고 싶어요. 엄마가 그렇게 화내면 난 무서워요. 엄마~ 나를 사랑해주세요."

아들 역할 속으로 들어간 주인공은 많이 울었다. 아들의 아픈 마음을 깊이 느꼈기 때문이다. 아들이 그 정도 심정일지 몰랐다며 무척 아파했다.

그다음에는 주인공이 자기 자신을 만나는 장면을 만들었다. 주인공에게 자신에게 하고 싶은 이야기를 하도록 했다. 주인공은 종이 방망이로 자신을 상징하는 의자를 두들겨 팼다. 그리고 이렇게 말했다.

"네가 엄마냐! 아들이 뭘 잘못했다고 그렇게 쥐 잡듯이 잡냐! 이 나쁜 년아! 넌 엄마도 아니야! 너 때문에 아이 정신병 걸리게 할래! 네가 죽어라!"

그러면서 자기 자신을 두들겨 팼다. 엄마의 죄책감을 풀어주는 행위 기법이다.

주인공이 감정을 다 풀어내고 마지막으로 아들을 만났다. 주인공은 아들을 안고서 말했다.

"아들, 미안하다. 엄마가 그러면 안 된다는 거 아는데 뜻대로 안 되는구나. 네 마음이 얼마나 아팠을까……. 이제 너를 있는 그대로 보려고 노력할게. 미안하다. 그리고 사랑한다. 내 아들……."

주인공은 아들을 꼭 안고 눈물을 흘렸다.

이렇게 드라마가 끝났다. 주인공은 마음이 편해졌다. 드라마가 끝나면 관객이 주인공의 드라마를 보고 비슷한 자기 경험을 나누는 시간을 갖는다. 다음은 한 관객이 주인공에게 해준 나누기 내용이다.

"드라마를 보면서 제 큰딸이 생각났어요. 저도 딸이 태어났을 때 하나도 기쁘지 않았거든요. 저는 정말 아들을 원했어요. 임신하고 병원에서 초음파 검사를 했을 때 아들이라고 해서 너무 행복했어요. 당연히 아기용 물품도 청색으로 준비했지요. 그런데 아이를 출산하고 보니 딸이었어요. 엄청 충격을 받았죠. '이거 뭔가 잘못됐다. 아이가 바뀐 거 아닌가' 하는, 말도 안 되는 생각까지 들었어요. 그리고 이상하게 아이가 하나도 이쁘지 않았어요. '이게 정말 내 아이인가?' 하는 생각이 들었지요. 그 애를 볼 때마다 시큰둥했어요. 누구에게 말도 못 하고 속으로만 고민했어요. '엄마가 이래도 되나?' 하고요. 내 아이 같지 않은 아이를 키웠다고나 할까요. 그래도 다행히 아이가 엄마 말 잘 듣고 말썽 피우지 않아서 무난하게 키웠어요. 지금은 그 딸이 저에게 효녀예요. 엄마에게 얼마나 잘하는지요. 마음 한편으로는 딸에게 조금 미안하긴 해요. 이 드라마를 보니 이제라도 딸을 더 많이 사랑해줘야지, 하는 마음이 드네요. 오랫동안 속으로만 갖고 있던 부끄러운 마음이었는데……. 이런 엄마의 마음을 용기 있게 보여주신 주인공에게 정말 감사드려요. 저도 덕분에 치유된 거 같아요."

또 다른 분의 나누기 내용이다.

"저도 큰애가 아들이고 둘째가 딸이에요. 큰애 가졌을 때 제가 몸이 안 좋았어요. 병원에서 유산기가 있다고 꼼짝 말고 지내라고 했어요. 그래서 직장도 그만뒀어요. 6개월 동안 꼼짝없이 누워 지내다시피 했지요. 친정 엄마가 와서 제 수발을 들어주셨고요. 좋아하는 직장도 그만두고 꼼짝 못 하고 누워 있으려니 우울했어요. 이런 생각도 들었어요. '애가 태어나기도 전부터 엄마를 고생시키네…….' 아이와 배 속에서의 첫 만남부터 틀어진 거 같아요. 그래서 그런지 아들이 태어났는데도 하나도 기쁘지 않았어요. 누구는 첫아이를 안고 감격해서 울었다는데 저는 정말 무덤덤했어요. 그러고 3년 있다 딸이 태어났는데 얘는 무척 이쁜 거예요. 저도 스스로 놀랐어요. '어? 아이가 이렇게 이쁘구나. 그래서 엄마들이 아이가 태어나면 기뻐하는구나.' 그런 엄마의 마음을 둘째 낳고 느꼈어요. 첫째한테는 미안하지요. 그래서 속으로 차별 안 하려고 애썼던 거 같아요. '열 손가락 깨물어서 안 아픈 손가락 없다'는 말은 사실이 아니라고 생각해요. 주인공을 보면서 나만 그런 게 아니구나 하는 마음이 들었어요. 감사드려요."

모성애에 대한 그릇된 고정관념

내 아이에게 정이 없는 엄마, 아이가 예쁘지 않은 엄마, 아이를 보면 무덤덤하고 저게 내 새끼 맞나 하는 엄마, 때로 아이가 없었으면 하는 엄마. 이런 엄마들이 꽤 있다. 그들은 '내가 정말 아이를 사랑하는 건가' 하고 고민한다. 왜 이런 생각을 할까?

엄마의 사랑에 대한 고정 관념 때문이다. 아이를 축복으로 여기고, 아이를 보면 마냥 예쁘고, 함께 있으면 행복하고, 눈에 넣어도 안 아플 것 같은, 그런 사랑이어야 제대로 된 '엄마 사랑'이라고 생각하기 때문이다. 엄마의 사랑은 세상의 모든 사랑 중에 최고의 사랑이라고 일컬어진다. 모성애! 하지만 엄마의 사랑이 '모성애'라는 이름으로 너무 과장되고 미화되었다. 한 인간이 할 수 있는 최고의 사랑을 엄마라면 누구나 해야 하는 것처럼 말이다. 엄마가 되면 저절로 지고지순한 모성애가 생겨나나? 나 같은 사람이 엄마 됐다고 갑자기 사랑의 화신이 될까? 그럴 리 없다.

엄마가 아이에 대한 사랑을 의심하게 되는 이유는 무엇인가. 첫째로 엄마의 사랑에는 불순물이 많이 들어 있기 때문이다. 미움, 불안, 걱정, 귀찮음이 덕지덕지 들러붙어서 엄마 사랑이 숨겨져 있다. 또 다른 이유는 '자격지심'이다. 엄마 역할을 제대로 못 한다는 생각에 '내가 아이를 사랑하는 건가' 하고 의심한다.

사람마다 다양한 사랑을 하듯이 엄마들의 사랑도 다양하다. 수많은 사랑법이 있다. 따뜻한 사랑, 냉정한 사랑, 집착의 사랑, 미지근한 사랑, 불안한 사랑, 욕망의 사랑, 부지런한 사랑, 게으른 사랑……. 중요한 건 내 의지대로 사랑의 방법을 선택할 수 없다는 것이다. 엄마의 사랑법은 운명이다. 내 기운과 아이의 기운, 자연의 기운이 어우러져 결정된다. 내가 선택하는 게 아니라 저절로 그런 방식의 사랑을 하게 되는 것이다. 어느 엄마가 자기 자식을 무심하게 만나고 정 없이 보고 싶겠는가? 내 의지가 아니다. 내가 하는 사랑은 사랑 같지 않지만 엄마들이 하는 수많은 사랑 중에 하나다.

연이 맞는 자식이 있고 연이 안 맞는 자식이 있다. 아이와의 만남도 인연이고 운명이다. 아이를 처음 보았는데 정이 안 간다? 이건 내가 선택한 게 아니다. 아이와 나의 그런 인연이고 그런 운명일 뿐이다. 그 인연에 맞게 마음 편하게 순리대로, 때로 주의하면서 아이와 만나면 된다. 아이와 건강한 거리를 두고, 있는 그대로 아이를 보려고 하면 된다. 너무 아이와 달라붙는 엄마는 좋지 않다. 건강한 거리를 둘수록 아이는 건강하게 자란다.

자격 없는 엄마는 없다

'열 손가락 깨물어서 안 아픈 손가락 없다.' 이 속담에는 비밀이 숨어 있다. 어떤 비밀일까? 이 속담은 열 손가락 다 똑같이 예쁘다는 뜻이 아니다. 열 손가락 중에서 더 예쁜 손가락이 있다. 새끼손가락만 예뻐서 손톱 화장 해준다. 넷째 손가락은 안 예뻐서 남들 다 해주는 반지도 안 끼워준다. 그럴 수 있다. 하지만 새끼손가락이나 넷째 손가락이나 깨물면 똑같이 아프다. 즉 괜찮을 때는 예쁜 자식이 따로 있지만 아이가 아프거나 병들 때는 똑같이 가슴 아프다는 뜻이다. 예뻐함에 차별은 있을 수 있으나 생명에 차별은 없다는 이치다. 이게 엄마 사랑의 본질이다. 엄마의 사랑은 생명을 지켜주는 사랑이다.

'엄마'라는 단어의 기원을 보자. 아이의 입술이 닫혀 있다 열릴 때 나는 첫 소리가 "음……마"다. 한 생명이 온몸을 다해 세상에 내는 첫 소리를 '엄마'라고 한 거다. 밥을 의미하는 '맘마'도 똑같다. 소리 낼 때 조금 힘을 줬을 뿐 입술이 처음 열리는 소리다. 엄마와 맘마는 동의어다. 엄마는 '생명의 밥'인 것이다. 생명을 낳아주고 생명의 밥을 주는 사람이다. 엄마 사랑의 본질은 '생명을 낳고 생명을 지키는 사랑'이다. 예뻐하고 공감 잘 해주고 교육 잘하고 좋은 거 사주는 건 부수적인 역할이다. 그런 자질구레한 역할을 못 한다고 엄마 사랑을 의심하지 말자.

한 생명을 낳고 그 생명을 안고 젖을 먹인다는 건 기적이다. 그 생명은 열 달 동안 내 배 속에서 내 피와 살을 먹고 자랐다. 내 몸에서 나온 생명이고 내 젖으로 생명의 밥을 주었다. 아이를 안고 젖을 주고 기저귀를 갈아주고 씻기고 어르고 야단치고 구박하고 칭찬하고 미워하고 걱정하고 안타까워하고 미안해하고 아파하고……. 이게 사랑이 아니면 뭔가? 세상 그 어느 것보다 큰 사랑이다. 엄마는 그냥 사랑이다.

엄마 자격이 없는 사람은? 사랑을 제대로 못 주는 사람이 아니라 '내가 아이를 사랑하는 거 맞나?' 하고 의심하는 사람이다. 사랑을 의심하는 엄마의 사랑은 독이 된다. 아이가 받은 사랑은 완전한 사랑이 아니라 의심의 사랑이기 때문이다. 엄마가 사랑을 의심하는 냄새를 풍기면 아이의 무의식 속에도 '엄마가 나를 사랑하는 건가?' 하는 의심이 생긴다. 그것뿐이 아니다. 아이도 엄마 닮아서 누구를 사랑할 때 자기 사랑을 의심한다. '내가 애인을 정말로 사랑하나?' 또 있다. 이번엔 연인의 사랑도 의심한다. '재가 정말로 나를 사랑하나?' 이렇게 된다. 아이 주변에는 의심의 사랑이 찾아온다. 사랑을 의심하는 엄마 냄새가 안개처럼 아이의 온몸에 퍼져 사랑을 의심하는 아이를 만든다.

엄마들은 사랑에 대해 오해를 한다. 엄마가 사랑을 제대로 주지 않으면 아이에게 문제가 생길 거라는 생각이다. 이건 한마디로 과대망상이고 피해망상이다. 엄마 사랑 아니면 안 된다는 과대망상이고 사랑을 제대로 못 주면 아이를 망친다는 피해망상이다.

아이 사랑은 엄마 혼자 하는 게 아니다. 엄마 사랑이 아이에게 중요하긴 하지만 전부가 아니다. 아이 사랑은 친구가 하고 선후배가 하고 선생님이 하고 이웃이 하고 아이가 만나는 사람들이 하고 자연이 하고 세상이 하는 거다. 엄마 사랑으로 아이 사랑을 다 채우려고 하면 아이는 평생 엄마만의 사랑에서 벗어나지 못한다. 엄마와 아이만 지지고 볶으면 병적 사랑이 된다. 빈틈 사랑, 허술한 사랑, 불완전한 사랑이 건강한 엄마의 사랑이다. 엄마 사랑은 그 정도면 충분하다. 내가 할 수 있는 사랑 정도만 하면 된다. 내가 하는 방식의 사랑을 하면 된다. 엄마의 사랑을 의심하지 말자.

Tip 나는 몇 점짜리 엄마일까?

엄마로서 나의 점수를 매겨보세요.

0 .... 50 100

그 점수를 준 이유를 적어보세요. 엄마 점수가 70점 이하라면 '문제 엄마'입니다. 실제 엄마로서 능력이 부족해서 문제 엄마라는 뜻이 아닙니다. 자신을 '70점도 안 되는 엄마'라고 생각하는 것이 문제입니다. 60점 엄마가 주는 사랑은 60점짜리이기 때문이지요. 점수가 낮다고 자책하고 있나요? 자책하는 동안 이 문제가 해결될까요?

엄마 점수는 엄마의 능력 점수가 아니라 엄마 마음 점수여야 합니다. 내가 아이를 있는 그대로 보고, 있는 그대로 사랑하고 있다면 엄마 점수는 100점입니다. 다른 능력은 전혀 문제가 안 됩니다. 내가 아이에게 100점을 줄 수 있다면 나는 100점 엄마입니다. 내가 아이에게 주는 점수만큼이 엄마 점수가 됩니다. 이제 다시 엄마 점수를 매겨보세요. 다시 매긴 엄마 점수는요?

○ ○ ○

버려야 할 세 가지 육아 신화

'생후 3년'이라는 낙인

육아 상담 카페에 올라온 직장 맘의 고민이다.

> 아이 낳기 전부터도 고민은 했지만…… 예쁜 아이를 보니 더 고민이네요. 일을 그만두고 집에서 아이 세 살 때까지만 키울까, 아니면 일을 계속할까? 아이랑 애착 관계 형성을 위해서는 무조건 3년은 엄마 손에서 키우는 게 좋다고 하는데……. 하지만 3년이나 지나면 그동안 일했던 경력이 단절되잖아요. 지금 선택의 기로에 섰는데 어떡해야 할지 모르겠어요.

모든 직장 맘들의 심정이다. 다 놓아버리고 아이에게 올인 하고 싶지만 여건이 그렇지 못하다. 경제적인 문제도 있지만 나의 일을 포기하는 것도 아쉽다. 내가 이기적인 엄마라는 생각도 든다. 이러지도 저러지도 못한다. 아이를 내 손으로 키우고 싶은 마음이기도 하지만 내가 안 키우면 아이한테 문제가 생기지 않을까 하는 걱정이 더 크다.

아이를 직접 키우지 않는 엄마에게 가장 큰 영향력을 발휘하는 단어가 있다. '생후 3년'과 '애착 관계'다. 생후 3년이 아이의 성장에 중요한 시기이며 이때 애착 관계를 잘 형성해야 한다는 주장이다. 많은 육아 서적에서도 애착 이론을 강조한다. 즉문즉설로 유명한 법륜 스님이 쓴 책을 보면 '어떤 희생을 치르더라도 아이가 태어나서 3년까지는 엄마가 키워야 되고 어쩔 수 없이 직장에 나가야 한다면 업고 다니라'고 하면서 '직장 맘 엄마를 둔 아이의 경우 어릴 때는 별문제 없는 듯 보이지만 사춘기가 지나면 문제가 생긴다'라고 경고까지 한다. 나는 스님의 논리가 과학적 증거가 없는 너무 과한 주장이라고 생각한다. 엄마가 아이를 직접 키우는 게 좋다는 걸 강조하기 위해서 그리 강하게 말씀하셨으리라 짐작해본다. 그렇게 주장할 정도로 생후 3년이 강조되고 있다.

이런 세상인데 아이를 남의 손에 맡기는 엄마들은 어떤 심리일까? 생후 3년의 애착 이론을 모르는 엄마인가? 그 이론을 안 믿는 엄마인가? 믿든 안 믿든 직장 맘의 잠재의식에는 '생후 3년'이 낙인처럼 찍혀 있다. 아이가 큰 문제 없이 잘 지낸다면 상관없지만 어느 순간 아이에게 문제가 있다고 생각되면 '생후 3년'이 떠오를 것이다. 그리고 이런 결론을 내릴 것이다. '그때 내가 아이를 안 키워서 그래.'

초등학교 1학년 아들이 학교 가기 싫어한다며 걱정하는 엄마와 상담을 했다.

"큰애가 학교 가기 싫다고 하고 친구들하고도 잘 못 사귀는 거 같아요. 엄마하고 애착이 잘 안 돼서 그런가 봐요. 제가 아이 낳고 3개월 만에 아이를 친정 엄마한테 맡겼거든요. 아이가 엄마의 사랑을 갈구해요. 엄마랑 아기랑 처음으로 생성되는 애착 관계가 잘 안 된 것 같아요. 제 탓이에요."

이 엄마는 직장에 다니느라 친정 엄마한테 아이를 맡겼다. 아이에게 약간의 미안한 마음이 들었지만 크게 걱정하지 않았다. 그러다 아이가 초등학교에 들어가면서 문제가 되었다. 입학 초기에 학교 가길 싫어하고 친구들하고 잘 어울리지 못했다. 학교 선생님이 아이가 불안이 많고 소심하다고 엄마에게 이야기했다. 엄마는 걱정하기 시작했고 이런 원인이 아이를 자기가 키우지 않아서라고 생각했다.

이 엄마만의 일이 아니다. 자녀 문제로 상담 온 엄마들은 하나같이 "제가 직장 다니면서 아이를 제대로 돌보지 못해서 저렇게 된 거 같아요"라는 말을 한다. 직장 맘들 마음속에는 엄마 부재에 대한 죄책감이 크다.

애착 이론에 대한 오해

애착 이론에 대해 보충 설명이 필요하다. 애착 이론은 존 볼비(John Bowlby)가 만든 이론으로, 핵심은 이렇다. 영유아기 때 부모 또는 대리 부모에게 지속적으로 따뜻하고 친밀한 보살핌을 받아야 아이가 건강하게 자란다. 당연한 말이다. 역으로 양육자의 따뜻한 사랑을 받지 못하면 정신적으로 문제가 될 수 있다는 뜻이기도 하다. 이것도 당연한 말이다.

이 이론에서 중요한 것은 누가 키우느냐가 아니라 키우는 사람의 양육 태도다. 양육자가 지속적인 보호와 지지를 해주고 일관성 있게 대하면 안전 애착이 형성되고, 양육자가 유기, 거절, 학대, 일관되지 못한 태도를 보이면 불안전 애착이 형성된다. 그러니 안정된 양육자가 키울 때는 아이에게 문제가 되지 않는다. 양육자가 지속적인 학대나 방치를 하는 경우에 문제가 될 뿐이다. 혹 불안전 애착일지라도 너무 심각하게 생각할 필요는 없다. 불안전 애착도 심리적인 문제를 일으키는 한 요인이 될 수는 있어도 그 자체가 반드시 병리적인 건 아니기 때문이다.

무엇보다 영유아기의 애착 이론을 어쩔 수 없는 결정론으로 받아들이면 안 된다. 이 이론의 창시자인 볼비도, 인간 발달은 청소년기까지 지속되고 변화하기 때문에 애착 이론을 결정론으로 해석해서는 안 된다고 경고했다.

그런데 애착 이론이 강조되다 보니 이상한 현상이 생겼다. 애착 이론이 '생후 3년간 남의 손에서 자란 아이들이 심리적 문제를 일으킨다'라는 과장되고 엉뚱한 결정론으로 뒤바뀐 것이다. 이런 잘못된 도식이 형성된 이유는 볼비가 초기 이론을 만들 때 고아원에서 자란 아이들을 연구 대상으로 한 것과 연관 지을 수 있다. 고아원에서 보모에게 자란 아이를 연구하다 보니 그 논리가 '생후 3년간 엄마가 안 키우면'이라는 논리로 확대, 과장된 것이다. 애착 이론이 변질되어 생후 3년간 엄마가 안 키우면 문제아가 되는 것처럼 오해를 불러일으켰다. 이 과장된 애착 이론이 직장 맘들을 괴롭힌다.

애착의 문제는 '누가 키우는가'보다는 '어떻게 키우는가'가 중요하다. 특히 지속적인 방치와 학대가 문제의 핵심 요소다. 양육자가 아이의 생리적, 정서적 욕구를 적절하게 채워주지 않거나 아이에게 신체적, 심리적 학대를 하는 경우에 문제가 된다. 부모가 키우든 대리 부모가 키우든 방치와 학대만 없으면 아이는 평균적으로 자란다. 가족이나 지인이 아이를 돌보는 경우에는 아는 분들이니 특히 걱정할 것 없다. 또 베이비시터나 어린이집에 맡길 경우에도 양육자나 양육 환경이 상식적이고 평균적인 수준이라면 크게 문제 되지 않는다. 평범한 양육자가 아이를 지속적으로 학대하거나 방치하는 경우는 거의 없기 때문이다.

통계를 보니 30대 연령에서 맞벌이 가구가 42퍼센트라고 한다.

거의 반 정도가 직장 맘으로 아이를 다른 이에게 맡기고 있다. 엄마가 안 키운 아이가 또래 애들의 절반 가까이 되는데 그 애들이 모두 문제아가 된다는 게 상식적으로 말이 되는가. 엄마가 키우면 좋겠지만 엄마가 안 키워도 문제 되지 않는다.

애착 이론에 갇히면 생기는 문제

엄마가 아이를 직접 안 키워서 후회할 것 같으면 모든 걸 그만두고 아이와 함께 있어야 한다. 단, 아이를 내가 직접 키우지 않겠다고 결정했다면 이것 하나는 절대 지키길 바란다. '애착'과 '생후 3년'을 머릿속에서 지워버릴 것!

엄마가 애착 이론에 갇히면 안 된다. 이 이론에 갇힌 엄마는 아이가 뭔가 문제가 있다 싶으면 결정론에 빠진다. '내가 안 키워서 그래! 올 게 왔구나!' 하고 말이다. 그러면 아이가 문제 있음이 이론적으로 뒷받침되고 '애착 형성이 안 됐으니까 어쩔 수 없어' 하고 확인 사살을 하게 된다. 그리고 이런 패턴에 걸린다.

> 아이가 문제야 → 애착 형성이 안 됐어 → 내 잘못이야 → 아이를 고쳐야 돼 → 헌신한다

그렇다. '엄마 색안경 → 엄마 죄책감 → 교정 엄마 → 사랑의 독을 주는 엄마' 패턴이 된다. 이 패턴에 걸리면 끝이다. '아이가 소심해. 애착 형성이 안 돼서' '아이가 손톱을 물어뜯어. 애착 형성이 안 돼서' '아이가 혼자 놀아. 애착 형성이 안 돼서' '애가 말이 늦어. 내가 안 키워서' 등등. 아이가 지금 보이는 모습이 애착 형성이 안 돼서 생긴 거고, 애착 형성이 안 됐으니 당연히 내 아이는 문제가 있는 거고, 그건 엄마 때문이라는 논리다. 애착 이론에 걸리면 엄마와 자녀는 수렁에 빠져서 헤어 나오지 못한다.

반면 '생후 3년 애착 이론'이 엄마 머릿속에 없다면? '우리 애가 적응을 잘 못하는구나. 기다려봐야지. 때 되면 좋아지겠지.' 단순히 이렇게 생각한다. 엄마는 기다릴 것이다. 때 되면 별문제 아니게 된다. 그러면 죄책감도 없다. 머릿속에 애착 형성이라는 단어만 없다면 만사 오케이다.

이런 걱정들을 한다. '베이비시터가 TV만 보고 내 아이를 방치하는 거 아닌가?' '어린이집 선생님들이 내 아이를 구박하고 함부로 하는 거 아닌가?' 불안하다. 하지만 크게 걱정 안 해도 된다. 만에 하나 그런다고 해도 지속적인 방치와 학대가 아니기 때문이다. 그냥 일상적으로 일어나는 해프닝이다. 엄마가 직접 키우면 그 정도 방치 안 할까? 비슷비슷하다. 그런데도 아이를 직접 안 키운다는 죄책감 때문인지 엄마는 그런 사소한 일들이 아이에게 트라우마가 되어 심리적으로 영향을 주지 않을까 걱정한다.

하지만 걱정 마시라! 아이의 심리는 우주의 신비와 같다. 우주 속에서 뭐가, 어떻게, 왜 일어나는지 알 수가 없다. 아이도 마찬가지다. 아이라는 우주 속에서는 뭐가, 어떻게, 왜 영향을 주는지 그 누구도 알 수 없다.

아이의 초기 기억,
저마다의 우주

나는 일반인을 대상으로 '자기분석 드라마'라는 걸 한다. 자기분석 드라마는 생의 초기 기억을 드라마 기법으로 분석해서 한 사람의 인생의 비밀을 찾아내는 작업이다. 아동기 기억은 심리학에서 중요하게 다뤄졌다. 심리학자 아들러(Alfred Adler)는 초기 기억 속에 한 인간의 가치관, 생활 패턴, 행동 양식 등이 숨어 있다고 하였다. 정신분석에서도 무의식을 밝히는 데 첫 기억이 중요한 역할을 한다. 내가 하는 자기분석 드라마는 드라마 기법을 활용하기 때문에 짧은 시간에 더 강력하고 깊게 자기분석을 할 수 있다. 10년 가까이 자기분석 드라마를 해보니 초기 기억은 심리적인 문제뿐 아니라 사주팔자, 운명, 삶의 미션까지 포함하는 무의식의 보물창고라는 생각이 든다.

대개 초기 기억은 뭔가 독특하거나 강렬한 기억일 것 같지만 그렇지 않다. 대부분의 기억은 어이없을 정도로 평범하다. 집 거실에 혼자 가만히 앉아 있거나 2층집 옥상에서 동네를 내려다보거나 엄마 등에 업혀서 어디를 가는 상황과 같이 아주 단순한 기억들이다. 그런데 놀라운 건 이렇게 별 의미 없어 보이는 기억 속에 삶의 비밀 코드가 숨어 있다는 것이다. 초기 기억 속에 운명이 들어 있고 삶의 미션이 있었다. 그 작은 기억이 한 인간의 비밀을 담고 있다는 걸 알게 되면서 나는 놀랍고 두렵기까지 했다.

자기분석 드라마를 하면서 나의 가치관에 혼란이 왔다. 나는 운명론자가 아니었다. 태어나고 죽는 날이야 운명처럼 정해져 있지만 그 외에는 모두 나의 선택이라고 믿었다. 세상에 태어난 이유도 무슨 목적이 있는 게 아니라 그저 즐겁게 놀다 가는 소풍이라고 생각했다. 그런데 자기분석 드라마를 하면서 점점 삶에 대한 생각이 달라졌다. '우리 삶은 이미 각본처럼 짜여 있는 레디메이드 인생이 아닐까?' '그냥 놀다 가는 게 아니라 내 삶에 주어진 미션이 있는 게 아닐까?' 그렇게 인생에 대해, 운명에 대해 다시 심각한 고민을 하게 되었다. 나의 가치관이 흔들릴 만큼 초기 기억 속에는 많은 비밀이 숨어 있다.

초기 기억은 개인이 취사선택한 게 아니다. 저절로 첫 기억이 되었다. 수많은 사건과 경험 속에서 왜 그 기억이 첫 기억으로 남았는지는 아무도 모른다. 그 기억이 우리에게 중요한 메시지를 전달하기 위해서 살아남은 것이 아닐까 추측해본다. 그런데 재미있는 건, 비슷한 사건에 대한 기억이라도 사람마다 경험하는 색깔이 다르다는 것이다.

예컨대 길을 잃은 기억도 개인마다 조금씩 다르다. 혼자 골목길을 헤매던 기억, 길가에 앉아 울던 기억, 파출소에서 경찰 아저씨들하고 논 기억, 가게에서 기다리다가 아빠가 문을 열고 들어오는 걸 보고 아빠를 부르며 웃었던 기억, 오빠와 손잡고 집을 찾아 걸어가던 기억……. 길을 잃은 난처한 상황이기는 마찬가지이지만 기억하는 부분은 저마다 다르다. 나는 이 '다름'을 운명이라고 본다. 누구는 혼자 씩씩하게 길을 찾고, 누구는 제자리에서 아무것도 못 하고 울고 있고, 누구는 노는 데 정신이 없고, 누구는 구원자가 나타나고, 누구는 동반자와 함께 길을 찾고…….

동일한 상황이지만 사람마다 기억 속에서 자기만의 세상을 만들었다. 누구나 고유한 삶의 운명이 있다. 같은 사건을 겪더라도 그 아이만의 독특한 경험을 한다. 아이가 내면세계에서 어떤 경험을 했는지는 누구도 알 수 없다. 생후 3년 동안 아이는 우주의 별만큼, 그리고 바닷가의 모래알만큼이나 다양한 삶의 경험을 한다.

'엄마가 안 키웠다. 그래서 문제가 생겼다.' 이 도식을 믿는 건 정말 무지하고 어리석은 짓이다. 엄마가 없는 동안 아이가 어떤 세상을 경험했는지 어찌 알겠는가? 엄마 없는 방에서 혼자 블록 놀이를 하면서 세계를 창조하는 예술적 경험을 했을지, 자다 일어나 혼자 텅 빈 방 안에서 고독을 느끼는 철학적 경험을 했을지, 아니면 할머니 품에 안겨서 따뜻한 세상을 몸속에 각인시켰는지…….

아이는 자기만의 독특한 방법으로 세상과 만난다. 그게 자기만의 색깔이고 자기만의 인생이다. 우주적 운명이다. 그런 우주적인 아이를 '내가 안 키워서'라는 한 문장으로 결딴내고 문제아로 만드는 건 죄악이다. 내 아이의 하얀 인생 도화지에 엄마가 빨간 페인트로 '애착 불량!' '애착 불량!' 하고 떡칠하는 일이나 다름없다.

태교, 생후 3년, 애착 이론의 허상

아이가 자기만의 어떤 독특한 경험을 하는지 부모는 알 수 없다. 그건 미지의 세계다. 여기서 내 딸 하정이의 어린 시절에 있었던 얘기를 하고 싶다. 어느 집에나 있을 법한 아이의 '분리불안'과 관련된 경험이다.

우리 부부는 맞벌이를 했다. 딸이 두 살 때 둘째인 아들이 태어났다. 우리는 그 당시 나주의 시골 병원 관사에서 생활하고 있었다. 주변에 마땅히 아이를 돌봐줄 사람도 없었다. 처음에는 아주머니 한 분이 2년 정도 딸애를 돌봐주었다. 둘째를 낳았는데 그 아주머니가 두 아이 돌보기 힘들다고 일을 그만두었다. 양육자가 바뀌게 된 거다. 아이 봐줄 분을 찾다가 촌 할머니 한 분을 소개받았다. 누가 봐도 꼬부랑 시골 할머니였다. 그 할머니는 할아버지와 둘이 사시는데 나이 들어 농사를 그만두고 할 일이 없던 차에 우리 가족과 인연이 되었다.

할머니가 아이 둘을 동시에 보기 힘들 것 같아서 아내와 나는 의논 끝에 큰애를 어린이집에 보내기로 결정했다. 그때 딸이 세 살이었다. 지금도 그날이 생각난다. 어린이집에 처음 보내는 날, 아내는 직장에 출근하고 내가 딸을 어린이집에 데리고 갔다.

하정이를 선생님에게 맡기고 나오려는데 아이가 내 손을 꼭 잡고 울기 시작했다. "아빠 가지 마……. 아빠 따라갈래……." 딸을 붙들고 열심히 설명했다. 아빠는 너를 여기 두고 가는 게 아니고, 버리고 가는 게 아니라고. 정신과 의사라서 머리가 더 복잡했다. 이런 갑작스러운 이별이 딸에게 트라우마가 될까 걱정되었다. 짠한 마음에 한 시간 가까이 아이를 안고 어르고 안심시켰다. 그래도 하정이는 내 손을 놓지 않았다. 손을 꼭 잡고 나를 쳐다보는 아이의 눈을 보았다. 눈물이 가득 차서 안타깝게 바라보는 그 눈을. 그 순간 살짝 마음이 흔들렸다. 아직 때가 아닌가……. 그러나 다시 마음을 잡았다. '여기서 내가 물러서면 안 된다. 이번에 물러서면 최소한 1년은 여기 못 데리고 온다. 매정해야 한다!'

딸을 달랬다. "아빠 가야 돼. 아빠가 금방 올 거야. 너 여기서 애들하고 놀고 있으면 아빠가 데리러 올 거야." 그러면서 아이의 손을 지긋이 빼내려 했다. 하정이가 손을 더 꼭 잡는다. "하정아~ 아빠 금방 올게~" 하고 아이 눈을 애타게 쳐다봤다. 그러자 다행히도 아이의 손에 힘이 빠졌다. 나는 얼른 손을 뺐다. 그리고 딸을 안아주었다. "우리 착한 하정이~ 선생님하고 친구들하고 잘 놀고 있어~" 딸을 선생님께 맡기고 어린이집 정문을 나서다가 뭔가 느낌이 이상해 뒤를 돌아봤다. 하정이가 어느 틈에 미끄럼틀 위에 혼자 올라가 나를 보고 있었다. 혹시라도 못 볼지 모를 아빠를 더 오래 보기 위해서인지…….

딸아이에 대한 잊지 못할 기억이 또 하나 있다. 그것도 '버림받음'과 관련된 기억이다.

하정이가 어린이집에 다닌 지 2년 정도 지났으니 다섯 살 무렵이었다. 어린이집이 3시에 끝났다. 그 당시 아내는 광주로 출퇴근하느라 딸의 픽업은 내 몫이었다. 아내가 차를 가지고 다녀서 나는 차가 없었다. 나는 근무하다가 3시쯤 되면 병원 후배 차를 빌려서 5분 정도 거리의 읍내 어린이집에 가서 하정이를 데리고 와야 했다. 내가 어린이집에 들어가면 하정이가 기다리고 있다가 활짝 웃으면서 내 품에 안겼다. 문제는 근무하다가 정신이 없어서 픽업 가는 걸 잊을 때가 있다는 것이다. 다행히 후배 차를 빌리니까 그 시간이 되면 내가 깜박하더라도 후배가 먼저 "선생님 하정이 데리고 와야죠?" 하고 연락을 해온다.

어느 날인가, 입원 환자가 밀리고 오후에 학생들을 교육하느라 정신이 없었다. 그리고 퇴근 시간이 되었다. 그런데 뭔가 이상하다.

악! 하정이! 딸 픽업을 까맣게 잊은 것이다. 그날따라 차 빌려주는 후배가 연차를 내서 쉬는 날이었다. 다른 차를 빌려 부랴부랴 어린이집에 갔다. 헐레벌떡 뛰어 들어갔더니 텅 빈 어린이집에서 하정이 홀로 방문 앞에 서 있었다. 딸아이의 그 미묘한 표정이란…… 안심하면서도 울 듯 말 듯한 표정이었다. 퇴근을 못 하고 있던 선생님이 말했다. "하정이가 아빠를 많이 기다렸네요……."

그런데 나를 만난 딸의 반응이 이상했다. 아빠가 왔는데 반가워하기는커녕 나와 눈도 안 맞추고 무표정한 얼굴로 입을 꾹 다물고 아무 말도 안 하는 것이었다. 화났나? 놀랐나? 어르고 달랬지만 입을 열지 않았다. 당황스러웠다. 그 자리에서 하정이에게 사정을 설명하고 미안하다고 하고 안아주고 업어주고 별짓을 다했다. 내 노력이 가상했는지 그제야 하정이의 표정이 풀리고 내 품에 안겼다. 다행이었다. 그날 딸을 운전석 옆자리에 태우고 오는데 딸이 이렇게 말했다. "아빠, 힘들지? 내가 크면 아빠 대신 운전해줄게."

그날 이후 딸아이에게는 한 가지 습관이 생겼다. 딸과 같이 잤는데 잠잘 때면 늘 조그만 엄지와 검지 두 개로 살짝 내 잠옷 한 귀퉁이를 잡는 것이었다. 자기 딴에는 아빠 모르게 살짝 잡고 있는 것 같았다. 아마 이런 마음 아니었을까. '아빠가 또 날 두고 가지 않을까. 이번에는 놓치지 말아야지…….' 상당 기간 하정이는 그렇게 아빠 옷을 잡고 잠이 들었다.

내가 이런 기억을 하고 있는 걸 보니 내 속으로 딸을 살짝 걱정했나 보다. 딸에게 분리불안이 생기는 건 아닐까, 딸이 버림받음에 대한 불안을 갖게 된 건 아닐까. 그것 때문에 남자친구도 못 사귀는 건 아닐까? 정신과 의사의 쓸데없는 직업병이다.

하정이는 지금 대학생이다. 가끔 내가 술 마시면 딸을 불러서 내 차를 운전하게 한다. 어릴 때 딸이 한 말이 현실이 되었다. 나는 아직까지 딸에게 어릴 때의 그 사건을 기억하고 있는지 물어보지 않았다. 왜 안 물어봤을까? 딸애가 '버림받음'의 기억을 '각인'하고 있을까 봐 겁이 났을까? 아니면 딸아이만의 내밀한 어린 시절 삶을 건드리고 싶지 않아서일까?

지금까지 내 딸 이야기를 한 것은 나 역시 아이를 촌 할머니하고 시골 어린이집에 맡겨 키웠지만 아무 문제 없었다고 말하려는 의도에서가 아니다. 아이들 심리에 영향을 미치는 사건은 우리도 모르게 일어난다는 걸 말하고 싶었다. 예를 들어 나는 딸을 안전하게 잘 키웠다고 생각하지만 픽업 못 간 사건을 딸은 '버림받음'으로 내면에 각인시킬 수 있는 것이다. 그런데 또 모른다. 딸은 아빠가 안 온 기억을 하는 게 아니라 차 타고 가면서 "아빠~ 내가 운전해줄게" 하는 장면을 기억하고 있을지도 모른다. 이건 아무도 모른다. 어떤 사건이 아이의 내면에 깊은 영향을 주는지 알 수가 없다.

눈에 보이는 것만 갖고 아등바등하지 말자. 삶은 우리가 생각하는 것처럼 일사불란하게 진행되지 않는다. 원인과 결과가 명확하지 않다. 어느 게 원인인지 알 수 없다. 그런데도 태교, 애착, 생후 3년

등 몇 가지의 결정론에 빠져서 아이를 불량품으로 규정지을 것인가. 내 잘못이라고 확실하게 굳히고, 내 아이를 열심히 고쳐야 되고, 그렇게 헌신하다가 아이 망친다.

직장 맘이여, 아이를 하루 종일 돌보지 못하는 마음이 얼마나 불편한가? 아이에게 문제라도 생기면 얼마나 괴로운가? 하지만 굳건해지자. 죄책감을 갖지 말자. 아이의 문제는 엄마가 직장에 다녀서 생긴 게 아니다. 보이지 않는 수만 가지 요소가 결합된 것뿐이다. 이런저런 결정론에 흔들리지 말고 무소의 뿔처럼 힘차게 가라.

Tip 세 가지 결정론에 얽매이지 않는 법

'생후 3년 동안 내가 안 키워서' '애착 형성이 안 돼서' '태교를 잘 못 해서'와 같이 과거의 어떤 사건으로 인해 지금 내 아이에게 문제가 있다? 또는 앞으로 문제가 될 것이다?

매우 아니다 0점 .... 5점 .... 10점 매우 맞다

몇 점에 체크하실 건가요?
혹 5점 이상이라면?
아이의 발달에는 수많은 변수가 존재합니다. 그럼에도 '생후 3년'과 '애착 이론'을 절대적으로 믿고 있나요?
그렇게 생각했을 때 아이에게 도움이 되는 건 무엇일까요?

그렇게 생각했을 때 엄마에게 이득이 되는 건 무엇일까요?
혹 '엄마의 부재'가 문제가 되었다고 확신한다면 죄책감을 갖는 것 외에 어떤 해결 방안이 있나요?

위 질문에 답을 생각해보고 다시 점수를 매겨보세요.

엄마의 불안

평범한 엄마들이 '불안한 엄마'가 되었다.
이 불안의 밑바닥에는 '우리 아이가 도태되는 건 아닌지' 하는
두려움이 숨어 있다.

○○○

공부 불안: 종목을 바꿔라

"뒤처질까 봐 불안해요"

엄마의 공부 불안에 대해서 이야기해보자. 다음은 어느 맘 카페에 올라온 글이다. 여섯 살 딸아이에게 어떤 공부를 시켜야 할지 조언을 구하는 질문이다.

> 우리 딸 6세구요, 지금 매일 영어 학원이랑 피아노 가고, 국어 초등 A단계, 한자 B단계, 수학+2 하고 있어요. 문화센터(밸리, 동화 구연) 다니고 있어요. 어문회 8급 합격했구요. 이 정도면 괜찮은 건가요?

100개가 넘는 댓글이 달렸는데 그중 몇 개만 소개한다.

많이 하네요. 우리 딸은 ㅇㅇ 국어, ㅇㅇ 수학 하고 토요일 미술 퍼포먼스 하고 있어요. 그리고 유치원 가는 게 전부예요.

저희 아이는 매일 피아노, 미술, 중국어 하고 수학은 문제집 조금 풀고요. 영어는 CD 듣기 하고요, 한자는 온라인으로 공부해서 지금은 150자 정도 떼었습니다. 그래도 대화하고 책 많이 읽는 게 제일이지요.

대단하네요. 우리 아이는 이제 한글 시작했는데요. 걱정이 앞서는군요. ㅠㅠ 그런데 어문회가 뭔가요?

댓글에는 자랑하듯 쓴 글도 있지만 대부분은 엄마들의 한숨과 불안이다. 뭘 그렇게까지 시켜야 되나 하면서도 속마음은 이렇다. '남들은 저런 것도 하는데 난 뭐 하는 거지?' '내가 뭘 몰라서 내 아이만 뒤처지는 거 아냐?' '내가 시대를 모르는 뒤떨어진 엄마인가?'

평범한 엄마들이 '불안한 엄마'가 되었다. 이 불안의 밑바닥에는 '우리 아이가 도태되는 건 아닌지' 하는 두려움이 숨어 있다. 엄마는 불안한 현실에 눈 감고 귀 막을 수 없다. 주위에서 들려오는 소리를 무시하다가는 아이의 인생이 위험에 빠질 수 있기 때문이다. 공부를 시켜야 하나, 말아야 하나? 안 시킬 수도 없고 시키자니 엄두가 나질 않는다. 공부시키려면 제대로 시켜야 한다. 어영부영하다가는 죽도 밥도 안 된다. 엄마들의 딜레마다.

어느 엄마가 공부 때문에 자녀를 괴롭히고 싶겠는가. 엄마도 공부 안 시키고 싶다. 그냥 자유롭게 놀게 하다가 나중에 아이가 공부하고 싶으면 그때 하게 하고 싶다. 그런데 그럴 수가 없다. 유치원 가기 전부터 한글, 수학, 영어 가르쳐야 한다. 우리 아이는 겨우 한글이나 읽을까 말까 하는데 옆집 아이는 영어 단어를 줄줄 외운다면? 공부 못하면 왕따당한다는데, 공부 안 시키고 버틸 수 있을까? 옆집 엄마들이 무슨 배짱으로 그러냐는 눈빛을 보인다.

초등학교 들어가면 어떤가? 엄마 손이 없으면, 학원의 도움이 없으면 아이가 열등생이 되는 현실이다. 어쩔 수 없이 공부 열차에 한 발 올라타게 된다. 한번 발을 걸치면 내릴 수가 없다. 초등학교 때 '수포자' '영포자' 만들 수 없으니 공부시켜야 하고, 중학교 가면 이 시기가 고비니 멈추면 안 된다고 한다. 선행 학습은 누가 시키고 싶어서 하나! 선행 공부 없이 고등학교 들어가면 1학년 때부터 밀린다. 수시로 80퍼센트가 들어가는 대학 입시에서 내신 성적이 안 좋으면 대학 가기 어려운 마당에 어떻게 선행 공부를 안 할 수 있나? 그러려면 중학교 때도 선행 해야 하고 초등학교 때도, 결국 유치원 때도 선행 해야 한다. 이런 현실에 어떻게 눈 감을 수 있을까? 공부 열차를 타지 않으면 낙오되는 게 아닐까? 불안하다.

그럼에도 불구하고 불안의 시대를 극복하려는 용기 있는 엄마들이 점점 늘어나고 있다. 아이를 공부 경쟁 열차에 태우지 않으리라 결심하는 엄마들이다. 불확실한 미래의 행복이 아니라 지금 이 순간의 행복에 초점을 맞추기 시작한 것이다. 현명한 선택이고 용기 있는 행동이다.

하지만 세상은 가만 놔두질 않는다. “나중에 아이가 공부 욕심 생겨도 안 돼요. 엄마가 지금 잡아줘야 해요”라는 한마디에 엄마는 다시 흔들린다. 그냥 놔두는 게 진짜 아이의 행복을 위한 길인가? 내 아이만 낙오되는 거 아닌가? 고민이 떠나지 않는다.

이런 엄마를 더 불안하게 하는 논리가 있다.

공부는 정말 습관일까?

어느 엄마의 고민을 들어보자.

> 요새 하루하루가 힘듭니다. 초등학교 3학년 아들에게 공부하는 습관을 들이려고 힘쓰고 있어요. 그동안은 ‘공부는 자기가 알아서 하는 거지’ 했어요. ‘아직 어린데 공부는 무슨 공부야’ 하며 스스로를 위로했습니다. 그런데 요즘 들어 의자에 앉아 있지를 못하는 아이를 볼 때면 내가 잘못 키우고 있나 하는 생각이 들어요. 그래도 흔히들 말하는 ‘엉덩이 힘’은 키워줘야 하지 않을까 생각합니다. 그런데 어떻게 공부하는 습관을 들일지 막막하기만 하네요. 아는 엄마들은 무섭게 하고 소리 지르

고, 때로는 윽박질러야 그나마 공부를 한다고 얘기하는데요. 오늘도 이런 고민으로 아이와 실랑이하는 중이랍니다.

보통 엄마의 고민이다. 엄마들 사이에 이런 논리가 떠돌고 있다. '공부 습관은 3세부터 들여라' '영유아 시기는 공부를 시키는 시기가 아니라 공부 습관을 만들기 위한 준비 기간이다' '초등학교 공부 습관이 평생을 좌우한다' '공부는 머리가 아니라 엉덩이다' 등등.

듣기에는 좋다. 엄마는 아이를 공부 시키는 사람이 아니라 공부 습관을 만들어주는 사람이라고 한다. 많은 엄마들이 이렇게 생각한다. '그래. 공부를 억지로 시키는 게 아니라 공부 습관을 만들어서 나중에 아이가 언제든지 공부할 수 있는 준비를 해주자.' 공부 습관에 대한 엄마 생각은 단순하다. 공부 열심히 하라는 것도 아니다. 그저 꼭 해야 하는 숙제나 간단한 공부를 스스로 알아서 하길 바라는 것뿐이다. 그 쉬운 것도 못하니 결국 공부 습관이 문제라고 생각하는 것이다. 하지만 공부 습관 논리는 교묘한 자기 속임수일 뿐이다. 공부 습관을 만들어주는 것과 공부시키는 것은 같은 말이기 때문이다. '공부 습관'은 아이를 공부의 전쟁터로 끌어들이는 미끼일 뿐이다.

공부는 습관일까? 그럴듯하지만 절대 아니다. 공부는 습관이 될 수 없다. 젓가락질이나 자전거 타기처럼 한번 습관이 들면 평생 가는 것이 아니다. 일시적이다. 이에 대한 확실한 증거가 있다. 학생이라면 초등학교, 중학교, 고등학교 내내 아침부터 저녁까지 학교 의

자에 앉아서 수업을 듣는다. 내가 공부하던 시절에는 수업 시간에 엉덩이 들썩거리거나 졸려서 고개를 꾸벅거리면 선생님이 던진 칠판지우개를 맞아야 했다. 그 정도로 꼼짝 않고 수업 들었다. 당연히 소위 엉덩이 힘이 세져서 공부 습관 들어야 마땅하다. 그런데 그렇게 의자에 앉아 있다고 엉덩이 힘 길러지고 공부 습관 들었나? 학교에서 열 시간 앉아 있어도 안 되는데 집에서 한 시간 앉아 있다고 공부 습관 들겠는가. 학교와 집이 다른가? 학교에서 젓가락질 잘하는 아이가 집에서는 못하나?

'엉덩이 힘'은 입시 기숙학원에서 내세우는 주장이다. 재수생이나 고시생들이 하루 열다섯 시간 이상 공부해야 할 때 필요한 게 엉덩이 힘이다. 즉 공부하겠다고 굳은 결의를 한 아이들이 장시간 지속적으로 공부해야 할 때 필요한 습관일 뿐이다. 공부 마음 없는 아이를 공부 습관 들인다는 건 강아지를 두 발로 서서 걷게 하는 것과 같다. 잠깐 두 발로 걸을 수는 있겠지만 평생 두 발로 걷는 강아지는 없다. 공부 마음 없어도 엉덩이 습관 들이면 알아서 공부하려니 하는 생각은 착각이다.

간혹 어떤 아이는 공부 습관이 생긴 듯이 보일 때도 있다. 그런 경우는 주로 에프엠 성격의 아이들이 엄마 말을 따라 하다가 일시적으로 공부 습관이 잡힌 것처럼 보이는 것이다. 그렇게 공부 습관이 생겼다 해도 어느 순간에 손 놓아버리면 와르르 무너진다. 초등학교 때 공부 습관 들어서 공부 잘하던 아이가 왜 중학교, 고등학교 때는 손 놓고 무너지는가! 공부 습관은 사교육 시장의 논리일 뿐이다. 학습지와 학원 등이 끊임없이 '공부 습관'이 당연하다는 듯이 얘기한다. 여기에 낚이면 안 된다. 자기 자신을 돌아보자. 나는 공부 습관이 있어서 공부를 잘했나? 공부 습관이 없어서 공부를 못했나?

사교육을 거부한 엄마들의 불안

아이를 자유롭게 키우겠다는 철학으로 사교육을 거부하는 엄마들이 있다. 이런 엄마들이 특히 '공부 습관'을 조심해야 한다. 엄마의 마음에는 사교육을 안 하는 대신 뭐라도 해야 하지 않나 하는 불안감이 숨어 있다. 이 불안감 때문에 공부 습관이라는 미끼에 쉽게 걸린다. 공부 습관이라는 명목으로 엄마가 아이를 관리하면 심각한 문제가 생긴다. 아이는 옴짝달싹 못 하고 엄마의 스케줄이라는 거미줄에 걸린다. 아이는 집에 있으면 엄마의 시선에 감시당한다. 내 생각에는 그럴 바에야 차라리 학원 보내는 게 나을 듯싶다. 아이는 학원에 묶이는 것보다 엄마 시선에 묶이는 것을 더 괴로워한다.

공부 습관의 최고 독은 자발성을 죽이는 것이다. 엄마가 공부 습관을 들인다고 하면서 아이를 꼼짝 못하게 만든다. 공부 습관을 들이기 위한 중요한 조건이 '하고 싶은 것 못 하게 하는 것'과 '시간 스케줄'이다. 그런데 이 두 가지가 바로 자발성의 적이다. 엄마는 자발성과 공부 습관, 둘 중에 하나를 선택해야 한다.

지금 공부 습관 든 것 같은 아이들은 타고난 모범생 스타일이거나, 불쌍하게도 엄마 말을 너무 잘 듣는 애들이다. 이 애들 중 대부분은 조금 지나면 와르르 무너진다. 그러니 공부 습관 부러워하지 말자. 그리고 이렇게 다짐하자. '공부 습관 들이려다 아이 자발성 다 죽인다. 난 그런 짓 안 한다!' 특히 어떤 아이들은 자유로운 영혼과 자유로운 몸을 갖고 있어서 공부 습관과 상극이다. 이런 아이의 성향을 빨리 알아차려야 현명한 엄마다. 자유로운 영혼의 아이를 공부라는 쇠사슬로 꽁꽁 묶어서야 되겠나.

이렇게 하는 엄마가 있다. 초등학교 2학년 아들에게 공부하기 전에 미리 화장실을 다녀오게 하고 물도 먹게 한다. 공부하다가 딴짓하거나 중간에 일어나지 않게 하기 위해서다. 그리고 엄마가 아이 옆에 앉아서 지킨다. 아이가 공부하다가 "엄마 물 좀?" 하면 "하던 거 다 하고!" "엄마 화장실 좀?" "그거 다 하고!" 이렇게 엉덩이 붙이는 연습을 시킨다. 최악이다.

아이의 공부 습관 만들려다 엄마의 나쁜 습관이 만들어진다. 잔소리 습관, 구박하는 습관, 감시하는 습관, 한심하게 보는 습관, 경멸하는 습관, 미워하는 습관, 아이를 못 믿는 습관.

아이의 공부 습관은 한순간에 무너지지만 엄마의 나쁜 습관은 갈수록 견고해진다.

공부를 포기할 수 없는 이유

레밍(lemming) 또는 나그네쥐는 스칸디나비아 반도에 서식하는 들쥐의 일종이다. 레밍은 3~4년에 한 번씩 집단 자살을 하여 유명해졌다. 해안 절벽에서 한꺼번에 바다에 빠져 죽는 것이다. 초기에는 이 집단 자살의 이유를 '급증하는 개체 수를 조절하기 위해서'라고 추정하였다. 그러나 일부 학자는 다른 가설을 제기했다. '기억 오류설'이다. 어떤 레밍은 기억 유전자 이상 때문에 과거의 이동 경로가 지금은 절벽으로 변한 걸 모르고 있다는 것이다. 이 어리석은 쥐 한 마리를 뭣도 모르고 쫓아가다가 떼죽음을 당한다는 가설이다.

이런 레밍의 행동에 빗대어, 아무 생각 없이 다수가 따라가는 행동을 '레밍 효과'라고 부른다. 우리가 흔히 쓰는 말로 '부화뇌동'이다. 바로 이 레밍 효과, 레밍 현상이 우리나라 엄마들 사이에서 일어나고 있다. 소수의 욕망하는 엄마 뒤를 좇는 다수의 불안한 엄마들.

갈수록 창의력이 중요해진다고 하면서도 현실은 갈수록 스펙이 강조된다. 따라서 어떤 대학을 나오는지가 아이의 미래를 결정한다고 믿는 대다수 부모들 심정을 모르는 바도 아니다. 기왕이면 좋은 대학 나와야 치열한 경쟁에서 선택받을 확률이 커질 테니 대학은 나왔으면 하는 바람을 누가 뭐라 하겠는가. 그 마음을 탓할 생각은 없다. 그런데 현실은 사뭇 다르다.

좋은 대학을 나오면 잘 살 수 있다는 신화는 깨졌다. 옛날에 대학을 우골탑이라고 하곤 했다. 가난한 학부모들이 소 판 돈으로 세운 건물이라는 뜻이다. 소 팔고 논 팔아서 대학에 보냈다. 개천에서 용 났기 때문이다. 한 명의 똑똑한 아이가 가문을 일으킬 수 있다고 믿었고 실제로 그러기도 했다. 지금은 개천에서 용 만들려고 소 팔고 논 파는 게 아니다. 도태되지 않기 위해서다.

자녀 공부에 무한 투자해도 결과는 형편없고 아이만 괴로운 경우가 부지기수다. 혹여 좋은 대학이라는 데에 들어간다 한들 이후로도 끝이 없다. 취직할 때까지 용돈 주고 뒷바라지해야 한다. 취직하려면 입사 7종 세트가 있어야 한다. 학벌, 학점, 토익 성적, 자격증, 어학연수, 인턴 경력, 공모전 입상. 그 밖에도 갖출 게 많다. 취직한 뒤 결혼하고 싶다고 해서 쉽게 결혼할 수 있나? 아등바등 애써도 결혼하기 어렵고, 해도 애 낳고 키우기까지 산 넘어 산이다. 중간에 뭔가 삐끗하면 은둔형 외톨이 되기도 십상이다.

이렇듯 유치원 때부터 공부에 올인 해봤자 별 볼 일 없다는 결론이 났는데도 왜 아이의 자발성을 죽이고 공부의 고통 속에 집어넣을까? 전에는 그것이 답이라고 생각해서 따라갔다 쳐도 지금은 그게 소용없음을 알면서도 왜 쫓아가나? 뻔히 알면서 왜 그 실패의 길을 갈까? 냉정하게 들리겠지만 엄마의 불안, 엄마의 욕망 때문이다.

엄마가 아이의 공부에 미련을 버리지 못하는 이유는 세 가지다.

첫째는 아이가 도태되면 어떻게 하나 하는 불안이다. 당연한 불안이다. 오랜 세월 동안 대한민국에서는 공부만이 확실한 안정과 출세를 보장해주었다. 지금 아무리 공부시켜도 소용없다 해도 머릿속에 각인된 기억은 쉽게 바뀌지 않는다. 더구나 공부 못하면 초등학교부터 열등한 아이 되고 왕따당하기 쉽다는데 어떻게 공부를 안 시킬 수 있겠는가.

둘째는 엄마가 코치로서의 직업을 잃어버리는 데 대한 불안이다. 자기실현으로서의 코치 역할을 포기해야 한다. 자존감과 존재감을 세워주고 할 일을 만들어주던 코치직을 내려놓아야 한다. 그게 불안하다. 아이에게 손을 떼면 난 뭘 하지? 아이의 스케줄과 관리로 가득 차 있던 엄마 머리가 텅 비게 된다. 할 일이 없어지고 삶의 목적이 사라진다. 두려운 일이다.

셋째는 엄마의 욕망 때문이다. 엄마는 아이를 통해서 인정 욕구, 승리감, 대리 만족, 자존감을 얻을 수 있다. 이런 엄마의 욕망을 내려놓을 수 있을까. 쉽지 않다. 잘못하면 '아이 공부도 안 시킨 엄마'라고 수모를 당할 수 있다.

이런 불안과 욕망 때문에 아이를 공부 열차에 태운다. 한번 타면 내릴 수 없는 막장 열차. 아이를 살리기 위해서는 엄마가 불안을 떨치고, 코치직을 그만두고, 욕망을 버리고, 수모를 감수할 용기를 가져야 하는데……. 그러나 마음 한구석에서 이렇게 속삭인다. '아냐. 지금 내가 하고 있는 것이 우리 애를 위한 길이야. 물러서면 안 돼.'

물론 이렇게 아이를 몰아세우는 엄마는 극소수다. 보통 엄마들은 욕심은 나도 아이를 망치면서까지 공부 하나로 몰아세우진 않는다. 내가 강조하고 싶은 것은 소수의 엄마들이 만들어낸 논리를 보통 엄마들이 비평 없이 받아들이면 안 된다는 점이다. 공부는 잘하면 좋다. 공부를 좋아하는 아이라면 성적을 더 올리도록 도와줘야 한다. 문제는 공부에 소질이 없는데도 무조건 '좋은 대학'이라는 타이틀에 묶여 아이를 공부 전쟁터로 내모는 것이다.

공부에서 자발성으로, 종목을 바꾸자

대부분의 엄마들이 지는 게임을 할 수밖에 없다. 이른바 앞서가는 엄마들과는 게임이 안 된다.

태생부터 잘나가는 엄마를 보자. 애초부터 돈 많고 똑똑한 집안, 그 집 아이는 풍요로운 가정에서 부족함 없이 자란다. 그 엄마는 아이에게 최고의 교육뿐 아니라 최고의 자기계발 활동, 취미 활동도 시켜준다. 똑똑한 엄마라 능력 있는 코칭 맘 역할도 잘한다. 아이의 정서 관리, 학습 관리도 고급스럽게 한다. 돈과 '빽'으로 팍팍 밀어준다. 공부에 올인 하다가 아이가 공부 좀 못한다 싶으면 노선을 바꿔 아이 적성을 찾아서 지원해준다. 아니면 외국으로 유학 보내고, 그것도 아니다 싶으면 '걱정 말아라. 부모 유산 갖고 살면 평균은 살 거다' 이런다. 잘 나가는 엄마들이 대안까지 마련해놓고 될성부른 아이에게 엄청나게 투자하고 있는 것이다.

문제는 이런 소수의 엄마들이 대한민국 공부 문화를 주도하고 있다는 점이다. 마치 그렇게 하지 않으면 능력 없는 엄마인 것처럼, 그 정도는 해줘야 아이를 사랑하는 것처럼 경쟁을 부추기고 열등감을 조장한다. 그나마 따라갈 여력이 있는 사람들이야 흉내라도 낼 수 있지만 대다수는 그럴 수 없는 게 현실이다.

우리 보통 엄마들의 현실은 어떤가. 학원비 몇십만 원도 부담스럽고 비싼 사교육은 꿈도 못 꾼다. 힘들게 학원을 보내도 아이는 땡땡이치고, 게임방에서 시간을 보내기 일쑤다. 그러면 아이를 탓하고, 구박하고, 강제로 휴대폰을 뺏으며 지지고 볶고 싸운다. 혹여 부모 말을 잘 들어 공부를 좀 한다 해도 고액 과외를 받는 아이들을 따라잡기란 현실적으로 쉽지 않다. 보통 엄마들은 3년, 길게는 6년 이상 불안과 미안함, 자괴감 속에서 괴로워한다. 그래도 공부를 안 시킬 수는 없다. 부모로서 최소한의 지원은 해야 할 것 같고 대학이라도 나왔으면 하고 바라기 때문이다. 그런데 대학에 가면 거기서 끝인가? 엄청난 등록금을 대느라 수년을 허덕여야 하고, 졸업해도 취직이 어려워 또다시 뒷바라지를 해야 한다. 결혼은 더 쉽지 않다.

요컨대 보통 엄마들이 내 아이를 평균적으로 살게 하겠다는 고정관념에 묶여 지는 게임을 하고 있는 것이다. 애쓰고 따라가 봐야 소수 앞서가는 엄마들의 들러리만 하는 꼴이다. 가혹한 말처럼 들리겠지만 엄연한 현실이다. 자, 어떻게 할 것인가!

모두 한 방향으로 달리고 있다. 레밍처럼. 그 무리를 벗어나 홀로 방향을 바꿀 수 있을까. 홀로 떨어지느니 무리 속에서 같이 죽는 것이 차라리 나을까. 선택의 시기가 왔다. 홀로 돌아설 때가 왔다. 두려워도 낙오돼도, 이 길이 맞는지 의심이 들어도 홀로 돌아서야 한다.

게임이 안 되면 종목을 바꿔야 한다. 엄마도 잘하고 아이도 잘하는 종목으로. 아이의 종목을 '공부'에서 '자발성'으로 바꾸면 된다. 엄마는 공부 코치가 아니라 '자발성 코치'다. 아이의 자발성을 살려주면 된다. 자발성은 AI 시대에 떠오르는 새로운 종목이다.

결국엔
자발성이 이긴다

자발성은 모든 생명이 지닌 원초적인 힘이다. 생명력이자 생존력이다. 저절로 솟아나는 힘이고 창조적인 에너지다. 나무가 햇빛을 따라 가지를 뻗고, 꽃이 때 되면 피는 것도 생명의 자발성 때문이다. 자발성이 충만할 때, 호기심과 열정, 용기와 도전의 모습으로 나타난다. 영어 단어 하나 외우기 싫어하는 아이가 랩에 빠지면? 어려운 영어 문장을 달달 외운다. 공부를 지겨워하던 아이가 공부에 자발성이 생기면? 하루 열 시간 넘게 공부한다.

아이들을 보라. 아이들은 자발성 덩어리다. 호기심과 열정, 몰입, 그리고 생기가 넘친다. 그런데 이 아이들이 커가면서 어떻게 되나. 점점 자발성이 죽어간다. 아이의 자발성을 잘 살려주는 엄마가 최고의 엄마다. 아이의 자발성을 죽이는 엄마가 최악의 엄마다.

자발성의 핵심은 '재미'다. 재미있으니까 스스로 하고 틈만 나면 하려고 한다. 자발성을 키워주는 방법은 아이가 하고 싶은 것을 하게 해주는 것이다.

하고 싶은 대로 하게 놔두라고 하니 벌써부터 엄마들이 걱정하고 의심하는 소리가 들려온다. 그러다 게임에 중독되면 어쩌라고? 그러다 영포자, 수포자 되면 어쩌라고? 그렇게 놔뒀다가 아이 미래 망치면 책임질 거냐는 원성, 현실을 모르고 하는 소리라는 불만도 들리는 듯하다. 그럴 수 있다. 부모 입장에서 뭐라도 하지 않으면 책임과 의무를 방기하는 느낌이 들고 불안할 것이다. 설령 내 말이 맞다고 생각해 며칠 아이를 편하게 둘 수는 있겠지만 금세 뭐라도 하지 않으면 안 될 것 같은 불안이 밀려올 것이다.

그런데 냉정하게 생각해보자. 지금처럼 아이를 감시하고 구박하고 끌고 다니면 맨 먼저 자발성이 죽는다. 쉽지 않겠지만 아이를 믿어야 한다. 아이에게 내재된 힘, 자발성을 믿어야 한다. 엄마의 혁명은 아이에 대한 믿음에서 시작된다.

의심과 불안을 견디고 아이를 자유롭게 해주는 엄마가 혁명의 엄마다. 조금씩 그런 새로운 엄마들이 나오고 있다. 내 아이에게 무엇이 좋은지 남들보다 먼저 깨닫고 용기 있게 실천하는 엄마들이다. 그 엄마의 아이들이 새로운 시대의 주인공이 되고 리더가 될 것이다.

세상이 바뀌었다. 공부 좀 못한다고 헐벗고 굶주리지 않는다. 사는 게 조금 팍팍할 수는 있지만 마음먹기에 따라 부자나 출세한 사람보다 더 즐겁게 살 수 있는 세상이다. 명문대 나왔다고 연봉이 크게 차이 나는 것도 아니고 출신 대학이 어디든 공무원 시험에 매달리는 건 매한가지다. 그저 '나 ○○대 나왔네' 하는 알량한 심리고, 연봉 3천이냐 5천이냐는 자존심 문제고 숫자 놀음일 뿐 생활에 큰 차이는 없다. 아주 부자가 아닌 이상 사는 게 거기서 거기다. 비슷한 영화 보고 비슷한 걸 먹으면서 산다.

이런 세상에서 필요한 능력이 무엇일까. 자기 인생을 즐길 수 있는 능력, 즉 일상에서 재미를 찾고 의미를 만들어내는 능력이다. 이 능력을 일찍 빼앗아버리면 아이는 평생 제대로 된 행복을 모르고 살 수 있다. 소위 명문대에 다니는 학생들을 상대로 설문조사를 했더니 '나의 십대는 불행했다'는 대답이 50퍼센트가 넘었다고 한다. 이게 현실이다.

삶은 딱 두 가지다. 재미와 의미. 재미없으면 지는 거다. 하지만 재미만 있으면 허망해진다. 재미와 함께 의미도 있어야 한다. 인생은 재미와 의미가 어느 한쪽으로 치우치지 않게 균형을 잡는 시소놀이다. 사람들과 더불어 재미를 찾는 능력, 그리고 나로 인해 이웃이 더 행복해지는 의미 있는 일을 할 수 있는 능력이 중요하다. 이 능력을 갖추는 데는 큰돈도 필요 없고 명문대 간판도 필요 없다. 자기 인생을 재미있고 의미 있게 만들 수 있는 힘은 자발성에서 나온다. 자발성이 재산이다. 자발성이 자생력이다. 다가올 세상은 자발성이 충만한 사람이 성공하는 세상이다.

거의 30년 전부터 "놀게 놔둬. 때 되면 알아서 공부해~ 제 밥벌이는 자기가 하는 거지"라고 말하면 "아이고, 옛날 얘기 하고 있네. 지금 시대가 어느 땐데. 정신 차려요~ 그러다 애 망쳐요" 하는 답이 돌아왔다. 그러고 30년이 지났다. 어떻게 되었나. 그렇게 공부시킨 애들이 어떻게 됐나. 헬조선에서 앞이 안 보이는 깜깜한 청춘이 되었다. 그런데도 아직도 과거의 그 멘트는 계속되고 있다. 30년 동안 계속된 멘트를 지금도 반복하는 엄마는 절벽 아래로 추락하는 레밍과 다를 게 없다.

이제 정말 시대가 바뀌었다. 멘트도 바뀌어야 한다. "어릴 때 뒤처지면 따라가기 힘들어요. 아이 공부는 엄마 하기 나름이에요"라며 아이 공부에 올인 하는 엄마에게 이렇게 얘기해줘야 한다. "아이고~ 옛날 얘기 하고 있네요. 지금 시대가 어느 땐데. 정신 차려요~ 그러다 애 망쳐요."

공부보다 자발성을 택한 엄마는 흔들리면 안 된다. 명심해야 한다. 아이 성적을 우선으로 하는 엄마들은 이미 그 길로 들어섰으니 돌아서기 힘들다. 어쩔 수 없다. 그들만의 리그다. 그 전쟁터에 끼어들지 말자. 때로 그들이 부럽고, 가만있는 내가 불안해도 이를 악물고 견디자. 버티자. 절대 흔들리지 말자. 그러면 이긴다.

아이를 존중하고 자유롭게 해준 엄마는 결과적으로 가장 큰 것을 얻는다. 아이의 마음이다. 적어도 그 아이의 자존감은 높을 것이다. 주눅 들지 않고, 밝고 자발성이 강할 것이다. 그 힘이 평생 살아가는 밑천이 된다. 공부에 올인 했던 부모가 자식들에게 칭찬과 존경만 받을 것인가. 그렇지 않다. 아마 내 인생은 어디 갔냐고, 왜 자신을 부모 입맛에 맞춰 키웠냐고 원망을 듣거나 이제부터라도 내가 살고 싶은 대로 살겠다는 항변을 들을 수도 있다. 일단 높은 자리에 올라가면 그런 것들은 다 해결된다고? 아니다. 다양한 경험을 통해 자발성을 깨워야 할 시기에 수동적으로 살았기 때문에 남은 인생도 공부하듯 힘들게 살 확률이 높다.

엄마가 코치 종목을 바꿔야 하는 확실한 이유가 있다. 엄마와 아이, 둘 다 승리하기 때문이다. 엄마가 자발성 코치가 되면, 다른 아이들이 공부에 괴로울 때 내 아이는 신나게 놀아서 이기는 거고, 다른 아이들이 엄마 스케줄에 걸려 버둥거릴 때 내 아이는 자유롭게 날아다녀서 이기는 거다. 다른 아이들이 엄마의 눈치와 구박에 시달릴 때 내 아이는 엄마 사랑받고 인정받으니 이기는 거고, 다른 엄마가 아이에게 짜증 내고 분노할 때 나는 아이 보고 웃으니 내가 이기는 거다. 다른 엄마들이 불안과 걱정에 동동거릴 때 난 마음 편하니 이기는 거고, 다른 엄마가 돈 쓸 때 나는 돈 아끼니 이기는 거다. 이제 나도 승리하고 아이도 승리하는 종목으로 바꾸자.

Tip 공부를 우선하는 자녀를 위한 팁

억지로 하는 공부라도 자발성의 힘이 있어야 합니다. 대개 열심히 공부하다가 포기하는 경우는 자발성 에너지가 다 떨어져서 그렇습니다. 엄마는 자녀의 자발성 수준을 잘 봐야 합니다. 자발성이 방전되었을 때 나타나는 증상을 알아야 합니다.

1. 신체 증상으로 나타납니다. 두통, 요통, 근육통과 같은 통증, 그리고 피부병, 만성 피로감 등입니다.
2. 심리 증상으로 나타납니다. 짜증과 화를 자주 내고, 갑자기 분노를 폭발시킵니다.

1, 2의 증상은 정신의학적으로 볼 때 갇힌 자발성이 몸 안에서 요동치는 현상입니다. 이 단계를 넘으면 자발성이 고갈되어 무기력, 무의욕, 무감동, 심하면 우울감이 나타납니다. 아이의 몸이 요동칠 때를 놓치지 마세요.

자발성 고갈이 의심되면 이렇게 해야 합니다

1. 무조건 쉬게 해줘야 합니다. 고비를 넘기라고 몰아붙이면 안 됩니다. 자녀와 얘기해 아이가 원하는 만큼 충분히 쉴 수 있도록 합니다. '여기서 멈추면 안 되는데……' 하는 엄마의 불안은 아이를 병들게 하는 악마의 속삭임입니다.

2. 자녀의 사생활을 모른 척해줘야 합니다. 자녀의 소소한 일탈은 자발성의 에너지원입니다. 꼬치꼬치 묻고 따지고 확인하지 말고 궁금해도 견디고 알아도 모른 척 넘어가 주세요. 자녀의 비밀을 존중해줘야 아이의 자발성이 살아납니다.

○ ○ ○

안전 불안: 접속을 끊어라

"연락이 안 되면 너무 불안해요"

불안의 시대다. 이 세상은 '위험'과 '불확실'로 가득 차 있다. 불나고 무너지고 가라앉고 사라지고…… 언제 어디서 위험한 일을 당할지 모르는 세상이다. 매일 들리는 끔찍한 사건사고 소식에 우리 아이만 예외란 보장이 없다. 사건사고만이 아니다. 아이들 먹는 식재료도 걱정이다. 장난감, 문구류도 유해 물질이 들어 있을까 걱정이다. 아이를 지키느라 신경이 곤두선다.

사이코드라마에서 만난 한 엄마가 있다. 중학교 2학년인 외아들 때문에 화가 난다고 주인공으로 나왔다. 이 엄마가 화난 이유는 아들이 엄마 문자에 답을 잘 안 하기 때문이다. 스토리는 이렇다. 이 엄마는 아들에게 타임 스케줄에 따라 보고하도록 했다. 아들은 학원 가면 간다고, 집에 오면 온다고 문자로 알려야 한다. 중간에 편의점에서 라면 먹느라 지체되면 그것도 보고해야 한다. 그런데 아들이 가끔 연락을 안 한다. 문자도 없고 전화도 안 받으면 엄마는 안절부절못한다. 거의 공포 수준으로 불안하다.

드라마에서 이 장면을 재연했다. 아이와 연락이 되지 않자 엄마는 극도로 불안해했다. 안절부절못하며 5분마다 전화를 한다. 112에 신고할까 고민도 한다. 그러다 아이가 전화를 받는다. 엄마가 소리친다.

엄마: 너 어디야! 왜 엄마 전화 안 받아? 왜 연락 안 해!

아들: 깜박했어. 학원에서 핸드폰 꺼놓고 깜박했다고.

엄마: 너 엄마 죽는 꼴 볼래? 너 연락 안 되면 엄마 미치는 거 알잖아!

아들: (짜증 내면서) 엄마가 너무하잖아. 왜 그렇게 연락을 하라고 해? 나도 괴롭다고!

엄마: 야! 문자 하나 보내는 게 그렇게 어렵냐? 엄마 마음 편하게 문자 한번 해주면 안 되냐?

엄마는 아이가 그 쉬운 문자 하나 안 보내는 게 이해가 안 된다. 엄마가 얼마나 불안해하는지 알면서도 연락 안 하는 게 괘씸하고 화난다. 이 심리극에서 주인공이 아들에 대한 불안과 화를 풀게 했다. 주인공은 스펀지 방망이로 의자를 치면서 소리쳤다. "엄마가 얼마나 너를 걱정하는지 알잖아! 전화는 왜 안 받아! 문자는 왜 씹고? 엄마 미치는 거 알면서! 너 일부러 엄마 골탕 먹이려고 그러는 거지? 이 나쁜 놈아!" 주인공 마음이 조금 시원해졌다.

이번에는 아들이 되어보게 했다. 아들 입장에서 힘든 건 없는지 느껴보기 위해서다. 주인공이 아들 역할을 해보고는 이렇게 말했다. "아이가 돼보니 시간마다 문자 하는 게 조금 귀찮긴 하네요. 그리고 친구들하고 놀다 보면 깜박 잊어버릴 수도 있겠어요. 아들 입장이 이해돼요." 그러면서 한마디 덧붙였다. "그래도 연락은 해야 되는 거 아닌가요? 자기가 좀 불편하긴 해도 엄마가 걱정하니까 문자 하는 게 당연하죠. 그리고 엄마 문자는 왜 씹어요?" 엄마는 아이 마음을 이해하지만 자신의 행동이 문제라고 생각하지는 않았다.

심리극에서는 '역할 훈련'이라는 기법이 있다. 예상되는 상황을 만들고 미리 훈련해보는 것이다. 예를 들어 발표불안이 있는 주인공이라면 발표 상황을 가상으로 만들고 어떻게 할 것인지 미리 경험해보고 좋은 대안을 찾는다.

주인공 엄마에게 역할 훈련 기법을 사용했다. 아들과 연락이 안 될 때 안심하고 여유를 갖고 기다려보는 훈련을 해보았다. 그런데 가상 장면인데도 주인공은 연락이 안 되는 상황을 견디지 못했다. 게다가 왜 그런 상황을 견뎌야 하는지 이해를 못 했다. 아이에게 무슨 일이 있을지 모르는데 당연히 전화해야지, 왜 기다리느냐고 되물었다. 그렇게 드라마 속에서도 아들과 연락이 안 되는 상황을 받아들이지 못하니, 드라마 진행이 잘 안 됐다. 결국 드라마는 아들이 정신 차려서 다시는 엄마 문자 씹지 않겠다고 약속하는 장면으로 마무리했다. 엄마가 원하는 해피엔딩으로.

드라마 후에 관객들과 나누기를 했다. 주인공이 관객에게 물었다. "아들에게 자주 연락하는 제 행동이 정말 문제인가요?" 주인공은 자기 행동이 문제 있는 건지 관객들에게 답을 듣고 싶어 했다. 그래서 관객들에게 이 주인공의 행동이 문제라고 생각하는 분은 손을 들어보라고 했다. 관객의 반 정도가 문제가 된다고 손을 들었다. 나머지 반은 엄마로서 당연히 그럴 수 있는 행동이라고 하였다. 주인공 엄마는 관객 의견이 반반으로 나뉜 걸 보고 자기가 그렇게 문제 있는 엄마는 아니라고 안심했다.

관객 한 사람이 주인공에게 공감하는 나누기를 해주었다.

"주인공이 저랑 똑같아요. 저도 아이랑 연락이 안 되면 안절부절 못해요. 아이랑 하루에 스무 번 넘게 연락해요. 제가 '뭐 하니?' 하고 문자 보냈는데 1분 내로 답이 안 오면 곧바로 전화 걸어요. 전화를 안 받으면 미칠 거 같아요. 받을 때까지 1분마다 전화하죠. 전화 받자마자 소리쳐요. '너 엄마 죽이려고 그러니? 왜 전화 안 받아!' 하고요. 주인공이 저하고 똑같아서 속으로 웃었어요. 아들은 저 때문에 스마트폰을 없애고 싶대요. 자기도 엄마 전화에 미칠 거 같대요. 엄마 훈련시키려고 일부러 전화 안 받는다나요? 미쳐요, 내가."

안전을 위해 친 울타리가 아이 불안을 키운다

아이를 안전하게 지키기 위해 엄마는 자녀에게 울타리를 친다. 가축을 키울 때 울타리를 치는 이유는 두 가지다. 하나는 외부의 위험에서 보호하기 위해서고 또 하나는 이탈을 막기 위함이다. 부모가 아이에게 울타리를 치는 이유도 마찬가지다. 안전과 통제를 위해서다. 지금은 최첨단 IT 울타리의 시대다. 핸드폰으로 아이의 위치와 행동을 실시간 추적한다. '거기 어디야?' '누구하고 있어?' '뭐 하고 있어?' 일거수일투족을 생중계로 들어야 안심이다. 잠시라도 연락이 안 되면 뭔 일 생겼나 하고 '급'불안해진다. 그사이에 엄마 머릿속에서는 아이가 사고당하고 납치되고 살해되는 끔찍한 공포영화가 상영된다. 안전 불안이 병적인 수준이다.

하도 사건사고 소식을 자주 접하다 보니 우리의 판단에 오류가 생겼다. 일반화의 오류다. 어쩌다 일어날 특정 사건이 우리 아이에게도 일어날 것이라 생각한다. 어린이집 선생님이 아이 때렸다고 하면 우리 아이에게도 그 일이 일어날 것 같고, 수련회 사고 소식에 내 아이도 수련회 가면 사고 날 것 같은 생각이 든다. 차 사고, 실종, 학대, 방치, 왕따 등등 모두 내 아이에게 일어날 것만 같다.

엄마 불안은 어쩔 수 없다. 이해하고 또 이해한다. 하지만 엄마의 불안이 아이에게 해가 된다면? 엄마의 과도한 불안은 크게 두 가지 문제를 낳는다. 첫째는 안전이라는 이름으로 자녀의 인생 경험을 막는 것이다. 캠프장에서 사고가 났다는 소식이 들리면 캠프 안 보내고, 수학여행에서 사고가 났다면 수학여행 안 보내고, 친구들과 여행 안 보내고, 사람 많은 공연장 못 가게 하고, 절대 혼자 택시 못 타게 한다. 안심할 수 없으니 길거리에서 파는 치킨, 햄버거도 못 먹게 한다. 아이가 할 수 있는 게 대체 뭔가?

둘째는 아이 머릿속에 불안의 엄마, 의심의 엄마가 숨어드는 것이다. 아이는 엄마의 불안에 묶여서 수시로 연락받고 연락해야 한다. 뭘 하다가도 '아차! 엄마!' 하면서 불안한 엄마를 떠올려야 하고, 친구랑 놀다가도 문자 알림음에 뜨끔해야 한다. 집에 와서도 그날 한 일, 먹은 것을 엄마한테 보고해야 한다. 아이의 무의식에 불안과 감시의 엄마가 들어가 있는 것이다. 마마보이가 괜히 생기는 게 아니다.

엄마가 말린다고 아이가 하고 싶은 것 안 할까. 엄마 속이면서 할 것 다 한다. 그러다 보면 다툼이 생기게 마련이다. 그러면 엄마도 아이를 더 못 믿는다. 엄마의 불안이 아이에 대한 의심으로 넘어간다.

걱정이 감시로,
감시가 구속으로

불안의 시대에 가장 확실한 안전은 엄마가 아이를 눈으로 직접 보는 거다. 유아 때는 베이비 모니터로 확인하고 어린이집과 유치원은 CCTV로 확인한다. 어린이집이나 유치원 CCTV 영상이 엄마 스마트폰으로 실시간 중계될 날도 머지않았다. 뭐든지 눈으로 봐야 안심한다. 요새는 어린 자녀에게 위치 추적기를 달아준다. 그런데도 걱정이다. 팔에 차고 있으면 잃어버리지 않을까 걱정, 가방에 달았는데 납치범이 가방은 놔두고 아이만 데려갈까 봐 걱정, 옷에 달자니 옷도 벗기고 데려가면 어쩌나 걱정이다. 걱정이 끝이 없다. 이러다가 아이 피부에 간단하게 GPS 칩을 심는 기술이 나오면 너도 나도 할 판이다.

안전을 위한 확인이 통제를 위한 감시로 바뀐다. 학원에서도 학생이 도착하면 몇 시에 도착했다고 자동으로 문자 통보 해준다. 숙제 안 하면 저절로 스마트폰을 잠그는 앱도 나왔다고 한다. 심지어 중학생 아이 방에 CCTV를 설치한 엄마도 있다. 그 엄마에게 너무하다고 말하니까 이런 반문이 날아왔다. "뭐가 나빠요? 애가 공부하는지, 게임하는지 확인한다는데. 그러면 나쁜 짓도 못 하고 좋지 않은가요?"

그럴듯한 말이다. 하지만 그렇게 감시하면 아이가 병든다. 아이는 잠재적인 죄인이 된다. 24시간 감시받게 되고, 감시하는 눈이 아이 머릿속에 박혀버린다. 늘 감시당하는 예비 범죄자 아이가 어떻게 당당하고 자유롭고 창조적으로 살겠는가!

문제는 또 있다. 아이는 의심병에 걸리기도 쉽다. 가장 사랑하는 엄마가 아이를 의심한다. 그 의심의 냄새가 고스란히 아이에게 밴다. 아이도 의심하는 아이가 된다. 엄마가 나를 어떻게 생각할까, 어디서 나를 지켜보지 않을까 하는 의심의 눈이 생긴다. 사람들을 못 믿는다. 무의식적으로 '저 사람도 날 의심하겠지' 하는 태도가 생긴다. 심하면 피해의식도 생길 수 있다. '누가 내 방에 도청 장치를 해놓은 게 아닐까?' '누가 이 방에 카메라를 설치하지 않았을까?'

또 있다. 끌림의 법칙으로 다른 사람도 아이를 의심하게 된다. 엄마가 대접한 대로 다른 사람도 대접한다. 아이가 연애를 해도 그 연인이 이 애를 의심할 것이다. 결혼하면 배우자도 의심하는 증상을 보일 것이다. 엄마가 못 믿었던 행동을 다른 사람도 똑같이 하는 것이다. '설마 그렇게까지 할까?' 하고 생각하는 분도 있겠지만 단언컨대 이 아이의 삶은 의심의 분위기에서 벗어나지 못한다. 그게 무의식이고 그래서 무의식이 무서운 거다. 엄마가 아이를 위한다고 설치한 CCTV에서 매일 다량의 방사선 물질이 나오는 꼴이다. 아이는 시름시름 병들어간다. 엄마는 모른다. 왜 사랑하는 내 아이가 병이 들었는지.

CCTV와 스마트폰으로 아이와 24시간 연결되면 엄마의 불안이 사라질까? 아니다. 역설적으로 24시간 연결 체계가 엄마를 더 불안하게 만든다. 아이가 눈에 보여야만 안심이 되게 길들여진다. 아이와 잠시라도 연결이 안 될 때는 심한 불안에 휩싸인다. 접속에 길들여질수록 접속의 부재는 공포가 된다. 핸드폰 한 시간 불통이 아이에게 큰일이 일어났다는 공포감을 일으킨다.

옛날에 핸드폰 없을 때는 가족이 집에 안 들어와도 크게 신경 안 썼다. 알아서 잘 들어오겠지 했고, 알아서 들어왔다. 하지만 요즘은 언제든지 연락이 가능한 세상이라 잠깐이라도 연락이 안 되면 불안이 올라온다. 24시간 접속이 오히려 불안병을 만든 셈이다.

불안한 엄마도 괴롭지만 엄마의 불안으로 아이도 괴롭다. 아이도 엄마 스마트폰에 길들여진다. 무슨 일을 하다가도 '이때쯤이면 엄마한테 전화 오겠지' 하는 생각이 들면서 신경이 쓰인다. 신경이 쓰인다는 건 불안하다는 것이다. 아이 머릿속에 불안한 엄마, 감시하는 엄마가 들어와 있다. 잘 지내고 있다가도 어느 순간 머릿속에 엄마가 짠~ 하고 나타나서 아이는 불안해진다. 별것 아닌 거 같지만 사실은 무서운 구속이다.

거꾸로 생각해보자. 남편이 사랑이라는 이름으로 내가 아이에게 하는 것처럼 나를 감시한다면? 내가 밖에서 친구 만나는데 한 시간마다 어디서 뭐 하는지 연락하라고 한다. 매시간 남편이 '뭐 해?' '어디야?' 하고 문자 보낸다. 그러면서 자유롭게 놀라고 한다. 내가 집에 있을 때도 수시로 문자가 오고 영상통화 하자고 한다. 이런 감시가 반복되면 나중에는 내가 어디에 있든 남편이 머릿속에 들어와 있다. 밖에서 친구와 커피 마시고 있다가도 '이때쯤이면 문자 오겠지' 하는 생각이 들면서 불안해진다. 삶이 괴롭다. 아이도 마찬가지다. 엄마의 감시 속에 사는 아이, 그 정신세계가 과연 자유로울 수 있을까?

접속을 끊으면
불안도 끊어진다

엄마의 불안은 아이에게 득이 아니라 독이 된다. 엄마가 아이에게 쓸데없는 불안의 냄새를 풍긴다. 예를 들어 아들이 친구 네 명하고 스키장에 놀러 갔다. 엄마는 불안하다. 얼마 전 스키장에서 사망 사고가 났다는 소식을 접해서 더 그렇다. 가기 전 아들에게 한 시간마다 문자를 보내라고 당부했다. 다른 엄마들은 걱정 안 한다. 이 엄마만 그런다. 놀러 간 다른 친구들은 아무 생각 없이 잘 노는데 이 아들은 한 시간마다 엄마를 떠올리고 문자 한다.

한 시간마다 문자 하는 아이의 심정이 어떨까? 신나게 놀 수 있을까? 그런데 이 아들이 놀다가 문자 하는 걸 깜박 잊어버렸다. 엄마가 놀라서 문자 하고 전화하고 난리였지만 아이는 전화기가 스키복 깊숙이 들어 있어 알아채지 못했다. 나중에 생각나서 폰을 꺼내보니 부재중 전화가 열 통이 와 있다. 엄마에게 부랴부랴 전화한다. 욕을 바가지로 먹는다. 아이는 스키장에 없어야 할 엄마랑 같이 스키 타고 있는 꼴이다. 불안한 엄마를 등에 업고서 스키 타는 아들. 아들이 집에 가면 아마 엄마는 이럴 거다. "우리 아들~ 잘 놀았어?"

아이가 한 시간마다 문자 보내면 내 아이가 다른 애들보다 더 안전한가? 집에 있는 엄마가 왜 저 멀리 스키장에 있는 아이에게 불안의 기운을 보내나? 끌림의 법칙이 있는데. 엄마의 불안이 오히려 아이에게 불행을 끌어당기면 어쩌려고? 아이가 리프트 타고 올라가다 '엄마한테 문자 해야지' 하고 보내다가 장갑 떨어뜨리고, 그 장갑 신경 쓰느라 스키 타고 내려오다 앞 사람과 크게 부딪치면 어쩌려고?

문제는 아이도 아니고 세상도 아니다. 엄마의 불안이 문제다. 스마트폰으로 확인한다고 아이에게 일어날 사건사고가 예방되는 것이 아니다. 그저 엄마 불안 해소 효과만 있을 뿐이다.

아이가 수학여행 갈 때 불안해하나? 아이가 친구들과 공연장 놀러 갈 때 불안해하나? 아이들은 불안하지 않다. 신난다. 신나는 아이에게 왜 엄마의 불안을 뒤집어씌우나! 엄마의 불안이 아이에게 득되는 건 하나도 없다. 엄마 불안을 아이에게 투사하는 것일 뿐이다.

아이가 눈앞에 없으면 엄마 머릿속에서도 아이가 없어야 한다. 까맣게 잊어버리는 게 제일 좋다. 정 걱정된다면 가기 전에 주의사항 정도만 일러주면 된다. 가끔 없는 아이가 생각나면 '응, 잘 있겠지' 하고 털어버려야 한다. 머릿속에서 공포영화 찍으려고 하면 빨리 도리도리하고, 청소를 하든 운동을 하든 다른 걸 해야 한다.

아이가 밖에 나갔을 때, 엄마는 불안이 올라와도 절대 연락하지 말아야 한다. 아이가 집에 들어올 때까지 연락하지 않는 훈련을 해야 한다. 연락 안 하는 것, 정말 어렵다. 엄마는 아이 태어날 때부터 눈에 넣어두는 게 익숙해져서 아이와 연결이 안 될 때 불안을 못 견딘다. 그래도 어쩔 것인가! 아이를 위해서 견뎌야 한다. 안전 불안이 별로 없는 엄마는 정말 행운아다.

사실 제일 좋은 건 엄마가 안전 확인 습관에 길들여지지 않는 것이다. 아이가 어릴 때부터 베이비 모니터도 사용하지 않고 어린이집에 CCTV 있는지 신경도 쓰지 않아야 한다. 아이가 크면 엄마가 먼저 연락하지 않는 훈련도 해야 한다. 접속 습관에 길들여지지 말자. 그게 아이한테 좋은 거고 엄마한테도 좋은 거다. 아이는 자유로워서 좋고 엄마는 불안하지 않아서 좋고. 하기 힘들어도 해야 한다. 아이의 자유를 위해 불안의 고통을 감수해야 한다. 너무 가혹한 말일지 몰라도 아이를 위해서 엄마가 불안해야 한다.

아이와 접속을 끊어보자. 처음에는 극심한 불안이 올라올 것이다. 그 과도기를 견뎌야 한다. 접속을 끊으면 아이에 대한 불안도 끊어진다.

불안할 때마다 필요한 주문

초등학교 때 봤는데 지금도 스토리가 기억나는 만화가 있다. 40년이 훨씬 넘었는데 기억하는 걸 보니 나에게 뭔지 모르게 영향을 주었나 보다. 만화 내용은 이렇다.

어떤 나라에 왕이 있었다. 자식이 없어서 걱정이었는데 공주가 태어났다. 왕은 너무 기뻐서 잔치를 열었다. 그 잔치에 온 한 마법사가 왕에게 경고했다. 공주가 열 살 되는 해에 사자에게 죽임을 당하니 조심하라는 거였다. 왕은 그 말을 듣고 나라에 있는 사자를 모두 죽였다. 산속 깊숙한 곳까지 병사를 풀어 사자를 찾아 죽였다. 그 나라에 사자는 한 마리도 남지 않았다. 공주가 열 살이 되자 그래도 왕은 걱정이 되어 공주를 높은 탑에서 지내게 하고 믿을 만한 시녀에게 시중들게 하였다. 어느 날, 심심한 공주가 시녀와 자수를 하다 자수바늘에 손을 찔렸다. 그 상처가 덧나서 결국 공주는 죽었다. 마지막 만화 한 컷에 그려진 그림이 기억난다. 자수바늘 귀 쪽에 사자 형상이 새겨져 있었다!

어린 나는 그 만화를 보고 '인간이 아무리 노력해도 어쩔 수 없는 것이 있다'라는 메시지를 받은 것 같다. 그때 '운명'에 대한 감각이 무의식에 새겨졌나 보다. 그래서일까, 나는 확고한 신념이 하나 있다. 그건 '사람이 죽는 날은 정해져 있다'는 믿음이다.

내가 죽는 날은 이미 정해졌다. 내 아이가 죽는 날도 정해져 있다. 내가 어떻게 할 수 없다. 걱정하고 불안해하고 별짓을 다 해도 내 아이가 죽는 날은 하늘에 이미 새겨져 있다. 운명이다. 태어나고 죽는 것은 하늘의 뜻이다. 일어날 일은 일어나고 안 일어날 일은 안 일어난다. 불안해해봤자 소용없고 나만 아프다. 살아 있을 때 맘껏 사랑하고 기뻐하고 감사하면 된다.

고등학생들이 바닷가 수련회 가서 사고 났다는 뉴스를 듣고 엄마는 놀랐다. 그런데 내 아이가 학교에서 바닷가로 수련회 간단다. 극심한 불안이 올라온다. 안 보내고 싶다! 그때 이를 악물고 이렇게 결심해야 한다. '그래도 보내야 한다. 이건 나의 불안일 뿐이다. 나의 불안으로 아이의 인생을 막으면 안 된다!'

이 세상은 불안의 세상이고 우연의 세상이다. 비밀의 세상이고 위험의 세상이다. 앞으로 어떻게 될지 아무도 모른다. 수련회를 안 보내고 안심했는데 집 앞에서 더 큰 사고가 날 수도 있다. 이것이 인간의 삶이다. 우연을 없애고 불안을 없애고 비밀과 위험을 없애겠다면 우리는 인간적인 삶을 포기해야 한다.

불안의 바다에서 춤추는 게 우리 인생이다. 엄마가 내 아이라는 멋진 배를 만들어놓고 바다가 위험하다고 항구에 묶어두면 안 된다. 저 거친 바다에 어떤 태풍이 불고 어떤 파도가 덮칠지 알 수 없다. 그래도 어쩔 수 없다. 저 바다에서 춤추는 게 아이의 인생이니까. 아이를 먼 바다로 나가게 해야 한다. "가라! 엄마의 불안은 엄마가 갖고 갈게. 너는 가서 바다와 싸우고 바다와 놀아라!"

불안하고 힘들고 아파도 이렇게 해야 엄마다. 아이의 운명을 내가 붙잡고 애쓰지 말자. 소용없는 일이다. 그냥 하늘에 맡기자. 나보다는 하늘이 내 아이를 더 잘 보살펴주리라. 우리, 불안할 때마다 이렇게 주문을 외우자.

"아이에게는 아이 인생이 있다. 아이는 아이 운명이 있다."

Tip 아이와 연결을 끊는 훈련

1. 아이가 연락하기 전에는 연락하지 않습니다. 아쉬우면 하루 한두 번 자녀에게 먼저 연락하라고 교육시키세요.
2. 불안과 의심이 들 때, 머릿속에서 공포영화 찍지 말고 '내 문제다' 하고 도리질 훈련을 하세요.
3. 긍정적인 마음일 때만 아이에게 연락하세요. 보고 싶을 때, 목소리가 듣고 싶을 때, 가끔 뭐 하는지 궁금할 때 등. (의심과 걱정의 마음이 아니라)
4. 자녀와 연락하고 싶을 때 꾹 참고 친구나 다른 지인에게 연락하세요.

○○○

비정상 불안: 정상의 기준을 바꿔라

심리 검사, 받아야 할까

심리 검사 이야기를 하려고 한다. 먼저 말해두는데, 여기서는 심리 검사의 부정적인 면만 강조할 것이다. 부정적으로 이야기하는 것에 대해 오해가 없도록 보충 설명을 해야겠다.

심리 검사를 반드시 해서 치료받아야 할 아이도 물론 있다. 불안, 우울, 심한 행동 장애와 같이 누가 봐도 문제가 있는 아이의 경우는 당연히 검사하고 치료받아야 한다. 그러나 무분별한 심리 검사는 위험하다. 발달, 학습, 성격처럼 문제 여부가 애매모호한 경우에는 심리 검사가 오히려 해가 될 수 있다. 많은 엄마들이 아이 행동을 조금이라도 이상하게 느끼면 내 아이가 무슨 문제가 있는지 확인하려고 심리 검사를 받게 한다. 아이 심리를 검사하고 상담받는 것이 무슨 유행처럼 되었다. 하지만 현명한 엄마라면 심리 검사가 어떻게 아이에게 독이 될 수 있는지 잘 알아야 한다.

다음은 어느 엄마가 내성적인 아들을 걱정하며 블로그에 올린 글이다.

> 어떻게 하죠? 아들이 너무 내성적이에요. 초등학교 1학년인데 학교에서 앞에 나서지도 않고 단짝 친구도 없나 봐요. 얼마 전에 담임 선생님이 아이가 내성적인 것 같으니 성격 검사를 받아보는 게 어떻겠느냐고 그래요. 우리 아들이 소심한 성격이라 학교생활이 좀 걱정되긴 했는데 성격 검사를 받아보라니, 충격이었어요.

어떤 엄마라도 선생님한테 이런 얘기를 들으면 충격받게 마련이다. 그리고 심리 검사를 받아야 할지 진지하게 고민한다. 선생님이 다 이유가 있어서 검사를 권하는 걸 테니 무시할 수가 없지 않은가. 지금 검사를 안 해서 나중에 아이에게 문제가 생기면 어쩌나 하는 파국적인 생각이 뒤따른다.

그래서 성격 검사를 받으면? 당연히 내성적이라고 나올 것이다. 다행히 심리 검사 기관에서 "아이들은 이 나이 때 대개 내성적이에요. 걱정 마세요" 이러면 좋으련만 "내성적이라 향후 사회생활에 문제가 될 수 있어요. 지속적인 상담 치료가 필요해요"라고 한다면?

참 난감하다. 그냥 한번 받아본 심리 검사인데 치료가 필요하다는 결과가 나오면 그걸 무시할 수 있는 엄마가 있을까? 결국 아이는 그때부터 환자가 된다. 엄마는 어떤가? 이제 엄마 눈에는 소심하고 우물쭈물한 아이 모습만 보인다. '문제아'라는 엄마 색안경을 확실하게 쓰는 것이다. 그리고 멀쩡했던 엄마와 아이 관계가 병들어간다.

심리 검사가 유행이다. 유치원이나 학교에서도 툭하면 심리 검사를 권고한다. 주의해야 한다. 심리 검사는 양날의 칼이다. 자칫 엄마도 아이도 다칠 수 있다. 심리 검사는 현재 상태를 평가하는 데 도움이 되지만 단순한 참고 자료일 뿐 절대적 기준이 아니다. 그런데도 아동의 경우는 심리 검사 결과가 마치 MRI 확진처럼 받아들여지는 경향이 있다. 엄마들은 전문가의 이름으로 내려진 검사 결과에 복종할 수밖에 없다.

가정의학과 의사인 남자 후배가 있다. 그 후배 아들이 초등학교 2학년인데 학교에서 조금 문제가 있었다. 친구들과 잘 어울리지 못하고 혼자 방방거리고 돌아다녔다. 담임 선생님이 심리 검사를 받아보라고 해서 소아정신과에 가서 검사를 받았다. 후배는 아들 검사 결과를 받아보고 너무 놀라서 내게 찾아왔다. 내게 심리 검사 결과지를 보여주었는데 거기 이렇게 적혀 있었다.

아동의 '지능 점수'는 92점으로 경계선지능군이다. 지능이 평균보다 떨어지고 인지 능력이 낮아 학교 수업을 따라가는 것이 벅차고, 친구 관계에서도 소통이 원활하지 않아 학교생활에 어려움이 많을 수 있다. '정서적 측면'에서는 자존감과 자기효능감이 매우 낮은 편이라 문제 해결 상황이나 과업 수행 상황에서 회피적으로 행동하는 경향이 있는 것으로 보인다. '성격적'으로는 미성숙하여 연령에 적합한 적절한 주도성, 자율성 발달이 미약한 것으로 추정된다. '대인 관계 측면'에서 보면 공감 능력, 사회 기술 능력, 타인에 대한 친밀감이 매우 부족하여 높은 친교, 애정 욕구 표현이 안 되어 또래 친구가 없어 사회적으로 고립될 가능성이 많다. 한편, '사회적인 성숙 정도'를 알아보는 사회 지수는 75점으로 의사소통 능력, 사회화 능력, 자조 능력 등에서 실제 생활 연령에 비하여 낮은 수준을 보여 적응 곤란이 예상된다.
이상을 종합해볼 때 보호자 교육과 상담이 필요하며 아동에게는 언어 학습 치료 및 또래 그룹 치료를 병행하는 것이 필요할 것으로 사료된다.

세상에……. 이 결과지만 보면 이 아이는 총체적 문제아이고 앞으로 아이 인생이 심히 걱정될 정도다. 이런 심리 검사 결과를 받은 후배 마음은 어떨까? 후배에게 어떻게 생각하느냐고 물었더니 어이없다는 듯이 말했다.

"말이 안 돼. ○○이가 좀 늦긴 해도 이렇게 문제가 많게 나올 줄은 상상도 못 했지."

"○○이 엄마는 어떠니?"

"충격이지. 자기가 뭘 잘못한 거 아니냐고 밤새 울었어. 나한테

까지 난리야. 내가 안 놀아줘서 그렇다고. 어떻게 하지? 다른 데 가서 검사받아볼까?"

하도 검사 결과가 심각한 터라 내가 후배 아들을 직접 만나봐야겠다는 생각이 들었다. 며칠 뒤에 아들을 병원에 데리고 오게 했다. 아이를 만나보니 잘 놀고 밝고 말도 잘했다. 특별한 문제는 없었다. 다만 또래에 비해 한두 살 정도 어린 것 같았다. 한마디로 발달이 또래 아이보다 살짝 늦은 아이였다. 단지 그것뿐이고 크게 문제 될 것이 없었다.

이게 심리 검사의 문제점 중 하나다. '애가 좀 늦네' 하고 느긋하게 기다리면 될 아이인데 검사 결과지에는 큰 장애가 있어 그냥 놔두면 사회에서 도태될 아이로 표현되어 있다. 조금 늦은 아이는 그냥 놔두면 자기 스타일대로 잘 살아가고 시간 지나면 비슷한 수준이 된다. 후배 아들도 그런 정도의 아이일 뿐, 치료 대상이 아니었다. 후배에게 말했다.

"네 아들, 조금 늦을 뿐이야. 아무 문제 없어. 절대 부모 치료나 아이 치료 받지 마! 받으면 오히려 병 된다."

후배가 안심 반, 걱정 반으로 묻는다.

"치료 안 받아서 문제 되는 거 아닐까?"

내가 딱 잘라 말했다.

"절대 그럴 리 없어! 나 못 믿냐? ○○이 문제 있으면 내가 평생 책임질게!"

후배가 말했다.

“알았어. 형 말을 믿어야지.”

내가 덧붙였다.

“그 결과지 찢어버리고 머릿속에서도 지워버려. 그리고 아이 엄마한테도 이렇게 말해. ‘선배가 그러는데 아무 문제 없대. 그냥 약간 늦는 정도래. 신경 쓰는 게 병 된대. 그냥 예전처럼 아무 일 없던 것처럼 ○○이 만나래.’ 그리고 네 얘기도 해. 거짓말 약간 섞어서. 너도 어렸을 때 많이 늦었다고. 유전인가 보다고.”

후배는 아들을 치료받게 하지 않았다. 후배 부인도 걱정을 털어내고 내 말을 꿋꿋하게 따랐다. 지금 그 아이는 학교에 적응해서 잘 지내고 있다. 아무 문제 없다.

엄마가 문제라고 느끼지 못한 아이가 학교에서 문제아라는 얘기를 들으면 당황스럽다. ‘내 아이라서 아이를 좋게만 봤나?’ 이런 생각이 든다. 그래서 객관적이고 전문적인 검사를 받아보려고 한다. 하지만 객관적이고 전문적인 것이 때로 기계적이고 독선적이 될 수 있다. 아이를 만나서 한두 시간 검사하고 아이의 정서, 성격, 대인 관계, 사회성을 어떻게 판단하고 단정 지을 수 있는가? 그것도 한창 성장 중에 있는 아이를!

전문가의 이름으로 사용된 ‘객관적이고 과학적인 용어’들은 사람을 해치는 무서운 칼이 되기도 한다. 종이쪽지 몇 장에 동그라미 몇 개 치고 단 두 시간 만에 아이의 현재와 미래를 결정지어버린다.

"치료를 받아야 합니다. 안 그러면 학업 능력이 떨어지고 친구 관계가 안 되고 사회성에 치명적인 문제가 생길 수 있습니다. 쾅! 쾅! 쾅!" 판사의 선고처럼 꼼짝 못 하게 된다.

심리 검사 후 벌어지는 일들

심리 검사의 가장 큰 문제는 검사 결과에 따라 엄마가 아이를 보는 시선이 바뀐다는 거다. 심리 검사 전에는 아이를 약간 소심하고 내성적이라고만 생각했는데 검사 후에는 사회 기술이 떨어지는 아이, 정서적으로 문제가 있는 아이로 보인다. 예전에는 귀여운 짓으로 봤던 아이의 행동이 지금은 덜떨어진 문제 행동으로 보인다. 아이의 행동을 보고 흐뭇했던 부모 마음이 불안과 걱정의 마음으로 바뀌었다. 그뿐인가? 마음이 복잡해진다. 내가 아이를 잘못 키웠나? 내가 직장 다니면서 아이에게 소홀했나? 아이가 문제가 있었는데 내가 그걸 제대로 보지 못했나? 이런 자책감과 죄책감에 마음이 괴롭다. 특히 직장 맘, 이혼·별거 부모, 아이를 남의 손에 맡긴 부모는 더 치명적이다. 엄청난 죄책감이 뒤따라온다. '내 탓이다!'

그러고는 색안경 엄마, 죄책감 엄마의 틀에 갇힌다. 엄마가 '우리 아이 문제아'라는 색안경 끼고 죄책감 엄마 냄새를 풍기면서 아이를 치료한다고 끌고 다닌다. 당연히 아이 마음속에 '나는 문제아'라는 무의식이 생긴다. 엄마의 불안과 걱정에 이끌려 상담소를 전전하는 아이가 어떻게 당당한 아이로 자랄 수 있을까. 긍정 에너지를 듬뿍 받아야 할 나이에 부정 에너지를 왕창 받으니 어쩔 것인가.

좀 산만한 아이들의 경우, 심리 검사를 받으면 기관마다 조금씩 다르지만 ADHD 진단을 받을 확률이 높다. 그러면 약을 먹진 않더라도 치료받아야 한다. 인터넷에서 ADHD를 찾아보면 이런 설명이 나온다.

> 대부분 ADHD를 가볍게 여기거나 자연 치료되리라 생각하는 엄마들이 많은데, ADHD는 치료해야 할 아동 심리 질환이다. 치료 시기를 놓치거나 치료를 안 할 경우 산만함은 줄어들 수 있으나 집중력이 약화되어 학습 능률이 현저히 떨어지는 부작용이 있다. 또한 교우 관계가 어려워지고 정서적인 문제가 생길 수 있다. 나이가 들어서는 반사회적 인격 장애로 나아갈 가능성이 높다.

이러한데 어떤 엄마가 치료 안 할 수 있나. ADHD뿐 아니다. 말이 조금 늦게 터진 아이들이 심리 검사를 받으면 당연히 언어 능력이 떨어진다고 나오고 언어치료나 놀이치료를 받으라고 한다. 치료 안 받으면 큰일 난다는 식이다. 다섯 살 남자애가 화를 잘 낸다고 '분노조절장애'가 의심된다며 뇌균형발달센터 가서 검사받으란다.

초2 아이가 너무 책만 읽는다고 또래 관계에 문제가 있으니까 상담받아보란다. 초1 아이가 더하기 빼기 못한다고 '학습장애'가 의심된다며 검사받으란다.

앞으로 이런 진단명이 나오지는 않을까 걱정이다.

"아동 외톨이 증후군: 5세에서 8세 아동 중에 어린이집이나 유치원에서 적응 기간이 지난 후에도 또래 애들과 어울리지 못하고 혼자 지내는 기간이 2개월 이상 지속될 경우 '아동 외톨이 증후군'을 의심해야 함. 조기 치료하지 않을 경우 정서 발달과 인지 발달에도 장애가 생길 가능성이 높고 대인 관계 문제가 심각해져서 후에 은둔형 외톨이가 될 가능성이 매우 높음. 대개 맞벌이 부부나 외동인 경우에 많이 발생함."

툭하면 유치원 선생님이 "○○가 아동 외톨이 증후군 같아요. 검사 한번 받아보세요" 이럴 것이다. 이 질병 하나 만들면 아동 심리 상담소에 예약 대기 환자가 넘치리라. 농담으로 들을 일이 아니다. 대한민국의 수많은 아이들이 이런저런 이유로 예비 환자가 되고 있다. 수줍은 아이, 소심한 아이, 나대는 아이, 모두 잠재적 장애다. 책만 읽어서 걱정, 책 안 읽어서 걱정, 친구 없어서 걱정, 친구하고만 놀아서 걱정, 만화만 읽어서 걱정, 과학책만 읽어서 걱정, 화내서 걱정, 표현 안 해서 걱정, 예민해서 걱정, 둔해서 걱정이다. 그리고 심리 검사해볼까 고민한다. 엄마가 자기 아이를 문제아 만들지 못해 안달이 난 것 같다. 대한민국은 소아 정신장애 천국이 되고 있다.

학습·성격·심리 검사의 한계

성격적인 문제, 학습 문제, 자연스러운 발달상의 문제를 치명적인 문제로 받아들이고 치료한다고 데리고 다니는 엄마들이 적지 않다. 아이가 조금만 이상하다고 느껴지면 쪼르르 상담소로 달려가 심리 검사를 받는다. 심리 검사가 만병통치약이 아님에도 불구하고 소위 과학적이고 객관적인 결과를 들어야 마음이 편해진다. 아이가 문제가 있는 것 같은데 확인이 안 되면 오히려 불안하다. 확인이 될 때까지 여기저기 검사받으러 돌아다니고, 결국 진단을 받아야 비로소 마음이 편해진다. 아이러니다.

아이를 치료한다고 데리고 다니면 엄마와 아이 관계는 병들어간다. 엄마가 아이를 옆에 끼고 돌봐줘야 하는 관계가 고착된다. 엄마가 과보호하고 아이를 가르치고 교정하고 치료하는 역할을 한다. 아이는 뭐가 문제인지 모른 채 엄마가 시키는 대로 한다. 엄마 손 안에서 아이의 자발성은 죽고, 아이의 생명력은 약해진다. 엄마는 그런 아이를 '내가 돌봐야 하는 아이'로 잠재의식 속에 못 박는다. 아이는 독립의 힘을 잃고 평생 의존과 반항을 반복하게 된다.

꼭 짚고 넘어갈 것이 있다. 심리 검사를 받고 '문제 있다'라는 결과가 나왔다고 하자. 그 치료 방법이라고 제시하는 것이, 공감해주고 믿어주고 기다려주고 사랑해주는 거란다. 병 주고 약 주는 꼴이다. 이게 무서운 함정이다. 아이를 불량품 만들어놓고, 공감하고 믿어주고 기다려주고 사랑해준다? 이런 엄마의 사랑은 어떤 사랑일까? 그 사랑은 짠한 사랑, 슬픈 사랑, 불안한 사랑이다. 이런 사랑을 주면 아이 정신에 '독'을 넣어주는 것이나 다름없다.

아이가 장애를 갖고 태어난다 해도, 남들이 아이를 '장애'라고 하더라도 엄마는 아이를 '있는 그대로의 축복'으로 봐야 한다. 그런데 장애인지 아닌지 모호한 아이, 장애일 수도 아닐 수도 있는 아이, 장애 아닌 아이를 모두 '장애'로 만들어버린다. 그리고 아이를 사랑한다면서 잠재의식에서는 짠한 사랑, 슬픈 사랑, 불안한 사랑, 억울한 사랑, 분노의 사랑을 하고 있다. 불쌍한 내 아이니 슬픈 사랑이고, '앞으로 어찌 살까' 하는 불안한 사랑이고, '왜 내게 이런 시련이' 하는 억울한 사랑이고, '왜 저런 애를' 하는 분노의 사랑이다.

심리 검사는 절대 함부로 받으면 안 된다. 학습이나 성격 관련된 검사는 특별히 주의를 요한다. 진단 내리기도 애매모호하고 혹 진단을 받아도 특별한 치료법도 없기 때문이다. 무엇보다 치료의 대상이 아니다. 성격은 발달의 문제거나 기질의 문제라 정상, 비정상을 가를 수 없다. 학습 능력은 뇌의 발달, 집중력, 호기심, 동기, 욕심, 환경 등 판단의 변수가 너무 많아 어느 하나로 단정 지을 수 없다. 문제 삼으면 더 큰 문제가 된다. 쉬운 예가 있다. 엄마들이 자랄 때를 생각해보자. 그때는 ADHD라는 용어조차 없었다. 코 흘리는 아이, 싸움 좋아하는 아이, 새침데기 아이, 장난꾸러기 등 대개 산만했고, 우왕좌왕했고, 말썽쟁이였다. 그런다고 부모가 우리를 문제아 취급했나? 훗날 우리에게 심각한 문제가 생겼나? 아이들은 다 그러면서 자란다. 그게 아이다.

내 마음 같아서는 어린이집부터 초등학교 3학년까지는 '심리 검사 권유 금지법'이라도 만들었으면 싶다. 때로 사려 깊지 못한 선생님들의 말 한마디에 엄마가 불안에 빠지고 아이는 문제아가 되는 부작용이 심각하기 때문이다.

심리 검사에 대한 이러한 권고는 순전히 내 경험에서 비롯한 것이다. 자기 아이를 환자로 만들고 고통 속에서 헤매는 엄마를 너무 많이 보았다. 발달 단계상 조금 늦은 아이를 치료한다고 끌고 다니는 엄마, 툭하면 아이가 문제가 있는 것 같다며 상담소 쇼핑하는 엄마, 병 아닌 병 걸린 아이를 데리고 괴로워하는 엄마를 많이 만났다. 심리 검사 무용론을 주장하려는 게 아니다. 누가 봐도 문제 있는 아이는 당연히 검사받고 치료받아야 한다. 다만 무분별한 심리 검사의 폐해를 강조, 또 강조하고 싶을 뿐이다.

내 아이는 정상일까, 평균일까

사이코드라마 철학에는 '정상증(正常症)'이라는 개념이 있다. 정상을 역설적으로 병적으로 보는 것이다. '정상'은 타인의 시선이 기준이 된다. 자기가 정상이라고 해도 소용이 없다. 또한 다수결의 논리다. 뛰어난 독창성과 자발성이 비정상이 된다. 세상 사람들이 정해놓은 규정에 꾸깃꾸깃 들어가야 건강한 것인가? 사회가 정한 틀대로 살아가는 인생, 해야 하는 규칙과 책임에 헉헉대고 살아가는 인생, 정해진 레일 위를 달려야 하는 인생이 병적인 것 아닐까. '정상'이라는 틀 속에 인간의 원초적인 생생한 힘은 갇혀버리고, 천편일률적인 로봇 같은 삶만 살고 있다. 그래서 '로봇증'이라고도 한다.

정상증과 비슷한 또 다른 병이 있다. '평균증(平均症)'이다. 우리 아이가 평균에 속해야 안심이다. 보통, 중간, 평균은 돼야 한다. 안 되면 '도태'될까 두렵기 때문이다. 평균증에 걸린 부모들이 많다. 다른 애들은 한글을 읽는데 우리 애는……. 다른 애들은 덧셈 뺄셈도 하는데 우리 애는……. 다른 애들은 같이 잘 어울려 노는데 우리 애는……. 이렇게 남들이 하는 보통의 수준에 미달하면 불안해진다. 평균이 안 되니 심리 검사를 받고, 검사를 받으면 또래 애들에 비해 미달되고, 그 미달은 고쳐야 할 비정상이 된다.

그때부터 부모는 '비정상'을 '정상'으로 만들기 위해 아이를 붙들고 쩔쩔맨다. 그리고 매일 얼마나 평균, 정상에 가까워졌는지 재는 게 일이다. 아직도 부족한 것 같으면 안타까워하고 그러면서도 책에서 본 건 있어서 아이에게 "○○야, 괜찮아, ○○도 할 수 있어. 엄마는 ○○를 믿어~" 이런 긍정 멘트를 날린다. 부모의 그런 긍정 멘트는 '입말'일 뿐이다. 정말 아이를 믿나? 정말 괜찮다고 생각하나? 아니다! 입말 속의 '맘말'은 이렇다. '아이고 아직도 이러네' '아이고 얘가 앞으로 어떻게 살까.' 입말과 맘말이 다르다. 아이들은 입말을 듣는 게 아니라 맘말을 듣는다.

아이는 자기를 보는 불안한 엄마의 눈빛, 짠한 엄마의 눈빛을 받는다. 아이는 영문도 모른 채 불안해진다. 여기서 중요한 사실을 알아야 한다. 엄마가 보는 아이의 문제를 정작 아이 스스로는 문제라고 생각하지 않는다는 것이다. 혼자 노는 아이가 자기 자신을 문제가 있다고 생각할까? 아니다. 아이는 그냥 혼자 잘 놀고 있는 거다. 그냥 애들한테 관심이 없는 거다. 이게 아이의 자발성이다. 때가 되면, 원하면, 다른 아이들과 어울려 잘 놀 것이다. 부끄러워서 망설이는 아이도 차차 적응하면 알아서 놀게 된다. 애들은 자기가 문제라고 전혀 생각하지 않는다. 명심하자. 움츠리는 것도, 혼자 있는 것도 아이의 자발성이라는 걸.

그런 아이들의 자발성을 문제 삼는 엄마들이 있다. 혼자 놀면 뭐가 문제인가? 평균적이지 못하니까 비정상인가? 이왕이면 같이 어울려 노는 게 더 낫긴 하겠지만 그러지 않는다고 문제로 보고 비정상으로 봐야 하나?

세상에 태어난 아이들은 한 명의 예외 없이 모두 다 '정상'이다. 장애를 갖고 태어난 아이도 남과 비교하지 않고 그 존재 자체로 보면 '정상'이다. 자기만의 세계가 있고 자기만의 기쁨, 자기만의 행복이 있기 때문이다. 하늘이 그 아이에게 그 아이만의 독특한 세상을 만나게 해준 것이다. 아이들 나름의 세상과 우주가 있다.

가만히 구석에서 혼자 노는 아이, 엄마 눈에는 짠한 외톨이처럼 보일지 모르지만 아이는 자기 방식으로 세상을 이해하고 자기만의 방식으로 세상을 만나고 있는 중이다. 한글 모르는 아이, 말 늦는 아이, 나대는 아이, 혼자 노는 아이…… 다양한 색깔일 뿐이다. 아이들이 저마다 내뿜는 자기 색깔이다. 아이의 '컬러풀 라이프(colorful life)'다. 화려한 인생이다. 그 화려한 인생을 '평균'에 구겨 넣으려 한다. 누가 불안한가? 아이인가, 엄마인가? 아이가 불안해하던가? 자기가 말이 늦다고 걱정하나? 자기가 소심하다고 불안해하던가? 아이는 아무 걱정 없다. 아무 걱정 없는 아이를 왜 걱정하나?

축복을 저주로 바꾸면 안 된다. 천국을 지옥으로 바꾸면 안 된다. 천사를 악마로 만들면 안 된다. 엄마는 아이를 보고 이렇게 하면 된다. '우주다!' '독특한 우주다!' '아주 특별한 우주다!' 그럴 수 있는 엄마여야 한다.

Tip 심리 검사, 이렇게 하자

학습 능력이나 성격에 대해서는 심리 검사를 가급적 받지 마세요. 검사 결과도 불확실하고 혹 문제가 있다 해도 해결책이 없습니다. 시간이 지나면 좋아지는 발달 문제도 가능한 한 받지 마세요. 긁어 부스럼이 될 수 있습니다. 정 걱정된다면 현명한 지인 여러 명에게 물어보고 결정하세요.

그리고! 이런 심리 전문가는 믿지 마세요. "뇌에 문제가 있다" "틀림없는 00네요" 하는 식으로 단정적인 언어를 쓰는 전문가. "나중에 안 좋게 될 확률이 아주 높다" "지금 치료 안 하면 큰일 난다"고 협박성 멘트를 날리는 전문가. "조금 더 일찍 오셨어야죠. 직장 다니느라 아이와 대화를 못 하셨군요. 아이와 애착 관계가 형성이 잘 안 됐네요" 하면서 엄마의 죄책감을 건드리는 전문가. "다른 애들하고 비교해도 상당히 떨어지네요" "치료해도 잘 안 되는 걸 보니 아이 문제가 심각하네요" 하고 부정적인 것만 강조하고 불안을 조장하는 전문가. 이런 전문가는 무시하세요. 어차피 치료하기로 했다면 다른 전문가를 찾아가세요.

엄마의 상처

엄마 상처 이론은 내면 아이 이론의 하나다.
엄마 속에 상처받은 어린아이가 있다는 것.
많은 엄마들이 이 이론에 동의한다.
하지만 이 이론은 일부는 맞고 일부는 틀리다.

상처 있는 엄마는 문제 엄마일까

엄마 상처 이론

몸이 상처를 입었다. 시간이 지나면서 몸은 스스로 치유한다. 피가 멎고 진물이 그치고 딱지가 앉고 새살이 난다. 그러나 마음에 상처를 입으면 시간이 지나도 저절로 치유되지 않는다. 상처는 깊숙한 곳에 숨어 있다. 그러다 삶의 어느 순간 무언가, 누군가 잠들어 있던 상처를 깨어나게 한다. 특히 엄마가 되면, 숨어 있던 상처가 다시 살아날 때가 있다.

한 엄마의 글이다.

어떻게 해야 아이에게 소리 지르지 않고 아이를 때리지 않을까요.

엄마에게 맞고 자랐기에 '나만큼은 아이를 절대 때리지 않을 거야'라고 다짐하는데 아이에게 엄마와 똑같이 하고 있어서 괴롭습니다. 그래서 나는 결혼 안 한다고, 결혼해도 애는 안 낳겠다고 했었는데……. 나도 아직 성숙하지 못한 어른 아이인데…….
내가 상담을 받아봐야 된다는 생각을 하고 있어요. 정신과를 찾아가야 하나 생각하며…….

이런 엄마들이 많다. 자기 성격 때문에 아이를 망칠 것 같다고 생각하는 엄마, 자기 문제를 치료하기 위해 상담을 받을까 고민하는 엄마, 엄마 노릇이 미숙한 건지 내 성격에 문제가 있는 건지 헷갈리는 엄마, 이렇게 자신을 문제 엄마라고 생각하는 엄마가 많다.

엄마가 자녀 교육을 위해 심리학 책을 본다. 특히 자신의 심리에 문제가 있다고 생각하는 엄마가 심리학에 관심이 많다. 자녀 교육과 관련된 심리학 책에서는 엄마의 상처에 대해서 이렇게 주장한다.

'상처받은 어린 시절의 내면 아이가 지금의 삶에 영향을 미치고 있다. 어린 시절의 상처로 인해 자녀 교육에 문제가 생긴다. 내면의 상처받은 아이를 돌보지 않으면 좋은 엄마가 될 수 없다.'

소위 '엄마 상처' 이론이다. 엄마가 어린 시절에 받은 상처를 치유하지 않으면 자녀 교육에 악영향을 준다는 것이다. 아이 때리고 화내는 것도 엄마 상처 때문이라고 한다. 이 이론은 자녀 양육의 3대 신화 중 하나다. 3대 신화는 '생후 3년' '애착 관계' '엄마의 상처'

다. 그런데 이 신화들이 자녀 교육에 도움을 주는 게 아니라 오히려 해를 주고 있다. 엄마들을 불안하게 만들고 불필요한 죄책감에 빠지게 하기 때문이다.

엄마 상처 이론의 문제점

복잡한 인간 정신을 설명하려는 수많은 이론이 있다. 그 이론 속에서도 심리학자들 대부분이 인정하는 핵심 원리가 있다. 바로 'child in mind' 즉 '마음속 아이' 이론이다. 마음속에 어린아이가 살고 있다는 것이다. 어른이지만 심리적으로는 아이라서 '어른 아이' 또는 '내면 아이'라고 한다. 내면 아이는 무의식에 관한 이론이다. 복잡한 정신분석 이론 중에서 가장 핵심적인 이론을 쉽게 대중화시킨 것이다. 엄마들이 심리학에 관심 있다 보니 이런 정신분석 용어까지 유행하게 되었다.

엄마 상처 이론은 내면 아이 이론의 하나다. 엄마 속에 상처받은 어린아이가 있다는 것. 많은 엄마들이 이 이론에 동의한다. 하지만 이 이론은 일부는 맞고 일부는 틀리다. 엄마 속에 '어린 시절의 상처'가 있다는 논리는 맞지만 '그 상처를 치유하지 않으면 좋은 엄마가 될 수 없다'는 주장은 맞지 않다. 이 세상 엄마 중에 인격 갖추고 나서 엄마 되고, 자기 상처 치유하고 엄마 노릇한 사람이 몇이나 될까. 수많은 엄마들이 내면 아이나 엄마 상처 같은 것 모르고도 아이 잘 키우고 있다.

엄마 상처 이론에는 심각한 문제점이 있다. 첫째로 엄마의 사랑을 불량품 사랑으로 만든다. '어린 시절 상처 때문에 아이에게 화내고 아이를 때리는 엄마 자격 없는 여자' '엄마의 내적 상처를 물려받을 불쌍한 아이', 이런 컨셉으로 아이를 키운다. 이 엄마는 무의식에서 자신을 불량품으로 생각하고 있는 것이다. 상처 많은 여자, 성격 이상한 여자, 엄마 자격 없는 여자가 당연히 무의식 속에서는 자신감 없는 엄마이자 미안한 엄마, 죄 많은 엄마가 된다. 그 엄마가 주는 사랑은 어떤 사랑일까? '자신 없는 사랑'이자 '불완전한 사랑'이고 '병든 사랑'이다.

엄마의 사랑은 아이에게 생명의 물이다. 불량품 엄마가 주는 생명수에는 중금속 물질이 들어 있다. 겉보기에는 맑은 물이지만 그 속에는 불안, 걱정, 죄책감 등의 오염 물질이 가득하다. 그 사랑의 물을 마신 아이가 건강할까? 당당하고 생명력 있는 아이로 자랄 수 있을까. 엄마 상처를 문제 삼을수록 아이에게 해가 될 뿐이다.

엄마 상처 이론의 두 번째 문제는 상처를 치유하려고 애써도 쉽게 해결되지 않는다는 것이다. 어디 가서 상처를 치유하고 어디 가서 공부하나? 책 몇 권 읽는다고 내 문제가 해결되지 않는다. 정신과 상담 한두 번 받는다고 성격이 바뀌거나 상처가 치유되지 않는다. 3

년 이상 전문적으로 상담 치료를 받아도 성격은 바꾸기 쉽지 않다.

상처는 몸속 깊이 박혀 있다. 머리로 '그래. 내가 이래서 그래' 해봤자 별 소용 없다. 때로는 상담이나 치유 워크숍을 통해 깨달음을 얻기도 한다. '아~ 이제 알았어! 내 상처 치유됐어. 나는 달라질 거야' 하고 마음먹지만 그 약발도 대개 한 달이 지나면 사라진다. 치유해보겠다고 애써봤자 도로아미타불이니 자책만 더 심해진다.

세 번째 문제는 '남편의 상처'다. 엄마가 상처를 치유하고 바뀌었다고 하자. 남편은? 남편도 치유해야 한다. 아이를 엄마 혼자 키우나? 아빠도 막대한 영향을 미친다. 내가 아무리 아이한테 잘해도 남편이 한 번에 다 망쳐버릴 수 있다. 남편도 상처가 있을 텐데, 그러니 남편도 치유해야 하는데……. 어째 남자들은 심리학에 별 관심이 없을까. 남편에게 내면 아이나 어린 시절 상처를 얘기하면서 심리상담 받으라고 해보자. 어떤 반응을 보일지. 다음은 한 엄마의 안타까운 사연이다.

> 남편은 아들이 우는 걸 보면 참지 못합니다. 애가 울면 화내고 가끔 때리기도 해요. 남편의 어릴 때 상처가 문제인 것 같아요. 남편에게 상담을 받아보는 게 어떻겠느냐고 했더니 자긴 그런 상처 없다고 화를 내요. 그러면서 저보고 아이를 너무 오냐오냐 키운다고 뭐라고 해요. 어쩌면 좋죠?

이 남편의 상처는 어떻게 치유하나? 방법이 없다. 엄마가 남편의 상처가 아이에게 악영향을 준다고 생각하면서 아이를 키우면 어찌 될까? 아이는 무의식 속에 '아버지는 나에게 해를 끼친 사람'이라는 부정적인 이미지를 갖게 된다. 아버지와 아이 관계는 미묘하게 틀어진다. 아이에게 함부로 하는 아버지보다 그 아버지를 '아이 성장의 독'으로 생각하는 엄마가 더 큰 문제가 될 수 있다. 그저 '남편 성깔이 문제야' 하면 그만일 것을 '남편의 내적 상처 때문에 아이에게 그 상처가 대물림될 것'이라고 믿으며 쓸데없는 화를 자초한다. 아이는 함부로 하는 아버지에게는 반항하고 무시하고 지지고 볶으면서 관계를 풀어갈 수 있다. 하지만 '아버지가 너의 독이다' 하는 무의식의 마법은 풀 수가 없다. 엄마의 그런 잠재의식이 아버지와 아이 관계에 어떤 영향을 주는지 아무도 모르기 때문이다.

내 상처도 치유하기 어려울뿐더러 남편 상처까지 치유하기는 더 어렵다. 이러니 어느 세월에 상처 치유하고 아이 키울까. 그렇다고 아무것도 하지 말라는 얘기는 아니다. 나의 문제를 알고 성찰하고 성장하려는 마음을 갖고 있으면 된다. 그걸로 충분하다. 혹시 어디 가서 상담을 받더라도 '내 상처 치유 못 하면 아이 망치지 않을까' 하는 불안의 노력이 아니라 엄마 자신의 성장을 위한 긍정의 노력이어야 한다. 엄마 상처를 바라보는 중요한 태도는 자기 비하가 아니라 자기 성장이어야 한다. 해결하기 힘든 상처를 붙잡고 불량 엄마 컨셉으로 아이를 키우면 그야말로 불량 엄마가 될 뿐이다.

상처 없는
사람은 없다

모든 엄마는 상처가 있다. 아니 모든 사람은 상처가 있다. 그게 사람이고 인생이다. 사람 마음을 연못에 비유해보자. 세상에 깨끗한 연못은 없다. 연못의 밑바닥에는 보이지 않는 찌꺼기가 있다. 어느 순간 연못 바닥이 휘저어지면 찌꺼기가 올라온다. 더럽고 혼탁하다. 하지만 시간이 지나면 다시 가라앉는다. 사람들 마음도 그렇다. 엄마 마음의 밑바닥에는 어둠의 마음, 상처의 마음이 깔려 있다. 내 아이가 연못 속으로 풍덩 뛰어들어 헤집어놓으면 밑바닥의 부유물이 올라온다. 그러면 정신없고 안절부절못한다. 그러다 시간이 지나면 가라앉는다. 그런 게 엄마의 마음이다.

진짜 병든 엄마는 겉으로 보기에도 불안하고 우울하고 판단력이 떨어져서 육아하기 어려울 정도다. 누가 봐도 안다. 그런 엄마들이 치료 대상이지, 소리치고 화내고 애 좀 미워한다고 해서 치유받아야 할 '상처 엄마'가 아니다. 보통 엄마들이 대개 그렇게 미웠다 좋았다 악썼다 후회했다 하면서 아이를 키운다.

어떤 엄마들이 '엄마 상처'를 고민할까? 외로움을 타는 엄마? 질투가 많은 엄마? 고독을 즐기는 엄마? 이런 엄마는 어린 시절 상처에 대해 고민하지 않는다. 그저 자기 성격이려니 할 뿐이다. 엄마의 상처, 엄마의 심리를 문제 삼는 엄마들은 대개 '분노 조절이 안 되는' 엄마다. 이런 엄마들이 고민이 많다. 그래서 간단한 팁을 드리려 한다. 그저 자기 상처를 무시하라고만 하는 건 너무 무책임한 것 같아서, '화를 못 참는 엄마'에게 도움이 될 이야기를 해보겠다.

화를 못 참는 엄마의 무의식

언젠가 법륜 스님의 '즉문즉설' 강연장에 갔다. 스님이 즉석에서 질문을 받고 답을 하였다. 네 살짜리 아들이 있다는 한 엄마가 질문을 했다. 아이한테 화를 못 참고 쏟아붓는 게 고민이라고 했다. '화내지 말아야지' 다짐해도 어느 순간 분노가 폭발하고 때리기까지 한다고. 자기가 어렸을 때 엄마가 화를 많이 내고 심하게 때렸다면서, 엄마에게 받은 상처가 속에 남아서 그런 것 같다고 어떻게 하면 좋겠느냐고 물었다.

법륜 스님께서 방법이 있긴 있다고 하면서 간단한 방법이 있고 좀 어려운 방법이 있는데 어떤 걸 택하겠느냐고 물었다. 당연히 그 엄마는 간단한 방법을 알려달라고 했다. 그러자 스님이, 가까운 전파상에 가서 전기 충격기를 산 다음 화가 날 때 자기 몸을 지지라고 했다. 청중이 황당하다는 듯이 웃었다. 스님은 농담 반, 진담 반으로 말씀하셨다. 화를 내려는 순간에 전기 충격기로 지지고, 이미 화를 내버린 뒤라면 그때라도 지지라고 했다. 그 충격이 무서워서 화가 나는 순간 몸이 움츠러들면서 감정을 자제할 수 있다는 거였다. 한 가지 주의할 점은 부작용으로 실신할 수도 있으니 조심하라고 농담도 덧붙였다. 그 방법이 싫다면 좀 힘든 방법으로 백 일 동안 매일 천 배 절 수련을 하라고 했다. 얼마나 엄마의 화 조절이 어려웠으면 스님이 전기 충격기 비유를 하셨을까.

옛날 같으면 엄마가 욕하고 때리는 게 보통이었다. "애가 말을 안 들으면 욕도 먹고 두들겨도 맞는 거지!" 이러면 그만이었는데 지금은 아이를 때리면 아동 학대가 된다. 훈육을 위한 '사랑의 매'도 폭력으로 간주되는 시대다. 이런 시대에 아이에게 분노 폭발하는 엄마는 당연히 자신을 문제 엄마라고 생각한다.

화를 조절 못 하는 엄마들의 스토리는 비슷하다. 대부분 무시당하거나 구박받거나 맞은 경험을 갖고 있다. 어린 시절의 상처가 왜 지금 분노 폭발로 나타날까. 이 심리를 분석해보면 두 가지로 정리된다.

첫째는 내가 보고 배운 '나의 엄마'의 모습이 무의식 속에 들어 있다. 둘째는 부모에게 야단맞은 '분노의 아이'가 내 안에 있다. 무의식 속에 두 사람이 들어 있는 것이다. 화내는 나의 엄마, 분노하는 어린 나. 이 둘이 나타나서 분노가 폭발한다. 이런 심리 상태를 잘 설명하는 이론이 있다. 정신분석에서는 이 이론을 '공격자와 동일시'라고 한다.

공격자와 동일시

졸병 때 맞은 군인이 고참 되면 후임을 때리고, 시집살이로 고생했던 며느리가 독한 시어머니 되고, 학교 폭력 피해자가 가해자 된다는 말이 있다. 졸병 때 맞으면서 '내가 고참이 되면 후임 두들겨 패야지' 하고 결심하는 사람은 없다. 대개는 '난 안 때리고 잘해줄 거야' 다짐한다. 시집살이 심하게 한 며느리도 시어머니가 되면 며느리 구박하겠다고 결심하지 않는다. 그런데도 고참 되면 후임 때리고 시어머니 되면 독해진다. 나를 공격했던 사람을 닮는 것이다. 의식적으로는 닮지 않겠다고 하면서 무의식적으로는 닮는다. 이런 현상을 '동일시'라고 한다.

'나는 엄마처럼 살지 않을 거야'라고 결심하지만 어느 틈에 엄마와 똑같은 모습이 되어 있다. 이런 현상이 왜 일어날까? 첫째는 억울한 분노의 표출이다. 과거에 당했던 분노를 비슷한 상황에서 약한 사람에게 터뜨리는 것이다. 동쪽에서 뺨 맞고 서쪽에서 화풀이하는 식이다. 둘째는 가해자의 힘을 갖고 싶기 때문이다. 맞는 순간 고통과 두려움 속에서 '내가 저 사람처럼 힘이 세면 이렇게 안 당할 텐데' 하는 힘에 대한 욕망이 생겨난다. 피해자는 가해자의 힘을 무의식에 간직하고 있다가 자신이 권력을 갖게 되었을 때 그 힘을 쓰는 것이다.

'공격자와 동일시'에 숨은 또 하나의 심리가 있다. '투사'다. 피해자는 약한 자신의 모습이 싫다. 무의식 속에서 '내가 왜 이렇게 당하지? 이런 내 모습이 싫어!' 하면서 못난 자신을 부정한다. 열등한 자신을 파괴하고 싶은 무의식적 욕망이 있다. 그러다가 자기와 비슷한 사람을 만나면 약한 자기 모습을 그 사람에게 투사하고 공격하는 것이다.

엄마의 엄마

내 속에는 나의 엄마가 들어 있다.(물론 아빠도 들어 있다.) 내가 아이를 키울 때 내 속에 있는 '나의 엄마'가 나온다. 그것은 무의식이다. 무의식이라는 건 나도 모르는 거고 나도 어쩔 수 없는 것이다. 자녀를 키우는 건 나하고 내 속에 들어 있는 나의 엄마하고 같이 키우는 일이다. 그러니 나의 엄마를 알아야 한다.

'나는 우리 엄마 밑에서 잘 컸어. 우리 엄마 좋은 엄마.' 그러면 만사 오케이다. 그냥 엄마처럼 키우면 된다. 아무 생각 없이 키우면 된다. 내 엄마가 내 속에 이미 들어와 있으니까 그 괜찮은 엄마랑 같이 키우면 된다. 못해도 엄마 정도는 하게 된다. 운이 좋은 경우다. 이런 사람은 '내면 아이'나 '엄마 상처'나 '내적 불행' 같은 거 몰라도 된다. 괜히 긁어 부스럼만 된다.

'나는 우리 엄마 때문에 힘들었어. 난 엄마처럼 안 키울 거야.' 이런 사람이 문제다. 나의 엄마처럼 안 하려고 하는데 엄마처럼 하고 있으니 괴롭다. 이런 엄마들을 위해 살짝 자기 분석을 해보자.

인간 심리는 너무너무 복잡하다. 제대로 풀려면 한도 끝도 없다.

그래서 앞에서 설명한 이론을 바탕으로 화 못 참는 엄마의 심리를 아주 단순한 공식으로 정리했다. 이것만 마음에 두고 성찰의 실마리로 삼으면 1도씩 변화가 있을 것이다.

어린 시절에 받은 상처 때문에 분노 폭발하는 엄마의 심리 분석 공식이다.

1. 아이에게서 어린 시절의 못마땅한 내 모습을 본다.
2. 나의 엄마처럼 행동한다.

내가 우물쭈물한다고 야단맞았다면 나는 내 아이가 우물쭈물하는 걸 참지 못한다. 내가 깨끗하지 못하다고 야단맞았다면 내 아이가 깨끗하지 못하면 견딜 수 없다.

아이가 간식 먹는데 음료수를 옷에 흘리고 과자 부스러기를 바닥에 떨어뜨린다. 이걸 본 엄마가 노발대발한다.

"엄마가 흘리지 말랬지! 그랬어, 안 그랬어! 칠칠치 못하게!"

아이 엉덩이를 마구 때린다.

"엄마, 안 그럴게요."

아이가 울면서 잘못했다고 한다.

엄마는 그런 아이를 보고 더 미쳐버린다.

"뭘 안 그래! 만날 말로만 그러고!"

뺨을 찰싹 갈긴다. 아이가 바닥에 자빠진다.

화내고 야단치는 정도에서 끝나면 되는데 빰까지 때린다. 화내는 정도가 아니라 폭력이다. 이런 게 분노 폭발이다. 아이니까 흘릴 수도 있는데 엄마가 그 꼴을 못 견딘다. 그렇게 폭발하고 나서 금방 후회한다. "아이고, 내가 미쳤지! 애가 뭔 잘못이 있다고!" 이 엄마도 어릴 때 흘리고 먹는다고 야단맞았다. 이 엄마의 분노 폭발의 심리 분석은 이렇다.

1. 자기 아이를 무의식적으로 '어린 자기'로 본다. 투사다.
2. 그런 아이를 보고 있는 자신은 '자기 엄마'가 되어 있다. 공격자와 동일시다.

과거에 엄마가 자기에게 했던 행동을 반복하는 것이다. 내 엄마가 나를 구박하듯이 지금 내가 내 아이를 똑같이 구박하고 있다. 내 아이는 '어린 나'가 되고 나는 '나의 엄마'가 되었다!

이게 공식이다. 그 옛날 내 엄마가 나를 보던 눈빛으로 내 아이를 보고 있고, 그 옛날 내 엄마가 나에게 했던 행동을 지금 내 아이에게 하고 있다. 나는 사라지고 나의 엄마만 있고 내 아이는 없고 그 자리에 어린 나만 있다.

엄마가 아이의 어떤 행동이 유난히 걸리고 그 행동에 분노가 폭발한다면, 과거 내 엄마와 나의 관계를 한번 볼 필요가 있다. 과거 엄마가 내게 주었던 눈빛과 행동을 지금 내가 아이에게 똑같이 주고 있는 건 아닌지. 그렇다면 아이는 내가 되고 나는 엄마가 되는 현상이 일어났다고 봐야 한다.

이 공식에 걸려 있다면 어떻게 할 것인가? 답은 간단하다. 이제 알았으니 내 엄마처럼 안 하면 된다. 그런데…… 그게 쉽지 않다. 알고 있어도 뜻대로 안 되는 게 우리 인생이다. 그럼 어떻게 하나?

중요한 건 이 패턴을 '안다'는 것이다. 내 행동의 패턴을 아는 순간, 변화는 시작된다. 분노 폭발하고 나서 '내가 또 내 엄마가 됐구나. 내 아이가 또 내가 됐구나' 하고 깨달으면 된다. 그 깨달음이 쌓이면 내가 나의 엄마가 되는 현상은 점점 줄어든다. 대다수 엄마들이 화를 억누르며 산다. 그런데 참다 참다 한 번 폭발한 화를 두고 아이에게 나쁜 영향을 미칠까 봐 걱정하고 자책한다. 그럴 필요 없다. 가끔씩 화를 내는 건 자연스러운 일이니 염려하지 않아도 된다.

그리고 또 하나의 팁이 있다. 한 걸음 물러서라. 아이의 어떤 행동을 보고 화가 나는 순간, '멈칫'하는 훈련을 해야 한다. 아이에게 "그만!" 하고 외칠 게 아니라 나 자신에게 "그만!" 하고 외쳐야 한다. 그리고 실제로 한 걸음 뒤로 물러서라. 감정이 올라오는 순간에 나를 성찰하고 행동을 멈추는 훈련이다. '멈칫'하는 그 한 걸음이 내가 '나의 엄마'로 들어가는 걸 막아주고 분노의 감정에 빠지는 걸 막아준다.

알아차리고 거리 두는 것, 그것 말고는 할 수 있는 게 별로 없다. 처음에는 열에 한 번 성공하지만 계속 연습하면 열에 아홉은 성공한다. 그런 훈련을 하는 엄마는 훌륭한 엄마다.

Tip 1도의 법칙: 엄마 혁명의 시작

성격이나 습관, 마음, 생각 등 무엇 하나도 바꾸기 쉽지 않습니다. 그래서 '1도의 법칙'이 필요합니다. 이렇게 하면 됩니다. 우선 알아차리는 겁니다. '아, 지금 내가 이렇구나. 내가 또 이러는구나' 그리고 안 하려고 하고, 바꾸려고 하면 됩니다. 실천을 못 해도 괜찮습니다. 아니, 처음엔 못 하는 게 당연합니다. 나를 알아차리고 바꾸려고 하고 열 번 중에 한 번 성공하면 다행으로 여기면 됩니다. 아니, 360번 중 한 번이라도 성공하면 됩니다. 그게 1도의 법칙입니다. 나를 알아차리고 노력 중이라면 그게 바로 성공입니다.

○○○

아이는 엄마보다 강하다

내면 아이는 고유의 색이다

누구나 내면 아이를 갖고 있다. 좋은 부모 밑에서 건강하게 자란 아이라도 어둠 속 내면 아이는 누구나 있다. 슬픈 아이, 외로운 아이, 화난 아이, 무력한 아이, 불안한 아이……. 상처 입은 내면 아이 속에는 억울함, 분노, 외로움, 서러움 등이 핵처럼 응고되어 있다. 내면 아이가 지닌 이런 감정을 '핵심 감정'이라고 한다. 핵심 감정은 너무 강해서 쉽게 풀어지지 않는다. 죽여도 죽여도 살아나는 좀비 같다고나 할까. 억울한 내면 아이를 갖고 있는 사람은 조그만 일에도 억울해하고, 외로운 내면 아이는 틈만 나면 외로워한다. 분노의 내면 아이는 사소한 일에 분노가 폭발한다. 아무리 억울해하고 외로워하고 분노해도 사라지지 않는다. 심리학 책을 보고 깨달았다 해도 해결되지 않고, 상담 한두 번 받는다고 풀어지지 않는다.

나는 정신과 의사 생활을 거의 30년 했다. 정신과 의사라는 게 남들 문제 보는 것뿐 아니라 내 문제 보는 것이 일이다. 내 심리적인 문제를 해결하려고 30년간 공부해왔고 지금도 하고 있다. 알았다 싶으면 또 다른 감정이 나오고, 이제 됐다 싶으면 또 다른 문제가 나온다. 양파 껍질 벗기듯이 새로운 문제들이 나온다.

내 이야기를 해보겠다. 사이코드라마 공부를 막 시작했을 때 사이코드라마 주인공을 한 적이 있다. 내 스승님이 디렉터였다. 내가 감정을 억누르는 경향이 많아서 그런지 드라마 진행이 잘 안 됐다. 디렉터는 나를 어린 시절로 데리고 갔다. 내 핵심 감정을 끌어내려고 '요술 구슬' 기법으로 나의 어린 시절을 떠올리게 했다. 이 기법은 요술 구슬을 손에 들고 있다고 상상하고 한 발씩 앞으로 갈 때마다 한 살씩 나이를 먹으면서 구슬 안의 아이를 만나는 방법이다.

태어날 때부터 시작했다. 구슬 안에 아무것도 안 보였다. 한 발 앞으로 나갔다. 두 살, 아무것도 안 보였다. 세 살, 역시 아무것도 안 보인다. 네 살, 디렉터가 뭐가 보이는지 물었다. 구슬 안에는 고개 숙인 채 혼자 웅크리고 있는 아이가 보였다. 내가 대답했다.

"아이가 웅크리고 있어요."

스승님이 물었다.

"그 애는 어떤 감정이지?"

"아무 감정이 없어요."

다섯 살로 한 걸음 더 갔다.

다시 스승님이 물었다.

"뭐가 보이지?"

구슬 속에는 하얗게 웃는 꼬마가 보였다.

"웃는 꼬마 얼굴이요."

"그 아이는 어떤 감정이지?"

"웃고는 있지만 슬퍼요."

일곱 살, 여덟 살, 구슬 안에는 계속 웃는 꼬마 얼굴만 나타났다.

스승님이 조용히 얘기했다.

"엄마나 아버지를 찾아봐."

엄마와 아버지를 떠올려봤다. 그런데 아무리 봐도 구슬 속에는 엄마, 아버지가 안 보였다.

"엄마, 아버지가 없어요."

"아홉 살, 열 살. 뭐가 보이지?"

"꼬마 아이가 혼자 웃고 있어요."

스승님이 무겁게 얘기했다.

"엄마, 아버지를 찾아봐."

구슬을 뚫어지게 쳐다보며 엄마와 아버지를 찾았다. 안 보였다. 나는 다시 대답했다.

"없어요."

그때 스승님이 한마디 툭 던졌다.

"너 고아냐?"

그때 '쿵!' 하는 충격이 왔다. 잠시 멍해졌고…… 갑자기 눈물을 글썽거렸다. 그리고 아이처럼 훌쩍훌쩍 울었다. 울음이 멈추질 않았다. 왜 그리 서러웠는지 모르겠다. 거의 30분 정도 울었다. 그때가 내 나이 마흔이었다. 정신과 의사랍시고 내 문제 찾아 헤매고 거의 해결되었다고 생각하던 시절이었다. 그래도 드라마를 해보니 내 깊은 곳에서 뭐가 또 나온 거다.

내 속에는 어떤 아이가 있었을까? 외로운 아이? 버림받은 아이? 나는 부모님에게 사랑을 많이 받고 자랐다고 생각해왔다. 내가 외로운 아이, 홀로 남겨진 아이였을 거라고는 추호도 생각해본 적이 없었다. 그런데 드라마 속의 나는 웃고 있지만 엄마 아빠 없는 외로운 아이였다. 어떻게 이럴 수가 있을까.

엄마가 나를 둘째라고 푸대접했을까? 내게 애정을 주지 않았을까? 그럴 리 없다. 내 기억 속에 엄마는 따뜻하고 부드러운 분이다. 엄마에게 야단맞은 기억도 없고 둘째라고 차별받은 기억도 없다. 더욱이 엄마는 전업주부로 늘 우리 곁에 있었다. 나는 엄마의 사랑을 많이 받았다. 확실하다! 그런데 현실의 엄마와 달리 내 무의식의 엄마는 '부재중'이었다.

이것이 무의식이다. 아이의 무의식에서는 현실의 엄마를 자기만의 새로운 엄마로 만들어버린다. 그 이유는 알 수가 없다. 무의식은 그 끝을 알기 어렵다. 나의 저 깊은 무의식에 숨어 있던 외로운 아이는 어디에서 나왔을까? 아주 어린 시절 결정적인 한순간에 부재했던 엄마가 내 속에 각인되었을까? 아니면 운명적으로 타고난 나의 기질이 외로운 아이였을까. 어찌 됐든 어린 나는 혼자였고 혼자에 익숙한 아이였다.

사실 나는 사람들과 깊은 정을 잘 나누지 못한다. 사람들과 일정한 거리를 두고 만난다. 많은 사람들이 내 옆에 있지만 진한 정을 주고받는 친밀한 사람은 많지 않다. 즐겁게 어울리는 것 같지만 늘 속으로는 나 홀로였고 혼자가 편했다. 그런 나의 패턴이 내 안의 외로운 아이에서 비롯했을까. 나 혼자에 익숙해서 남과 정을 주고받는 것이 불편하고 어색했던 걸까.

그 당시 아이를 키우면서 나는 이런 생각을 했었다. 나는 겉으로는 무척 자상한 아빠지만 속으로는 아이들에게 별로 정이 없는 사람이라고. 아이들과 즐거운 듯 노는 내 모습이 모두 쇼하는 것 같았다. 제대로 정을 주지 못하는 가식적인(?) 사랑이 아이들에게 영향을 주지는 않을까 하는 고민이 살짝 있었다. 정신과 의사인 탓에 별 쓸데없는 고민도 다 하던 시절이었다.

내 얘기를 한 이유는, 내면 아이는 분노의 아이만 있는 게 아니라는 말을 하고 싶어서다. 사람마다 각자의 내면 아이를 갖고 있다. 외로운 아이, 버림받은 아이, 슬픈 아이, 억울한 아이, 불안한 아이 등등, 다양한 색이다.

분노 폭발처럼 겉으로 드러나는 감정만이 아이에게 영향을 주는 게 아니다. 드러나지 않은 미묘한 감정이 더 중요하다. 화 안 내고 차분하지만 외로운 내면 아이가 있는 엄마가 아이에게 더 큰 영향을 준다. 엄마의 외로움이 아이에게 전달되어 멜랑콜리한 아이로 만들 수 있기 때문이다.

엄마의 숨은 정서가 엄마의 색깔이다. 엄마는 자기 색을 문제라고 생각해서는 안 된다. 자기만의 고유한 색이기 때문이다. 그 색으로 지금까지 살아왔고 결혼하고 아이 낳았다. 내 색이 나 자신이고, 나다운 거고, 내 인생인 거다.

엄마가 색깔이 있듯이 아이도 색깔이 있다. 엄마와 아이는 서로의 색으로 물들이고 물들어갈 뿐이다. 나의 색깔은 쉽게 바뀌지 않고 완전히 바뀌지도 않는다. 그저 알고 있으면 다행이고 조금씩 바꾸려고 하면 충분하다. 색이 너무 진하면 조금 옅게 하려고 마음 쓰고, 너무 옅으면 조금 진하게 하려고 마음 쓰면 된다. 그게 성장하는 마음이다. 엄마의 상처가 아이 몸에 배는 게 아니라 엄마의 성장 냄새가 아이 몸에 스며들 것이다.

엄마가 괜찮아야
아이가 괜찮다

엄마는 자기 자신을 총체적으로 봐야 한다. 나라는 사람은 장점과 단점이 같이 있는 존재다. 나의 수많은 장점을 무시하고 분노 폭발 하나로 문제 엄마로 낙인찍으면 안 된다. 엄마가 분노 폭발한다고 아이 인성이 망가지고 아이 정서가 병드는 게 절대 아니다.

엄마의 상처만큼 아이는 '심리적인 맷집'을 타고난다. 상처받은 엄마가 낳은 아이니까 그 정도의 맷집은 알아서 타고나게 되어 있다. 걱정 마시라. 아이는 그런 엄마의 특성을 잘 파악하고 있고, 알아서 잘 적응한다. 아이들이 엄마보다 더 강하고 현명하다. 아이들은 스스로를 지키는 힘이 있다. 아이의 힘을 믿는 엄마가 지혜로운 엄마고 훌륭한 엄마다. 분노 폭발하고 나서 '나는 엄마 자격 없어. 내 아이 망칠 거야' 하는 불안한 엄마보다, '비록 내가 이래도 내 아이는 스스로를 지키는 힘이 있어서 괜찮을 거야' 하는 믿음의 엄마가 훨씬 좋지 않겠는가.

사이코드라마를 20년 가까이 하면서 대략 천 명의 주인공을 만났다. 그들의 삶 하나하나가 소설 같다. 그중에는 어린 시절에 학대받은 경우도 많다. '너 같은 게 왜 태어나서' '네가 아들이었어야 되는데' '너 때문에 집안에 되는 일이 없다', 이런 이야기를 듣고 자란 사람들이 있다. 그런데 그렇게 구박받고 학대받은 주인공들이 정신

질환으로 입원한 환자들이 아니라 교사, 간호사, 사회복지사 등의 직업인으로 나름대로 잘 살고 있는 사람들이다.

누구나 자기 상처를 안고 살아낸다. 그게 인생이다. 내가 아이에게 악 좀 썼다고, 아이에게 분노 폭발했다고 해서 아이 인생 망가지지 않는다. 아이들이 그렇게 약하지 않다. 삶이 그렇게 단순하지 않다. 엄마의 상처는 병이 아니다. 삶의 치열한 상징이고 견뎌온 삶의 흔적이다. 함께 살아온 동반자이고 앞으로 함께 성장할 나의 일부다. 아이는 엄마의 상처로 단련되고 엄마의 상처로 더 사랑받을 수 있다.

우연히 인터넷 카페에서 어떤 엄마의 좋은 글을 봐서 여기에 옮긴다.

나는 무서운 엄마다. 나는 내 딸에게 아주 단호하고 엄하고 무섭게 말하는 습관이 있다. 친정 엄마도 나한테 그렇게 했는데 엄마의 영향을 받아서 그런 것 같다. 처음엔 이런 내 모습을 볼 때마다 자책하고 괴로워했다. '친정 엄마처럼은 절대 안 할 거야'라고 결심했지만 쉽게 고쳐지지 않았다. 그런데 이젠 자책하지 않는다. 최선을 다해 노력하되, 안 되었을 때는 '아, 또 실수했네' 하고 넘기려 한다.

나는 무서운 엄마의 모습을 완전히 지울 수 없다. 왜냐? 그리 봐왔고, 배웠고, 익숙해졌기 때문이다. 내 모습을 부정하는 것은 나의 지금까지의 삶을 부정하는 것이다. 지금까지의 삶을 부정하면서 어떻게 나로서 살아갈 수 있겠는가. 그럴 수밖에 없었던 친정 엄마의 상황과 그 삶을 이해하고 그것을 답습한 나의 삶도 이해하고, 그럼에도 안 그러려고 노력하는 내 현재 모습을 격려하고, 바뀌려 노력할 뿐이다. 그리고 그런 친정 엄마의 모습이 싫었지만 결과적으로 나는 지금 친정 엄마를 사랑하고 있고, 이렇게 잘 살고 있다.

그러고 보면 엄마로서의 나의 모습이 큰 문제일 것 같지만 어찌 보면 별문제 아닐 수 있다고 생각한다. 나는 그런 강압적인 엄마 밑에서 컸어도 반항을 하고 끝까지 내 뜻대로 할 수 있었고, 극렬한 반항기를 겪고 넘어섰으니…….

내가 무섭게 해도, 그것을 이겨낼 수 있는 생각을 하는 아이……. 엄마인 나를 이길 수 있는 힘을 가진 아이……. 내 딸은 그럴 것이다.

어쨌든 결국 나는 잘 살고 있다. 고로 내 딸은 나보다 더 잘 살 것이다. 왜? 내가 친정 엄마보단 덜 무서우니까. 적어도 나는 그렇게 하는 게 잘못이란 건 알고 있으니까. 그럼 된 것 아니겠나. 이렇게 가볍게 털어내고, 엄마께도 감사함만 생각하고, 내 딸에게도 고마운 것만 생각하고, 내 자신에게도 기특한 것만 생각하면 되는 게 아닐까.

이 글을 쓴 엄마는 정말 훌륭한 엄마다. 이 엄마처럼 해야 한다. 어린 시절에 받은 상처가 있지만 그 삶 속에서 극복하고 가정 꾸리고 아이 낳아서 그럭저럭 살고 있다. 그러면 건강한 것이다. 나는 나다. 사랑하고 미워하고 가슴 아파하고 슬퍼하고 행복해하면서 살고 있다. 우리 아이도 그렇게 살면 된다. 이 엄마의 딸은 당당하고 용기 있고 멋진 여성이 될 것이다. 엄마의 '나는 괜찮아' 하는 냄새가 아이에게 전달되어 아이도 '나는 괜찮아'가 되기 때문이다.

내 아이를 위해서 나는 괜찮아야 한다.

에필로그

내 아이를 살리는 작은 혁명

얼마 전 입시에 올인 하는 상류층 부모의 이야기를 실감 나게 만들어 히트한 드라마가 있었다. 나는 그 드라마를 제대로 볼 수가 없었다. 아이들을 보고 있으면 너무 가슴이 아팠기 때문이다. 부모의 아바타 역할을 충실히 수행하는 아이들, 그러면서 병들어가는 아이들을 보는 게 너무 힘들었다. 드라마 속 부모는 욕망을 내려놓지 못했다. 드라마는 많은 질문을 던지고 끝났지만 여전히 그런 부모들이 너무 많은 것 같다.

엄마 마음 바꾸기는 정말 어렵다. 욕심을 내려놓고 불안을 멈추고 아이를 있는 그대로 보면 되는데, 그러면 만사 오케인데……. 그러기가 쉽지 않다. 그래도 해야 한다. 더 이상 미룰 수 없다. 아이를 살리기 위해서, 그리고 나를 살리기 위해서 엄마가 작은 혁명을 해야 한다.

혁명의 엄마가 되어야 한다. 역전의 엄마가 되어야 한다. 혁명은 목숨 걸고 하는 거지만 엄마의 혁명은 총 들고 하는 게 아니다. 마음을 바꾸는 혁명이다. 엄마의 마음 바꾸기가 총 들고 목숨 건 혁명보다 더 어렵다. 엄마의 혁명은 실패해도 성공이다. 색안경을 벗는 혁명이고 냄새를 바꾸는 혁명, 불안을 줄이고 욕심을 가볍게 하는 혁명이며, 죄책감을 없애는 혁명이다. 궁극적으로 멋진 엄마가 되는 승리의 혁명이다. 또한 나를 살리고 내 아이를 살리며 나아가 대한민국을 살리는 혁명이다. 더 늦기 전에 아이를 위해 진정 내가 할 것이 무엇인가 물어야 할 때다.

글을 쓰는 동안 자연스럽게 내 엄마가 떠올랐다. 살아오는 동안 엄마는 내게 이래라저래라 한 적이 없다. 내가 하고 싶은 것을 하도록 그냥 다 놔두셨다. 그저 멀리서 지켜보셨다. 내가 힘들고 아플 때만 내 곁에 있어주셨다. 내게 자유를 주셨다. 엄마 덕에 나는 자유로운 인간이 되었다.

내가 초등학생 때 엄마가 창밖에 내리는 비를 보며 "참 좋다" 하셨다. 그때 엄마 나이가 30대 중반 정도였을까. 나는 속으로 생각했다. '왜 비가 오는데 좋다고 하지? 땅도 젖고 놀지도 못하는데…….' 정말 이상했다. 어떻게 비가 오는 걸 좋아할 수 있지? 어린 나는 엄마의 감수성을 알 리 없었다.

지금 서울 우이동에 부모님이 살고 계시다. 부모님 집은 북한산

끝자락에 있다. 산과 마을이 연결되는 지점이다. 늘 북한산 기운이 집 주위를 둘러싸고 있다. 여든의 엄마는 아직 건강하시다. 얼마 전 서울에 학회가 있어서 오랜만에 엄마 집에서 잤다. 엄마 집은 아직도 포근하다. 아침에 엄마랑 커피를 마셨다. 봄비가 내리고 산 기운이 듬뿍 담긴 상큼한 아침이었다. 엄마와 둘이서 창밖에 내리는 비를 보다가 내가 말했다.

"엄마, 비 오니까 참 좋다."

엄마가 미소를 띠며 말했다.

"그래. 참 좋다……."

엄마……. '참 좋다'는 이 말을 당신이 30대 젊은 여인일 때도 들었답니다. 여성으로서의 당신 삶을 전혀 모를 때, 오직 나의 엄마로만 존재했을 때였죠. 지금, 한 여인으로서의 당신을 헤아려봅니다. 엄마가 아닌 한 인간으로서 당신의 삶은 어떠했는지요.

당신은 저를 스물다섯에 낳았습니다. 당신 삶에서 저는 어떤 존재였을까요. 당신에게 어떤 기쁨과 행복을 주었을까요. 얼마나 많은 걱정과 아픔을 주었을까요. 당신이 존재해서 제가 여기 있습니다. 당신이 사랑해서 제가 살아왔습니다.

한 여인이 자기가 낳은 생명에게서 들을 수 있는 최대의 찬사는 이 한마디가 아닐까요.

"엄마, 고마워요. 저를 있는 그대로 믿어주고 사랑해줘서요."

"당신은 지금 이대로
꽤 괜찮은 엄마입니다!"

엄마 심리 수업

1판 1쇄 펴낸날 2019년 5월 25일
1판 27쇄 펴낸날 2024년 11월 15일

지은이 | 윤우상

교 정 | 심재경

펴낸이 | 박경란
펴낸곳 | 심플라이프
등록 | 2011년 8월 8일(제406-251002011000219호)
주소 | 경기도 파주시 광인사길 88 3층 302호 (문발동)
전화 | 031-941-3887
팩스 | 02-6442-3380
이메일 | simplebooks@daum.net
블로그 | blog.naver.com/simplebooks

ISBN 979-11-86757-42-0 03180

• 이 도서의 국립중앙도서관 출판시도서목록(CIP)은 서지정보유통지원시스템 홈페이지(http://seoji.nl.go.kr)와 국가자료공동목록시스템(http://www.nl.go.kr/kolisnet)에서 이용하실 수 있습니다.(CIP제어번호: 2019016780)